松花江湿地

巴彦义勇军成立地老井

巴彦游
击队司令部

龙泉镇仁河村姜
家窑东北角炮台遗址
（赵旭岩 摄影）

龙泉张家小院

攻占巴彦时游
击队领导合影

呼兰康金
火车站

木兰东兴镇

呼兰康金火车站

呼兰双山
堡屯

昔日关联战士
活动的地方

龙泉李家馆子
天增泉烧锅

王家大院遗址

抗日烈士蒋基金

洼兴镇警察署
原址

姜家肉铺坐标

1941年龙泉镇王
乡屯抗日救国
会会员侯殿云
（右三）和抗联
战士合影

张甲洲

赵尚志

李兆麟

孔庆尧

王英超

张祥

单立志

朴吉松

李俊生

王吉云

于贵水

阎继哲

于天放

张淑范

李时雨

罗云鹏

陈维新

赵连才

王家善

李玉安

巴彦大东门

巴彦东牌楼

巴彦西郊公园

巴彦文化公园

巴彦烈士陵园

黑龙江巴彦抗联张甲洲红军小学

张甲洲像

巴彦罗云鹏烈士纪念碑

东山抗联遗址

蒙古山抗日游击区纪念碑

巴彦老黑山抗联战士密营地遗址

巴彦东北民俗博物馆收藏的抗联资料

黑山大东北牧业集团

黑山黑龙江润金牧业

黑山学校

龙泉宝发黄牛养殖厂

龙泉敬老院

龙泉中学

山后乡鹏旭种植业合作社院内

山后乡中心小学

天增山口养猪场

洼兴罐区万亩水田

洼兴江湾米业加工厂

洼兴正邦养殖有限公司街景

镇东中小学

巴彦县革命老区发展史

巴彦县老区建设促进会　编

黑龙江教育出版社

图书在版编目（CIP）数据

巴彦县革命老区发展史 ／ 巴彦县老区建设促进会编
. -- 哈尔滨 ： 黑龙江教育出版社，2021.5
ISBN 978-7-5709-2195-9

Ⅰ．①巴… Ⅱ．①巴… Ⅲ．①巴彦县－地方史 Ⅳ.
①K293.54

中国版本图书馆CIP数据核字(2021)第077765号

顾　　　问	于万岭			
丛书主编	杜吉明			
副　主　编	白亚光	张利国	李树明	李　勃

巴彦县革命老区发展史
Bayanxian Geming Laoqu Fazhanshi

巴彦县老区建设促进会　编

责任编辑	高　璐
封面设计	朱建明
责任校对	杨　彬
出版发行	黑龙江教育出版社
地　　址	哈尔滨市道里区群力第六大道1305号
印　　刷	哈尔滨博奇印刷有限公司
开　　本	787毫米×1092毫米　1/16
印　　张	21.75
字　　数	260千
版　　次	2021年5月第1版
印　　次	2021年5月第1次印刷
书　　号	ISBN 978-7-5709-2195-9　　定　价　48.00元

黑龙江教育出版社网址：www.hljep.com.cn
如需订购图书，请与我社发行中心联系。联系电话：0451-82533097　82534665
如有印装质量问题，影响阅读，请与我公司联系调换。联系电话：0451-51789011
如发现盗版图书，请向我社举报。举报电话：0451-82533087

总　序

　　在举国欢庆新中国成立70周年前夕，中国老区建设促进会王健会长请我为《全国革命老区县发展史》丛书作序，作为一名在老区战斗过并得到老区人民生死相助的老兵，回首往事，心潮澎湃，感慨万千，深感义不容辞，欣然应允。

　　中国革命老区，是以毛泽东为代表的中国共产党人在领导人民推翻帝国主义、封建主义和官僚资本主义三座大山，争取民族独立和人民解放伟大斗争中建立的革命根据地，在这片红色的土地上，诞生了无数可歌可泣的革命英雄儿女，为后人树起了一座不朽的丰碑。她是新中国的摇篮，是党和军队的根。

　　在艰苦卓绝的战争年代，老区人民把自己的命运与中华民族的命运紧紧地联系在一起，与中国共产党和人民军队的命运紧紧地联系在一起，他们生死相依，患难与共。我曾亲历过战争年代，并得到过老区红哥红嫂的救助，切身感受到发生在身边的一幕幕撼天动地的革命故事，在那极其艰难的条件下，老区人民倾其所有、破家支前，不怕艰难困苦，不怕流血牺牲。"最后一碗米送去做军粮，最后一尺布送去做军装，最后一件老棉袄盖在担架上，最后一个亲骨肉送去上战场"，这是当时伟大的老区人民为建立新中国做出巨大牺牲的真实写照，它将永远镌刻在中国共产党、中国人民解放军、中华人民共和国的历史丰碑上。他们的光辉业绩永载史册，他们的革命精神必将影响一代又一代的革命新人，造就一代又一代的民族脊梁。

在社会主义革命和建设时期，革命老区和老区人民响应党的号召，面对落后的面貌、脆弱的经济、恶劣的生态环境，他们本色不变，精神不丢，自力更生，艰苦奋斗，干一行爱一行。始终坚持"革命理想高于天"，自觉做共产主义远大理想的坚定信仰者和忠实实践者，勇于向恶劣的自然环境和贫穷落后宣战，他们在各条战线上为国建功立业，用平凡的双手创造了一个又一个不平凡的奇迹，彰显了老区人的崇高精神和人格力量。

在改革开放的伟大进程中，老区人民解放思想，勇于创新，发奋图强，攻坚克难，老区的经济社会建设取得了辉煌成就。特别是在改变中国的面貌、中华民族的面貌、中国人民的面貌、中国共产党的面貌的伟大实践中发挥了至关重要的作用。老区人民既是改革开放的参与者，也是改革开放的推动者。

艰苦练意志，危难见精神。老区人民在近百年的革命战争、社会主义建设和改革开放的伟大实践中，孕育形成了伟大的老区精神：爱党信党、坚定不移的理想信念；舍生忘死、无私奉献的博大胸怀；不屈不挠、敢于胜利的英雄气概；自强不息、艰苦奋斗的顽强斗志；求真务实、开拓创新的科学态度；鱼水情深、生死相依的光荣传统。这是党和人民宝贵的精神财富、丰厚的政治资源，是凝心聚力、振奋民族精神的重要法宝，也是社会主义核心价值观的重要内容。

中国老区建设促进会怀着强烈的政治责任感和历史使命感，组织全国各地老促会人员克服困难，尽心竭力编纂《全国革命老区县发展史》丛书，记录老区的光辉历史和辉煌成就，传承红色基因，弘扬老区精神，是功在当代，利及千秋的一件大事。手捧这部丛书的部分书稿，读着书中的故事，倍感亲切，深感这部丛书具有资政、育人、存史的社会功能，有着重要的时代和历史价值。它是不忘初心、牢记使命的源头活水，是赞颂共产党、讴歌老区人民的一部精品力作，是弘扬老区精神、传承红色记忆的丰厚载体，是一项继承优秀传统文化、弘扬革命文化、发展社会主义先进文化，坚定"四个自信"的宏大文化工程。它必将成为一种文化品牌，为各界人士了解老区宣传老区支持老区提供一部有价值的研究史料。希望读者朋友们能从中了解并牢记这些为党和民族的利益不断奉献的老区人民，从中得到教益，汲取人生奋斗的精神动力。

新时代赋予新使命，新起点开启新征程。让我们更加紧密地团结在以习近平同志为核心的党中央周围，坚持以习近平新时代中国特色社会主义思想为指导，增强"四个意识"，坚定"四个自信"，做到"两个维护"，弘扬老区精神，铭记苦难辉煌。为实现"两个一百年"奋斗目标，实现中华民族伟大复兴的中国梦做出新的更大的贡献！

2019 年 4 月 11 日

编写说明

2017年6月，中国老区建设促进会组织全国各地老促会启动编纂《全国革命老区县发展史》丛书，按照"建立中国共产党、成立中华人民共和国、推进改革开放和中国特色社会主义事业"三大里程碑的历史脉络，系统书写革命老区百年历史，深入挖掘革命老区红色文化资源，这对于充实丰富中国革命史籍宝库、在新时代传承红色基因、弘扬革命精神、强固根本，对于激励人们在新的历史条件下夺取中国特色社会主义伟大胜利，实现中华民族伟大复兴的中国梦具有重要意义。

丛书编纂以习近平新时代中国特色社会主义思想为指导，以《中国共产党历史》《中国共产党的九十年》等重要文献为基本依据，以党的领导为核心，以老区人民为主体，以老区发展为主线，体现历史进程特征，突出时代发展特色，坚持辩证唯物主义和历史唯物主义相统一、历史真实性与内容可读性相统一的原则，书写革命老区从站起来、富起来到强起来的光辉革命史、不懈奋斗史、辉煌成就史，把老区人民的伟大贡献、伟大创造、伟大成就、伟大精神充分展示出来，形成一部具有厚重历史特征和鲜明时代特色的精品力作。这是一部培根铸魂、守正创新，既为历史立言，又为时代服务，字里行间流淌着红色血脉、催生着革命激情的传世之作。丛书的编纂出版将成为讴歌党讴歌人民讴歌时代、传播红色文化、为革命老区和老区人民树碑立传的重要载体。丛书按照编年体与纪事本末体相结合、以编年体为主的编写体例确定框架结构；运用时经事纬、点面结合的方式记述史实；坚持人事结合、以事带人的原则处理人与事的关系；采取夹叙夹议、叙论结合以叙为主的方法展开内容。做到史料与史论、历史与现实、政治与学术统一，文献性、学术性、知识性相兼容。

为编纂好《全国革命老区县发展史》丛书，打造红色文化品牌，中国老区建设促进会认真组织积极协调，提出政治立场鲜明、史料真实准确、思想论述深刻、历史维度厚重、时代特色突出、编写体例规范、篇目布局合理、审读把关严格、出版制作精良的编纂出版总要求，力求达到革命史籍精品的精神高度、思想深度、知识广度、语言力度，增强丛书的权威性和社会影响力。各省（区、市）、市（州、盟）、县（市、区、旗）老促会的同志，以强烈的使命感、责任感和紧迫感，勇于担当，积极作为，认真实施，组织由老促会成员、专家学者等参加的十余万人编纂队伍。编纂工作主体责任在县，省、市组织协调、有力指导、审读把关。各方面人员以高度负责的精神和科学严谨的态度，满腔热情地投入工作，为丛书编纂出版做出了重要贡献。丛书编纂工作还得到了党和国家有关部委、地方各级党委政府及有关部门的大力支持和积极参与，社会各界也给予了热情帮助。中共中央政治局原委员、中央军委原副主席、原国务委员兼国防部长迟浩田上将，对老区人民怀有深厚感情，对革命老区建设发展十分关注，欣然为《全国革命老区县发展史》丛书作总序。

丛书由总册和1 599 部分册（每个革命老区县编纂1部分册）组成，共1 600 册。鉴于丛书所记述的史实内容多、时间跨度长和编纂时间紧，不妥之处，敬请批评指正。

中国老区建设促进会

目 录

序 言

"以史为鉴，可以知兴替。"只有铭记历史，特别是铭记我们党领导人民创造的中国革命史，才能深刻了解过去，全面把握现在，正确创造未来。深入了解巴彦波澜壮阔的革命史实，这块黑土地孕育了无数的英雄儿女，涌现了民族解放战争中功勋卓著的秦广礼、李时雨、罗云鹏等一批革命先驱。

抗日战争时期，张甲洲、赵尚志、李兆麟等一大批抗日英雄，都曾经在巴彦革命老区深山密林中战斗过，率领巴彦抗日联军给日本侵略者以沉重的打击。

解放战争时期，三五九旅进驻巴彦，并以巴彦子弟为主力组建了独立四团，这支队伍从辽沈战役开始，经历平津战役、渡江作战、西南剿匪，一直打到海南岛，为建立新中国抛头颅洒热血，南征北战，功勋卓著。

1948年，在中央的统一部署下，巴彦近百名党员干部南下建政，至今仍有很多巴彦籍老干部工作在云南、贵州、广西、江西等地，建功立业，无私奉献。我为工作、学习和生活在这块历史悠久、人杰地灵、英才辈出的神奇黑土地上而震撼、陶醉和自豪。

回顾历史，我们不会忘记，新中国的建立是革命老区人民用鲜血和生命换来的。开发老区、建设老区、发展老区、繁荣老区，让老区人民共享改革发展成果，是历史赋予我们的光荣使命，也是我们党和政府义不容辞的责任。巴彦革命老区涵盖现在的龙泉、镇东、洼兴、黑山、天增、山后6个乡镇33个村，均地处巴彦东北部山区和半山区，开发建设老区的任务十分繁重而艰巨。近些年来，全县各级党委政府和社会各界人士认真贯彻落实国家关于加快革命老区发展建设文件精神，积极调整产业结构，加强横向经济联合，发展老区劳务经济，加大扶贫攻坚力度，强化扶持政策，缩小发展差距，改善老区民生，进一步加快了我县革命老区经济社会发展建设，老区人民正在走向不断奋进、日益富裕、和谐幸福的发展之路。

《巴彦县革命老区发展史》书稿，层次清晰、脉络分明，表述朴实、文字精练，史实厚重、可歌可泣，内容丰润、令人振奋，是巴彦县革命老区人民抵御外来侵略、英勇抗击日本侵略者、热情支援前线、投身家国建设、谱写美好未来的纪实文稿，是巴彦县中共党组织艰辛的革命史、卓越的建设史和辉煌的发展史，是一部真实反映巴彦革命老区发展变化的历史文献。该书的编辑出版，是巴彦人民政治生活中的一件大事，对于我们继承和宣扬革命光荣传统，激发和凝聚干事创业精神，不忘初心，坚定信念，砥砺前行，奋发有为，具有重要的现实意义和深远的历史意义。

巴彦悠久历史与现代文明交融，纯朴民风与开放意识并举，革命传统与勤劳奋进相承，随着经济社会事业的蓬勃发展，巴彦正为世人展现一幅政通人和、百业俱兴、文明富庶的美丽画卷。

中共巴彦县委常委、副县长　汤继福

第一编 ★ 历史沿革

一、自然地理概貌

巴彦县古称巴彦苏苏，地处黑龙江省中部偏南，松花江中游北岸，距省会哈尔滨100公里。东以黄泥河和骆驼砬子山与木兰县搭界；西濒漂河与呼兰区为邻；南与宾县隔江相望；北依泥河与绥化市庆安县毗连。地理坐标在北纬45°54′28″，东经126°45′53″，南北长85公里，东西宽72.4公里，边界周长338公里。县境地势由北向西南倾斜，形成东高西低、北岗南平，中部多丘陵走势。海拔最高564.3米，最低110米。全县总面积3 137.7平方公里，土地总面积470.66万亩。距海洋较远，属于中温带大陆性季风气候。全县平均气温2.6℃，年平均降水量573.3毫米，无霜期年均129天。县内有大山峰29座，江河14条。县内岭川绚丽、涓水清秀，景色宜人，十大自然景观和名胜古迹，成为旅游胜地。近二百年，这里积淀了许多美妙动人的神话传说，也传颂着当年抗日英烈与日寇浴血奋战、可歌可泣真实的战斗故事。

到1992年底，全县行政区为11个镇17个乡，337个村，1 470个自然屯，149 350户，653 394人。是一个多民族居住的县份，汉族占绝大多数，依次为满族、鲜族、回族、壮族、藏族、达斡尔族、白族、维吾尔族、瑶族、苗族、锡伯族、哈萨克族、鄂温克族。各族人民世代友好相处共建家园。

农业是巴彦各业的主体，素以盛产玉米、大豆、水稻、高粱、甜菜、亚麻等粮豆经济作物闻名省内外。草原、木材、石灰石等矿藏也较丰富。巴彦不但土地肥沃、物产丰富，而且历史悠久，与呼兰、绥化古称东荒。有"棒打狍子瓢舀鱼，野鸡飞到饭锅里"的生动描绘。

二、历史关系沿革

巴彦土地肥沃，物产丰富，历史悠久。

早在先秦时期，巴彦就属于秽貊之地。近年来挖掘的王脖子山（今松花江乡富裕村少陵河入口东北）、城子山（今松花江乡福兴村管家窑东北）两处文化遗址可以证实。随着历史的演化，巴彦先后为扶余、莫豆娄、生女真等属地；到了明代巴彦为海西女真之地，归属于亦玛拉山、卜颜、木兰河塔山诸卫。洪武二十八年（1395年）六月明廷派总兵指挥使率师从开元出发，水陆并进战胜女真酋长西阳哈，从此把松花江流域一带的呼兰（包括巴彦）、海伦、依兰至同江均划为大明版图。永乐七年（1409年）归黑龙江下游奴尔干都司管辖。清乾隆二年（1737年）呼兰厅设官庄之后，关内涌入流民，到处开荒种地，天长日久，烟户增多，使这里逐步成为村落，到咸丰九年（1859年）形成城镇规模，名曰"中兴镇"。

咸丰十一年（1861年），清廷"弘禁官荒"，在中兴镇设立"招垦行局"，开始放荒，招民兴垦，从此这里进入垦荒时期。同治元年（1862年），朝廷谕令在呼兰设立理事同知衙门，称"呼兰厅"。管理今呼兰东北、兰西、绥化、巴彦、木兰地区。同治三年（1864年），呼兰厅迁移中兴镇，新建衙署，中兴镇改称"巴彦苏苏"，衙门称"巴彦苏苏厅"，呼兰厅理事文祺动员民夫，用两年时间把中兴镇建成四方形城池，方圆19.6公里，叠土为墙高6至7尺，设12座炮台。墙外为壕，宽深各7尺，建城门7座，内呈井字形街道。同治五年（1866年），在城东南隅建孔庙一座，光绪三年（1877年）告竣（1945年"土改"时拆毁），从此巴彦成为东荒政治经济文化中心，被誉为"东荒明珠"。

光绪三十一年（1905年），升呼兰厅为府，移至呼兰城；巴彦苏苏改称巴彦州，归呼兰府所辖。1913年改称县至今。

光绪五年（1879年），在巴彦城南门东侧修建一所考棚，砖瓦结构四合大院，门洞正中挂块"人文蔚起"的金字招牌，每年2月科举考试时，来自呼兰、双庙子（兰西）、北团林子（绥化）、石头河子（木兰）和巴彦苏苏考生，皆荟萃于此，参加县试，考中者为"生员"，俗成"秀才"。在科考中，从光绪二十九年（1903年）至宣统元年（1909年），巴彦考中恩贡1名、岁贡3名、优贡5名。那时巴彦文化比较发达，文人墨客写诗作画、著书立说，影响很大。史书记载："江省文风、东荒称胜、巴彦尤著。"

伪满时期，松花江南归吉林管辖，江北归黑龙江省。新中国成立后改为松江省巴彦县。1953年松江省与黑龙江省合并为黑龙江省，省会设在哈尔滨市，巴彦为哈尔滨附近县之一。1961年成立松花江地区，巴彦归松花江行署。开始有呼兰、巴彦、双城、五常、宾县、木兰、通河8县，后并入方正、延寿、尚志3县，再后来又并入依兰县。1996年，松哈合并，撤销松花江地区行署，统归哈尔滨市管辖。

三、早期开发与自然优势

巴彦境内的青山和黑山是清代围场，绰罗河（少陵河）蒙古尔山产参珠，被封禁为"采参珠之地"。从绰罗河起至诺敏河口止，立四封堆，禁止流民进入。为防止"奸民侵盗"，每年秋季，除齐齐哈尔、墨尔根（嫩江）、呼兰三城官兵可来狩猎，其余旗人和汉民一律禁止入内。那时巴彦管界还是榛莽之区，山深林密，人迹不至。只有达斡尔、索伦等少数民族，驱其牛马，到处放牧，朝暮迁流。

916年，契丹人耶律阿保机在内蒙古建国称帝，史称"辽国"。辽国起兵征服"地方千里、户口十万"的大金部族。巴彦的前后鞑子营，就是那时入侵辽兵驻军之地，被金人骂为"鞑子"，意为"穿羊皮的蟊贼"。现在这个屯为满族自治村，仍有辽兵营寨的遗迹可寻。

12世纪中叶，女真人兴起，完颜阿骨打起兵灭辽，在松花江南岸白城（今阿城）建立金国。在巴彦五岳河畔的小城子、少陵河畔的东城子、黄泥河畔的土城子修筑城堡。小城子后面的东武营、腰武营、西武营，就是从金代沿用至今的屯名。

清兵入关后，"在京八旗坐食钱粮，后难为继"，乾隆二年（1734年）实行"徙户开屯"政策，把无可事事的满族居民迁回双城、拉林、阿城和伊通老家务农，使其自食其力，解决坐吃山空的问题。呼兰也迁来400户，设立40个官屯，10户为一庄，供给农具和耕畜，使其从事农业生产。呼兰设官庄后，山东河北也随之涌入流民，开荒种地，搭盖窝棚，朝廷禁止不住。巴彦南江沿大肚泡一带，开始有汉人自行进入捕鱼、开垦荒地，他们多为山东直隶人。

流民闯入禁区，呼兰官兵守卫没有急切驱逐，"势恐别生枝节"，只得"拟请就地安置，归公升科"。

咸丰四年（1854年），黑龙江将军奕山议为招垦曾派人查勘出示招佃，"嗣因俄船下驶，遂终止"。咸丰七年（1857年），御史焯奏：黑龙江呼兰以北，有荒原百余万垧，开垦有利可兴，经户部研究以开垦为宜。为此7月4日上谕令："经部议，弘禁开垦，必期有利无弊，一有妨碍，仍请严禁封禁。"东北是清朝发祥地，原禁开垦是怕破坏"龙兴之地"的风水，现要"弘禁开荒"，是因关外驻军"俸饷不继，官兵困苦"，已欠亏两年余俸银60万两之多，为摆脱困境，所以才放荒解决经费不足的难题。

咸丰十一年（1861年），巴彦设招垦行局，开始放荒招垦，邻有居民闻风而至，到处跑马占荒，朝廷也从盛京、吉林移民947户，拨给巴彦474户在巴彦各地兴垦。放荒区域分：巴彦苏苏、阿力罕、格木克、弩敏、尼而吉、额依浑、拉三太、甘木林子、大小木兰达、大荒沟12段。计算方法和收费标准：制定经里为方，每方算毛荒45垧，按7成升科纳税，除沟洼壕甸、房园井道3成外，每垧征收荒租钱2吊100文，2吊交省，100文留办公费。五年后纳租，每垧征大租钱600文，小租钱60文。当年放毛荒3 060垧，扣除3成熟地，净剩7成，升科充地2 356垧，应征租钱1 528吊308文。

同治二年（1863年）十月二十四日，呼兰厅署衙迁移中兴镇新建衙署，称"巴彦苏苏厅"，管理地方赋课刑名和旗民交涉事件。从此，巴彦的农业开始蓬勃发展，到处呈现出"一变荒烟蔓草之区，为村落都邑之盛；农夫相望于野，商贾麇集于市"的景象。

第二编 ★ 革命斗争历程

巴彦辖区辽阔、山清水秀、百里膏腴、资源丰富，有塞北"富裕村庄"之美誉。然而由于长期受封建主义、帝国主义、官僚资本主义的统治和压迫，地主资本家的残酷盘剥，日俄帝国的疯狂掠夺，加之不可抗拒的自然灾害，加重了人民的负担和痛苦，到了近代几乎达到民不聊生的绝境。"哪里有压迫，哪里就有反抗。"勤劳勇敢具有反抗斗争传统的巴彦人民，纷纷组织起来，拿起武器，同帝国主义列强、大小封建官僚展开了殊死的斗争。五四运动的爆发、中国共产党的建立，揭开了中国新民主主义革命的序幕。"九一八"事变后，中共满洲省委先后派遣共产党员来巴彦开展建党工作。1932年秘密建立起中共巴彦县委，使在黑暗中寻求光明的巴彦人民在斗争中看到了希望。从此巴彦人民的革命斗争进入了有组织、有领导、有目标的新阶段。党领导人民宣传抗日救国，秘密成立14个抗日救国会，发动群众参加义勇军、武装队，积极配合巴彦抗日游击队、抗联第三军，狠狠打击了日伪势力。经过14年艰苦卓绝的斗争，巴彦人民前赴后继，付出巨大的牺牲，终于打败了日本侵略者，为新中国成立做出了不可磨灭的贡献。

第一章　早期革命概略

第一节　辛亥革命先驱秦广礼

秦广礼（1891—1919年），字立庵，巴彦镇中心街人。幼年读私塾，光绪三十一年（1950年）科举制度废除后，各地兴办官学堂，秦广礼又先后到省城齐齐哈尔和北京求学。在求学时期，接受了孙中山先生的革命思想，决心致力于推翻清朝的统治，建立民主共和制度的信念。曾任国民政府众议院议员，法制委员，临时大总统府护国监军等职。宣统三年（1911年）十月十日爆发了震惊中外的武昌起义。各省各地纷纷响应，宣告独立，脱离清政府的统治。革命形势发展迅速，声势浩大。孙中山等人组织的同盟会，也影响到黑龙江，在军警、司法、教育、邮局、电报局等各界成立同盟会支部，发展会员，策划实现黑龙江的独立。正当黑龙江省革命运动蓬勃发展时，秦广礼代表孙中山到齐齐哈尔，在省议会与进步议员及爱国人士取得了联系，得到了爱国人士文璞（原系汉军旗人，住绥化，后迁海伦）及进步议员的支持。通过协商，决定先分头发动，同各校学生取得联系，再成立黑龙江新民爱国委员会。这一倡议，虽说遭到代替黑龙江巡抚周树模出面的宋小濂的拒绝，但却得到了黑龙江各界人士的支持。于是陆军小学选出代表赵凯，高等巡警学堂选出代表曲锦堂、才子明、于衡章、博经五，师范学堂选出代表高家骧等，于11月26日（农历十月初六）在省咨议局召开黑龙江新民爱国委员会成立大会，选举秦广礼为会长，文璞、高家骧为副会长，赵凯、曲锦堂、才子明为委员。委员会下设组织、宣传、交际等部，组织部由文璞兼任，宣传部由高家骧兼任，交际部由赵凯、才子明兼任。12月16日成立黑龙江省国民联合会，18日以委员会全体委员名义"要求黑龙江巡抚周树模宣告独立，并传知军界赞成"，19日召开第二次会议，拟定了《通告书》及《联合简章》。《通告书》中分析了武昌起义后黑龙江面临的国内外形势："武汉事起，各省响应，南北争战，风鹤惊心。江省地处极边，内有种族之猜疑，外有强邻之偪处，设有不慎，祸乱突兴，而胡匪乘之，而饥民乘之，而俄日乘之，而大祸立至矣。为今之计，急应联合满、汉、回、蒙及索伦各族，化除私见，共矢公忠，要请巡抚，驰电郡国，宣告独立……爱国同胞，当必有见于此矣。"秦广礼于大会成立后不久，即返回广东，临行前将会务事宜交由文璞、高家骧等人办理，俾斯早日达到革命之目的。秦广礼回广东后曾以黑龙江省代表的身份参加了第一次国民代表大会。后因患肺结核病，于1919年病逝于巴彦，终年28岁。

第二节　孔广才起义军打进苏城

1860年至1866年，东北地区相继爆发农民起义，而其中在黑龙江影响较大、持续时间较长、活动范围较广的就是光绪元年（1875年）爆发的由孔广才领导的三姓挖金工人攻占呼兰厅城巴彦苏苏的武装起义。起义队伍绝大部分是挖金工人，也有少部分是起义过程中发动的农民。起义军驰骋东西，征战南北，几乎震撼了当时的吉、黑两省，"鼓舞了东北人民的革命斗志，促进了东北人民的觉醒"。

一、揭竿而起

吉林三姓（今哈尔滨市依兰县）东山的桦皮沟、太平沟、万鹿沟有几处金矿，乾隆年间就有人开采。来挖金的多为山东人，后闻风而至的人越来越多，起初挖金的工人的生活还算安稳"按月分金"。到了同治年间，官兵加剧了勒索和压榨，加重了捐税，引起了采金者的强烈反抗。同治三年（1874年）夏，三姓官兵来搜山，卡住山口不让工人出去并将外逃者打死无数。各股头目均不敢逃散，又不甘心任人宰割，于是孔广才把各股头目召集在一起商量对策。

孔广才又名孔继林，奉天海城人，为求生存会同家乡一帮穷哥们，背井离乡到吉林三姓采金。为对抗官府的欺压，各股东非常抱团，他们分析："官兵势大，封锁了山口，我们不能各自逃命，容易被官兵各个击破；应该组织起来，乘官兵不备打出去；先到宁古塔抢些马匹、枪械，再回攻三姓为死去的弟兄报仇。"各股东一致推选孔广才、闫兆仁、李春为总头目，揭竿而起。

二、火烧苏城

光绪元年（1875年）初夏，正值山里口粮断绝。孔广才决定，分数伙出山抢粮，贮积财物、枪械、马匹，发动群众，然后再攻城。一伙由王怀有带领10队向东南进攻宁古塔；一伙由孔广才亲自率领200人，一边发动群众扩大队伍，一边袭击官府，夺取粮食、鞍马、车辆、武器弹药。为了便于指挥，他把队伍分成三队：第一队红巾红带，第二队蓝巾蓝带，第三队白巾白带作为标志。起义军日夜兼程，直至三姓抢船过江。5月19日攻占崇古尔库

（今通河三站）、富勒浑（四站）、佛斯和享（木兰五站）等驿站，缴获大批枪械、马匹、粮食、衣物等。起义军发展到1 000多人。5月21日焚烧大小木兰达（今木兰县），当晚驻地魏家烧锅，准备西进。

5月22日拂晓，孔广才率军浩浩荡荡开到巴彦苏苏城下，将队伍分成三路：一路牵制官兵，另两路分道攻城，枪炮齐施，炮火连天。呼兰厅理事同知佐领苏椤额督四门衙役与义军接仗，被义军打死衙役10余人；另两路义军已攻入城内，打开监狱放出在押犯人40余人，他们怀着对官府的刻骨仇恨，立即点燃熊熊大火，烧毁同知厅衙署47间、监狱7间、巡检署衙15间；六房案卷也随之化为灰烬；库存钱粮全部被义军收缴。苏椤额拼死冲出，直奔巴彦武营"意欲合兵攻剿义军"，后见火光冲天，衙署被烧，衙役溃散，吓得狼狈而逃。起义军直奔武营衙署。营内只有正副甲兵40余人，协领德绷阿仓皇迎战，被义军打死甲兵14人，伤若干人，接着焚烧武营衙署大堂5间、档案房3间、官兵住房10余间。夺取抬枪16杆、子母炮10尊、小抬枪30杆、梅花箭3 800支，还有协领佐图记三颗。起义军在苏城停留一天一夜，23日进驻西集厂，指挥部设在全盛隆商铺。

三、浴血罗家窝堡

孔广才攻占巴彦苏苏的消息传出后，清政府地方统治者大为震惊，一封封告急文书像雪片一样往来黑龙江将军和呼兰城守卫之间。起义军占领巴彦当天，呼兰守卫成庆一面上报将军衙门，一面身赴衙署复集官兵，拣派骁骑校德常阿、海龙阿各带兵飞速起程少陵河口，漂河桥头各路堵捕、侦探。接着又派德常阿前往马尔山（今称驿马山）拆毁桥梁，并于23日抵至刘家船口把渡船拖向西岸，截断义军进军呼兰的要道。义军在巴彦苏苏又发展了

100多人，稍加休整，于23日分兵两路，一路留在苏城镇守，一路进攻西集，在西集夺得不少马匹，并火烧了西集王乡约房屋及元宝岗子、黄花井、东沈家10余家房屋，声势越来越大，浩浩荡荡向呼兰进军。成庆不得不飞札将军衙门严饬省会官兵，星夜兼程前往拯救。

5月24日，成庆亲率管带佐领巴克唐阿、骁骑校常春、德常阿、海龙阿等官兵役200余人立刻奔赴巴彦苏苏救援。然而这些官兵被义军的声势吓破了胆，皆涕泣不敢进。成庆一面以"忠义"相激劝，一面以"军令迫之"。途中遇到前派佐领残部，合兵为一队。在距呼兰东40里的罗家窝堡与孔广才义军展开了一场激烈的战斗。只见800义军拉开战阵，"排队3里许"，蜂拥而来抗拒官兵。成庆凶相毕露，指挥官兵，冲锋直入，枪炮当先，刀矛夹护。正当义军与官兵拼死决斗之际，义军从巴彦武营夺获的火药车内装五篓火药被成庆发现，命令抬枪队照准药篓打去，顿时"烟燃冲天，毒火四溅，轰死近车人马，骨肉焦裂，成片击人"。片刻起义军死亡50余人，马倒下20余匹。义军声势稍却，成庆乘机督军进击，两军短兵相接，血肉横飞，一场肉搏战持续了六七个小时。"尸骨枕藉、直拥马足"，义军牺牲100多人，在不利的情况下孔广才只得率部撤退，成庆又以马队引箭追刺数十人，夺回了孔广才在巴彦武营缴获抬枪12杆、子母炮6尊、刀矛多件，截获运药铁车4辆、骡马10匹、大小旗10余面，5名义军被捕就地处决。

罗家窝堡一战，破坏了孔广才原定24日进攻呼兰城的计划。起义军由强转弱，不得已退入黑山后，躲避官兵的抓捕。孔广才、闫兆仁组织起败退的义军300余人于5月28日转移到三姓西南山隐蔽，等待时机以利再战。

这年冬季，黑龙江将军又采取了"假猎搜山、出其不意"

的手段，派齐齐哈尔、墨尔根、呼兰、呼伦贝尔等五城官兵进行全面彻底清剿。下饬令"呼兰、巴彦苏苏武营"严禁游民入山潜住，有拒捕者格杀勿论，这样孔广才领导的起义军只得到更偏僻更隐蔽的地方活动，这次起义一直坚持到光绪十五年（1889年）才被平息下去。

孔广才领导的三姓挖金工人武装起义，虽然是以手工业工人为主体的革命行动，但由于没提出明确的政治纲领，没有明确的斗争任务，没有严密的组织纪律性，没有巩固的根据地。它既代表不了先进阶级的共同利益，又代表不了先进的生产力；它的流寇思想比较严重、盲目性较大，甚至个别地方还强抢民女、烧毁房屋，所以得不到更多群众的广泛支持。它虽然是一次以淘金工人为主的武装起义，但它还没有摆脱旧的农民起义的桎梏，同过去农民起义还没有本质区别，只不过是一次官逼民反的自发的武装行动。

第三节　义和团火烧神父

光绪二十六年（1900年），在盛京等各地义和团反帝浪潮的影响下，黑龙江各地义和团也揭竿而起。

首先在双城、呼兰、绥化、宁安、巴彦、依兰等地建团举事，甚至连妇女、儿童都参加了义和团。义和团利用神坛、念诵"刀枪不入"等咒语，手持大刀长矛，高举"大拳民""扶清灭洋"的旗帜，转战各地。他们杀洋人、烧教堂、抓捕教会头目，和外国侵略者展开殊死的斗争。

活动在巴彦各地的义和团，集合起来，赶到西集厂，将建在西集的大教堂点火焚烧，当场捉住训蒙师和5个惯于仗势欺人的顽劣教民。教堂主持李神父（西名肋来）当天不在家，获此消息，马上带教民一人急速赶回西集。当夜，义和团包围了教堂，教民放枪数响，予以抵抗，义和团甚怒，冒死攻打，李神父在指挥顽抗时被枪弹射中胸部，当即血流如注，被义和团扯到草堆上焚之。义和团的反帝斗争，不仅打击了帝国主义和教会的势力，也对为虎作伥、鱼肉乡里的顽劣教民予以很大的打击，当时巴彦有在册的教民300余人。

这一年，巴彦苏苏佐领鄂英，带人刨毁了小石头河13年前埋葬的法国天主教堂神父李约翰的坟墓，并将这所教堂焚毁。翌年4月1日，清政府谕示内阁将其定为"暂监候"罪，发往极边充当苦役。

第四节　"占北"率起义军袭击俄兵营

帝国主义列强为镇压义和团，各自划分势力范围，镇压和奴役中国人民。1900年10月5日，帝俄军队千余人攻入巴彦苏苏，并由俄武官吉明介夫率200多兵力驻守巴彦，俄官兵盘踞巴彦三年，人民深受其害，无辜群众死伤26名，焚毁房550间。帝俄入侵，激起巴彦人民的民族仇恨，纷纷起来投入抗俄斗争，各地大户也纷纷散私财招募炮勇，保护乡里。

1900年12月24日，巴彦农民起义军首领辛福桂（报号"两响"）率70多人攻打巴彦城，炮轰俄兵营，击毙俄军一人，击伤多人，俄军潜逃。起义军活捉了同知铭琦、协领聂车布，砸开监狱，释放了被抓群众。却遭到反动政府的镇压，他们在邻县各地调重兵围剿起义军。战斗中义军首领辛福桂被捕，押以巴彦城就地处决。更引发当地人民的极大愤怒，不到半年，起义军发展到近万人，其中"占北"势力最强，且深孚众望，被推为起义军领袖，他们打出"不交租，不纳粮"的旗帜，不断袭击官军，并出兵打击巴彦乡团联合会地主武装。

1901年4月17日，"占北"率起义军千余袭击俄军兵营。打死打伤俄军多人，烧毁了同知衙署，给官军、俄军以重创，大长了中国人的志气。不久"占北"与阿力罕义军联合，同地主武装东路军总指挥张展甲激战，大获全胜。

1901年7月，"占北"联合下江起义军共1 700余人，分三路攻打地主武装北路军团总张永贵，由于起义军寡不敌众，撤回大青山。黑龙江、吉林两省将军调集绥化、吉林境内的大部分兵力和地方团练，赴大青山围剿，"占北"起义军虽经殊死搏斗，终因兵力悬殊而失败。"占北"本人负伤被俘，流放于俄境内四合林。

第五节 抢盐风潮

1916年六月，巴彦爆发了震惊全省的抢盐运动。巴彦官盐局成立于光绪三十四年（1908年），各乡镇设有分局，分别配有专管盐务的官员。但销售官盐的店铺，为牟取暴利官商勾结，擅自把固定价格的官盐，提高1吊760文，并且缺斤少两，使乡民怨声载道，反响强烈。

继木兰石河6月8—9日抢盐之后，巴彦乡民聚众千余人欲进城抢盐，被军警阻截。6月11日，巴彦、木兰聚众2 000余人，冲破城门涌进巴彦城，县知事马六舟和省防军第一旅长巴英额劝谕无效，鸣枪示警，双方相持一日迫使乡民撤出城外。6月12日，炮手会乡民（现黑山镇）邵万兴聚众1 000余人，欲抢本地德兴隆同升店之盐，因驻守陆军武装防守，乡民没冲进院去。第二天凌晨4点又聚乡民700余人，手持刀棒冲进镇内，抢光了盐店里的盐。

6月13日清晨，兴隆外埠也聚集几百乡民，欲抢镇内盐店。县佐程汝霖、巡官于鹏飞劝阻无效，便将为首的刘洛九4人拘押。抢盐民众越聚越多，围聚营门外，往外要人。第二天黎明抢盐民众开始进攻，合力撞店大门，随之程县长责令盐店与乡民谈判。乡民提出：放出被捕之人，将盐价回落原价的要求。官府无奈，只好放人，回落盐价，答应乡民条件，风波随之平息。

6月12日，洼兴长发兴盐店被木兰来的2 000余乡民抢分，并抢去专放粮米60余石；从木兰满天星来的乡民将洼兴北门长发小盐店抢分，将前来镇压的巡官张作民的佩刀抢去，将他携带的账款2 500吊抢走，并把他绑在拴马桩子上。军警见状开枪镇压，打死乡民2人，伤3人。6月14日，在巴彦抢盐波及下，孤山子源德长盐店被抢；兴隆镇福源长盐店被木兰500乡民抢分，并抢去许多杂货物品。

据官府统计：民众抢盐2 502袋，46 588斤，合银圆16 578元。农民自发的抢盐运动，对国民政府震动极大，迫使吉、黑榷运局拟定后续处理办法。逼迫官府不得不作出让步，免顺民情，将官称改为市称，其盐价仍应按原定售价。并拟"嗣后盐价涨落悉以财政厅定价为标准"。不准私自提价，并对失职人员"分别撤换，以昭惩儆"，巴彦民众抢盐风波随之平息。

第六节 打马税斗争

马税，也叫"牙税"，即牲畜税。

民国时期的捐税征收办法，除由国家税收机关征收外，还有

"包税"之举。这也是地主财阀勾结官府勒索百姓的手段之一。包税的办法是官府把一种税目包给个人，国家收一定的税金，其余统归包税个人所得。包税的人为搜刮民财，就贿赂官员，提高征税标准，把多收税款强加在纳税人头上。

1919年王兰古任巴彦知事，他把牲畜税包给恶霸地主张小川。张小川包下巴彦牲畜税后，自行规定：凡是牲畜无论大小，一律课以"牲畜一成捐"。为了不使牲畜漏掉课税，就在县城建立"马站"，并在城门上安上"税卡"，牲畜进城，只要在街上站一站，都要到马站去交"牲畜一成捐"，凡不上捐税者，一律按抗捐税论处或罚款。

立"牲畜一成捐"后，连猪狗都要交税，当地群众气愤地说："国民政府太缺德了，凡是长牙的都上税。"这种做法，引起巴彦民众强烈反抗，一场打马税运动终于爆发了。

巴彦"打马税"斗争，是在种地大户杨子和领导下进行的，杨家养马较多深受马税之害。他提出"取消马站，打倒张小川！"在杨子和的号召下，巴彦附近的区村龙泉、洼兴、西集等地的农民纷纷起来响应。广大群众拿起刀枪木棒，涌进县城和集镇，包围了税捐局和征收处，砸碎了税捐局的"虎头牌"。县知事王兰古和张小川吓得躲藏起来，不敢露面。为了缓和矛盾，王兰古派代表与杨子和谈判。迫于农民运动的威力，答复了农民代表提出的"撤销马站"的要求，巴彦百姓自发的"打马税"斗争取得了胜利。

第七节　中国共产党建立初期的革命斗争

1930年前，巴彦尚未建立地方党组织，但在外地读书的巴彦学子、思想进步的学生在学校就参加了党组织，从事党安排的群众工作。如清华大学的张甲洲、法学院的李时雨、农学院的李廷槐、北大的武斌等早就加入共产党。他们以天下为己任，时刻关心家乡人民的疾苦。1930年暑假，在巴彦县掀起的"驱逐贪官翟兴凡"的斗争，就是由这几名学生党员领导的，并取得了斗争的胜利。

翟兴凡，又名翟文举。曾任巴彦征税局局长，靠其兄奉天省省长的势力爬上巴彦县县长的宝座。他独揽巴彦行政司法大权，横征暴敛、贪赃枉法、敲诈勒索、肆无忌惮。翟兴凡在新街基强占200多垧水田，开设一个水稻公司，雇些朝鲜人种水稻。因展边越界，挤占地邻土地，与地邻发生口角，他的人用铁棍将人打死，家人告到县衙，翟兴凡迫于压力，把凶手拘押，第三天就把凶手放了。

翟兴凡敛财的主要手段是"清乡"。他派舅父总务科员黄某，姐夫警卫队姚某到黑山后去清乡。临行前嘱告二人：黑山后地盘大，有钱大户多。二人心领神会，到黑山住在警察所，便以"通匪""窝匪"等罪名随便抓人。谁送上钱就没事了，否则严刑拷打问罪。几天就抓了30多人，勒索钱财不计其数。土财主王玉峰以"通匪罪"被抓，押进县衙大狱，后托人送2 000块大洋、100两烟土，才保住性命。

这年6月，黄、姚二人觉得高家是大户，一定有油水。便以"通匪罪"将高家掌柜抓起来，高家不服，姚队长命打手把高家大姑娘抓起来，妄图屈打成招。后来高家花了很多钱，翟兴凡才放人。高家有学生高希文在北师大读书，他把自家的冤案提到北平同学会，引起巴彦籍同学的强烈义愤，在共产党员张甲洲、李时雨、李廷槐、武斌的策划下，他们分三路到奉天、哈尔滨、齐齐哈尔去串联巴彦籍的同学，暑假回巴彦城成立了"驱翟"联络站并得到巴彦国高校长孔庆尧的大力支持，在国高成立"驱翟"

办公室，为同学们提供食宿。张甲洲最痛恨赃官，他安排邵桂辛、高希文等五名同学各带一组，分头到受害地进行调查，搜集翟兴凡的罪证，由法学院李时雨负责起草起诉书。很快把"控告信""起诉书"送到省政府、省法院。

黑龙江省长万福麟接到控告信后，立即派省政府参事陈万凯负责办理此案。陈为辽宁人，北大法学院毕业，很有学识和魄力。两位钦差了解了基本情况后，开始查证，证据都是从百姓那里收集到的，完全属实。特别是黑瞎店、西集厂、兴隆镇、大房身的受害百姓，远道坐车前来诉冤。"驱翟"办公室的同学，把翟兴凡的罪行印成传单，到处散发，老百姓无不义愤填膺，"驱翟"的怒火迅速在全县燃烧起来，势不可挡。

翟兴凡也困兽犹斗，首先把矛头直指李时雨，下令把其兄李宸芳抓进兴隆警局，硬说他"抗拒官差"。张甲洲非常气愤，组织同学到县衙当面质问翟兴凡，"李宸芳所犯何罪？"并正告翟兴凡"挟嫌报复罪加一等"。翟兴凡在同学们义正词严面前害怕了。被迫给兴隆警察局打电话，命人把李宸芳放出来。

经查证，举报翟兴凡贪污受贿、勒索百姓件件属实，铁证如山，连在奉天当省长的哥哥也束手无策。黑龙江省长万福麟立即下令撤掉县长翟兴凡的职务，派原兰西县县长靖国儒接任，"驱翟"斗争取得了胜利。

按照惯例，民官荣转百姓都要送行。对于政绩突出、造福于民的县官，百姓站在城外夹道欢送，手拿镜子和水盆，表示此官"清如水，明如镜"。轮到赃官怎么办？张甲洲等人想出一个办法，到扎彩棚扎了一个二尺厚、五尺高的纸大钱，打算放到城门口，请翟从大钱眼钻过去。翟兴凡听到这个信，提前在晚上偷偷溜走了。

"驱翟"斗争在黑龙江群众运动的斗争史上留下了光辉的一页。

第二章　日伪时期残酷的殖民统治

"九一八"事变后，东北地区相继沦陷，日本占领巴彦一直到1945年抗战胜利，才结束了日本侵略者对巴彦实行长达14年的殖民统治。日本侵略者不但疯狂地"围剿"抗日部队，还肆无忌惮地抓捕和残害抗日志士以及无辜的民众。烧杀抢掠，无恶不作，并依靠傀儡政府，强占大量土地，烧毁房屋，使百姓流离失所；抓劳工出奉仕，强迫从事繁重的体力劳动；侵略者和汉奸还强抓"慰安妇"，在巴彦犯下滔天罪行。

第一节　建立伪政权，维护殖民统治

1932年初，由日本关东军策划，扶植清朝末代皇帝溥仪在长春复辟，建立伪满洲帝国。随后东北各地市县建立相应的伪满政权。巴彦原国民政府县长程绍濂摇身一变，成为日本羽翼下的伪县长，并配有日本参事官，建立了宪兵队、警察局、协合会、兴农会等一系列日本侵略者操控的政权机构。在兴隆、西集、龙泉、洼兴等乡镇也建起相应的警察署、兴农会、自卫团等地方组织。

为维护其反动统治，县政府还设立警务特务股，到处收买特务腿子（密侦、嘱托）专门负责对社会贤达的监管。巴彦警务科特务股长久保谷正男（日籍）、副股长陆维先、翻译高升远。据点设在仁和商场后客厅，对外称30号。这些日本特务汉奸，绞尽脑汁，想出各种侦察手段迫害爱国群众，真是无孔不入。他们还花钱收买丧失良心的二流子、懒汉做特务，为他们提供所需情报。由日本人策划的"巴木东大检举"惨案就是日本人先派遣特务，到群众中侦察后列出黑名单，于1943年3月15日、5月25日进行两次大逮捕。据敌伪档案记载：这次"大检举"共破坏抗日救国会14处、青年义勇队和农民武装队13支，抓捕爱国人士662名，加之平时抓捕的共1 000余人。巴彦受害最严重的是杨立平屯，共抓捕26人，其中杨立平家就被逮捕6人。

第二节　掠夺资源，奴役人民，推行殖民统治

　　1936年4月，由日本关东军一手炮制《满洲农业移民百万户移住计划》。计划分五期施行，从1937年起，五年为一期，实际上只推行两期到1945年日本天皇宣布"无条件投降"而告终。

　　强征土地，使农民流离失所。伪巴彦县公署负责移民用地事务，1937年12月，县府增设开拓科，是为日本移民强行征地的具体办事机构。日本先后在巴彦建立了惠阳、双龙、裕德3个开拓团。到1940年共强占土地28 400垧，占全县耕地的14%；移民户数572户1 731人，占全县农业户的1.5%。巴彦大量的上等熟地被强征，每垧地作价50元，而当时巴彦的土地价格是692元；中等地415元一垧。无论水田旱田，只要开拓团看中就强征，不管户主愿意不愿意。动辄以"反满抗日"问罪，被征农户含痛忍泪，背井离乡，有的走上抗日的道路。

日伪政权每年还强征劳工，去服苦役。被征劳工在日本兵的刺刀、警犬、特务的监督下从事极其繁重的体力劳动，穿的是"更生布"，吃的是苞米橡子面，没有人身自由。1938年伪满皇帝勒令颁布《劳动统治法》，强征劳工手段，一是凡无户口或户口不明的，无正当职业，统称"浮浪"，由地方警察押送工地；二是被判轻刑的一般犯罪，也由警察送交工地；三是大量的劳工是以行政手段向地方摊派。这些劳工全是无偿劳动，在日军刺刀下从事奴隶般的劳役。

据统计：东北每年征250万人去劳工，日本在巴彦抓青壮劳工2 042人，去密山、虎林、饶河、勃力等地修铁路、开矿山、修军事设施，到1945年光复，劳工回来的还不到1 000人。

"勤劳奉仕队"也是伪满的另一种劳工形式。以1941年起，伪满规定：凡年满20岁的男子，无论职业，都要接受征兵检查，合格者为"国兵"，不合格者编入"奉仕队"到部队服役。奉仕队生活同劳工一样，条件极其恶劣。1945年上半年哈尔滨香坊区"七八二"部队劳动的720人，都是从巴彦征来的奉仕队。其中龙王庙（今龙庙镇）的程德新和苏半拉子，因在奉仕队受不了工地之苦，晚上跳墙触电而死，王和累得吐血死在工地。

第三节　推行奴化教育，培养亲日国民

伪满时期，日本人在巴彦城开电影院，平时放映日本片，宣传"大东亚共存共荣"的思想。鼓吹"日本天皇政体是世界上最好的政体，大和民族是世界上最优秀的民族"。在精神上毒害腐蚀中国人民。满洲国还在各级学校开设日语课并列入必考科目；将原巴彦初级中学易名为滨江省立巴彦国民高等学校，专配日本

人副校长，对学校教师学生进行监督。

伪满洲国教育文化部颁布的《教育文化课纲的规定》，各级各类学校都要开设日语课，是升学考试的必考科目，其目的是培养亲日国民。

教育行政机关还强迫规定：每天清晨学生到校，开课前要组织学生集体向东南方向朝拜，同时集体诵读天皇诏书，然后再向西南朝拜，诵读满洲国康德皇帝诏书。伪满洲国还在人民群众中推行奴化教育，宣传"满日一家""共存共荣"，用来摧毁人民的精神，俯首帖耳任日本宰割和奴役，一步步把东北人培养成日本的合格"国民"，其狼子野心昭然若揭。

第四节　驻军东大营，残害抗日志士和民众

1932年9月23日，关东军岩间部队进驻巴彦城东南隅万福广烧锅，俗称"东大营"。东大营占地3万多平方米，四周是两人高的围墙，西正门外安一个岗楼，院内东北、西南角各有一座炮台，营内有房屋62间，其中10间是人体解剖房，院内东南角挖有3个一人深的埋人坑，每个坑边埋有一根绑人用的木桩子，院内还有两眼埋人尸体的枯井，这里是残害中国人的杀人场。1933年冬，伪满洲国军第十八旅二十四团，约400人分驻巴彦、兴隆镇；1935年关东军十五联队第九中队，入侵巴彦县分驻巴彦、洼兴、龙泉等地。1939年日本关东军两个连进驻兴隆火车站；1943年日本关东军三七二部队小林部驻扎兴隆镇铁路东南场子（今巴木通林业局）。

日军驻巴彦后，肆意屠杀抗日志士和无辜群众。

仅据1937年至1939年期间，在东大营烧水饮马勤杂工高广义

亲眼所见，日军通过枪杀、劈刺掏心肝、狼狗咬等手段，杀害抗日人士、无辜群众60多次。有一天，一个铁匠炉派来要账的人，从东大营门前经过，看了一眼日本兵操练就被哨兵抓了进去，再也没出来；还有一个孙疯子，在东大营门前被日本哨兵开枪打死；高广义经人介绍来干活的第三天，亲眼看见拉来一个"犯人"被枪毙；以后每隔几天就用车拉来3—4人，都被枪决；1937年一连拉了十多天，大约有50—60人。这些人都戴着毡帽子，穿乌拉，他们把人绑在木桩上，日本兵距30米用枪击毙，然后把尸体抬进解剖室进行人体解剖。龙泉镇为日本营挑水的夏老四也亲眼所见，日本兵把一个高丽人（鲜族人）绑在木桩上，日本人用刀开膛拿出心肝，送到屋里，然后用尸体训练狼狗上去撕咬。还有一次，日本兵把一个二十七八岁的妇女背朝下脸朝天地搁在门槛上，两个日本兵把木板放在妇女身上，两个往下压，惨无人道，直到把人压死；更残忍的是他们用中国活人训练狼狗，指挥狼狗撕咬中国人。日本侵略者在东大营残酷杀害中国人，犯下了滔天罪行。

日本军队还派飞机轰炸巴彦城、龙泉镇。1932年2月19日，日本出动14架飞机，轰炸巴彦城，造成2人死亡，10多人受伤，部分民房被毁；1932年12月，日军飞机轰炸龙泉镇，炸死无辜群众2人，死伤牲畜多头。

第三章 巴彦抗日游击队点燃了抗日烽火

抗日战争是中华民族历史上，反抗外族侵略的一次最伟大的民族解放战争。它是一个贫穷落后半封建半殖民地的弱国，抗击世界上经济军事强国，并取得全面胜利的民族解放战争。抗日战争的胜利，从根本上改变了世界的政治格局，结束了中国人任人宰割的历史，重新确立了中国在国际上的大国地位，成为创建联合国五个常任理事国之一。从此中国人民的革命事业一步步走向胜利。

1931年"九一八"事变后，先有东北军丁超、李杜组织的"哈尔滨保卫战"，又有省主席马占山将军指挥的"嫩江桥保卫战"，都给日军以沉重地打击。巴彦人民的抗日，是从张甲洲根据党中央的指示，于1932年5月回家乡组织抗日游击队开始，打响了中国共产党武装抗日的第一枪。从此，抗日的烽火燃遍关东大地。他们在强大的日伪军和满洲傀儡政府的"围剿"下，克服了难以想象的困难，浴血奋战、前赴后继，创下了可歌可泣的英雄业绩，用热血书写了中华民族抗战史上的光辉篇章。

第一节　遵照党的指示张甲洲回家乡组织抗日队伍

巴彦抗日游击队的创始人张甲洲，1907年5月21日出生于巴彦县镇东乡。他天资聪颖，7岁读私塾；1923年考入省城齐齐哈尔工科学校；1928年考入北京大学物理系；1930年4月为营救清华大学被捕学生入狱。在狱中结识了清华进步学生冯仲云，产生了去清华读书的想法。被营救出狱后，于同年8月5日加入中国共产党。当年暑期他放弃了北大学业，考入清华大学政治系。读书时期的张甲洲学习优秀，在党内曾任北平西效区委书记，北平市委宣传部长；后市委遭破坏，他任市委代理书记职务。由于他整天忙于党务工作，又创办一所平民夜校，引起国民党特务的注意，他躲过特务抓捕，只身到上海找党中央汇报。中央宣传部长张闻天派他到国际特工队，回黑龙江做国际情报工作。张甲洲接受新任务回到哈尔滨，满洲省委冯仲云介绍他到依兰与王一飞做国际情报工作。

"九一八"事变爆发，张甲洲马上找到满洲省委，提出"去北平动员黑龙江籍同学，回家乡组织义勇军打日军"的想法。中共满洲省委书记、中央政治局委员罗登贤、省军委书记兼哈尔滨市委书记杨靖宇会见了张甲洲。罗登贤激昂地说："蒋介石的不抵抗政策，出卖东北同胞，日军在白山黑水烧杀抢掠，我们共产党人要与东北人民共患难、同生死，不驱逐日本侵略者绝不罢休。你们要放手发动群众，建立人民武装，打响中国共产党在东北抗日的第一枪。"（摘自《中共巴彦党史》第19页）

1931年10月，张甲洲赶到北平，先向市委汇报得到支持，并派市委组织部长林枫协助张甲洲工作。11月下旬，北大、清华、燕大等高等院校，正筹备南下请愿团，要求南京政府出兵抗日，张甲洲立即投入这场爱国学生运动，成为南下指挥成员，任纠察队长。几千名北平学生涌到南京示威游行，高呼"团结抗日"口号，张贴标语，散发传单，宣讲"抗日救国"的主张。12月15日，国民"中央日报"刊文污蔑"学生游行示威"是"暴乱扰乱社会治安"。12月17日，请愿学生包围了"中央日报社"。愤怒的学生与军警发生冲突，警察大打出手，张甲洲、于九公、张文藻在冲突中夺下军警两支德国造20响手枪，张甲洲借机赶到上海，在特科陈赓安排下，秘密会见中央主要领导周恩来。听了张甲洲的汇报，周恩来热情地说："我代表中央支持你，星星之火可以燎原，日本帝国主义必然被中国人民所打败。"1953年1月，周恩来亲自到东北烈士纪念馆，在张甲洲遗像前默哀，致三鞠躬，并满含深情地说："张甲洲同志，我代表全国人民感谢你。"

去南京请愿学生被强行搜身，并押送回北平。张甲洲在林枫的帮助下奔走在各大学及留日归国学生中间。响应"打回老家去"的东北学生很多，决定分期分批出发。1932年4月，张甲洲同清华的于九公（于天放，呼兰人）、师大的张文藻（汤原人）、中大的张清林（林甸人）、法学院的夏尚志（大赉人）、日本东京工大的郑炳文（拜泉人）化装成商人，从北京经塘沽，转营口回到哈尔滨。满洲省委决定，留夏尚志在哈接待后续人员，于九公做联络工作，张甲洲、张清林、张文藻、郑炳文去巴彦组织抗日队伍。

张甲洲和四位大学生顾不上连日旅途的劳累，刚到张家的当晚，就与张家老父张英共同研究如何发动群众的问题，决定通过张家的社会关系，联系各方爱国人士和各种武装力量，共同举事。经过近一个月的奔走，联系七马架村甲长、自卫团长侯振邦、龙泉自卫团长陈维新、二道岗自卫团长米秀峰和靠山区的大户。本地侯振邦热情最高，当时就拿出20多支大枪。他们还到巴彦城联系了国高校长孔庆尧，答应回老家孔大屯组织乡亲。巴彦警卫团总王家善与郑炳文在日本东京留学时相识，同意带人马一同抗日。张甲洲的妹夫陈勋回呼兰窝林集子组织人马。5月22日他们在巴彦国高召开会议，具体研究了起义的日期、地点、组织领导等事项。

1932年5月23日（农历四月十八），趁着赶庙会人来人往的时机，以张甲洲"结婚"为由，各路人马到七马架张家油坊集合。王家善、孔庆尧各带来60多人；侯振邦带来30多人；陈维新、米秀峰带来20多人；陈勋从呼兰带来12人并请来炮手高志鹏任队长，还有李时雨、邵桂辛、邵桂丹、王国华、王吉云等20多名大学生，共有200多人马。他们打出"东北人民抗日义勇军"的大旗，每人佩戴上"抗日救国"字样的红袖标。上午9时，队伍集合在屯中央井台前，张甲洲腰扎武装带，别着一支从南京得来的德国造匣枪，健步走上讲台，庄严宣布"东北人民抗日义勇军"正式成立；他阐述了武装抗日的重大意义，宣布了军纪和编制，张甲洲任总指挥、王家善任副总指挥、孔庆尧任参谋长，各领队任中队长；最后张甲洲坚定地表示："我们宁可为抗日战斗而死，也不当亡国奴！"场下掌声雷动，口号声此起彼伏。大学生们暂时留在指挥部，在政治部、宣传部工作。部队暂驻七马架自卫团营房，指挥部设在七马架小学院内。第二天开始军事训练，政治部、宣传部编小报，印发传单，教战士们唱爱国歌曲，寂静的山村沸腾起来，抗日烽火熊熊燃起。

巴彦抗日游击队的建立，立即轰动全县。日伪官员十分震惊，伪县长程绍濂认为：张甲洲是赤色分子，不可等闲视之，决定派兵"围剿"。王家善的父亲王知津（曾任省防军统带）从中调停。程绍濂提出，拉队伍可以，只要不抢不夺，但是不能有张甲洲，有他就打。面对程绍濂提出的条件，义勇军内部产生了分歧。以王家善为首的主和派让张甲洲到兴隆邵桂辛家暂避几天，待队伍壮大后再归队，张甲洲不同意，主张敌人来了就打。结果王家善带一部分队伍另立山头，打起"黑龙江义勇军第三路军"的旗号，时隔不久，王家善被请到伪黑龙江警备司令部当参谋长，孔庆尧把队伍带回张甲洲的部队里。

5月27日，张甲洲毅然率领侯振邦、陈维新、米秀峰、高志鹏4个中队冲出洼兴桥向龙泉山区转移。洼兴自卫团毕团总奉命追击，在王家店北转山头，游击队布下埋伏，打退了毕团总的追兵，把队伍带到龙泉东前三马架陈维新家驻扎。毕团总没有抓到张甲洲，还被游击队打了伏击，恼羞成怒，把自卫团拉到张家油坊将张甲洲家老宅一火焚之。

5月28日清晨，游击队在前三马架遭到县城200多名伪警察的袭击。张甲洲、侯振邦、陈维新决定向骆驼砬子转移，200多警察尾追不舍。当游击队距王乡屯10里的片砬子时，张甲洲当机立断，决定利用有利地势再次设伏。队伍迅速进入战前准备，不一会敌人追到片砬子下，随着张甲洲一声枪响，游击队长短枪一齐开火，居高临下一阵枪响敌人倒下一片，警察的机枪说什么也打不响了，机枪出了故障，敌人一看地势不利，带着败兵仓皇逃窜。游击队也不远追，不伤一兵一卒，打扫战场又缴获了五六支枪。队员们带着初战胜利的喜悦，跟着张甲洲到骆驼峰北10里的姜家窑驻扎下来。

第二节　建立姜家窑抗日根据地

姜家窑四面环山，东依老爷岭、羊路岭与东兴为界；南近陈炮岭、骆驼峰与木兰为邻；北靠富大山，只有村西一条山路，是进可攻退可守的战略要地。姜家大掌柜姜镇藩，号卫东，呼兰优级师范毕业，在家教私塾，人称姜大先生。4月下旬，张甲洲、侯振邦曾到家拜访过，相识甚欢，引为知己。这次张甲洲率100多人的队伍到来，受到姜家的热情接待。姜镇藩亲自带人安排部队食宿，安排亲友铡草喂马，十分周到。张甲洲认为，姜镇藩通情达理，有爱国心和民族气节，于是提出与其结拜兄弟，认姜父为义父，姜镇藩年长为兄。姜家主动把张甲洲的妻女接到姜家，保护起来。张甲洲安排姜镇藩负责筹集粮草，保障后勤供应，实际上是游击队的后勤部长。从此姜家成为游击队的司令部，姜家窑一带成为抗日根据地。

张甲洲审时度势，高瞻远瞩，具有很高的政治素养和政策水平。他认为，日军侵占东北是国难当头，民族矛盾上升为主要矛盾，应该以"国家兴亡、匹夫有责"号召全民抗日，壮大抗日队伍。他还认为，大多数土匪都是穷人，为生存起来造反，应该加以利用和改造，使之成为抗日力量。他提出："无论是什么人，只要抗日一律欢迎，骑马带枪的更欢迎。"当时七马架东山边的大烟沟，有一支新拉起来报号"绿林好"的土匪队伍，30多人，侯振邦过去和匪首苏某相识。于是张甲洲和侯振邦主动前去联系，共商抗日大计。"绿林好"不同意改编，提出"拉顺线"的主张。张甲洲也不勉强，双方答成"联合抗日"协议。

有了根据地，部队已无后顾之忧。部队一边军训，一边宣传动员，宣传部的大学生们有了用武之地。空闲时间组织战士学文化，教唱爱国歌曲，岳飞的《满江红》《苏武牧羊》等。部队的文化生活十分丰富，附近各村屯青年纷纷前来参加抗日队伍，有骑马带枪来的，也有空手来的，部队一律欢迎。有些绺子也来投靠，"扫东洋"带来10多人，编入三大队，部队不断壮大。由于部队里知识分子多，老百姓称之为"大学生抗日队"。

在姜镇藩的带动下，全家人都参加抗日活动。弟弟姜镇斌、妹夫冯振负责给部队安排伙食，妇女们给部队做饭。为了解决部队用粮、马草料，姜镇藩主动与附近山村屯大户们"磕大帮头"，王吉有屯的王吉有、王乡屯的王魁、李佰顺屯的李廷祥、杜家岗屯董景方等，大家团结一致为抗日救国出力，出粮出钱出物支援游击队打日本侵略者。

第三节　牛刀初试攻打龙泉镇

龙泉镇原名天增泉，位于巴彦城东北30多里。镇内设有警察署、自卫团、协合会、兴农会等。经侦察，镇内武装有伪警察自卫团100多人，四周城壕拉了铁丝网；镇中的天增泉烧锅有武装，经理张振禄是龙泉开荒占草户，家有良田千顷，还有烧锅油坊，是龙泉第一大户；张家大院筑有土大墙、炮台，常年雇护勇炮手守卫。

抗日游击队经过一个多月的训练，部队提高了战斗力，只是由于人员增加，枪弹不足。指挥部决定：先打龙泉镇。7月16日天一亮，游击队开到龙泉镇外。张甲洲决定先礼后兵，派人送去一封信告之游击队要进镇，开展抗日救国宣传活动。镇里警察署、村公所依仗势力大、火力强拒绝其入镇。在争取无效的情况下，张甲洲下达了作战命令。各队分路猛烈开火，龙泉街枪声大作，烟雾弥漫，游击队员各个奋勇争先，自卫团招架不住，纷纷溃逃，有的来不及逃跑，缴枪投降。游击队打进街里包围了天增泉烧锅。宣传部的大学生邵桂丹喊话时中弹牺牲，战友们非常气愤，纷纷要求强攻，张甲洲骑马赶到，看到烧锅大院易守难攻，硬拼会造成更大伤亡，便命令停火。只见他单枪匹马，闯到烧锅大门前，挥手大声喊道："要打死我，你们就开枪吧！不敢打死我，就开门让我进去，我有话跟你们说。"张振禄十分惊恐，知道来者不善，惹不起，只好开门请进。张甲洲只身一人，大义凛然，刚一进上房，一个警察向他开了一枪，被张振禄用胳膊一搪，子弹飞上屋顶没有打中。这人是张振禄长子张希福，在县警备队当小队长，听说游击队要打龙泉镇，便率队支援埋伏在镇外西大壕，妄图从背后袭击游击队。他溜进镇内打探消息，不料被游击队围在院内。张振禄把手枪夺下训斥几句，急忙向张甲洲拱手道歉。张甲洲坐在太师椅上，面无惧色、口若悬河，侃侃而谈，大讲"国家兴亡、匹夫有责"的道理。他最后说："当下抗日是大事，你们不打我们打，先把枪借给我们，打完小鬼子就奉还。"张振禄心里十分清楚，硬拼肯定打不过游击队，只好就此下台阶，命家人拿出5 000发子弹，两支大枪。张甲洲才道谢告辞，说窑成功被当地人传为佳话。

回到姜家窑，游击队为牺牲的战友邵桂丹举行了追悼会，张甲洲亲题挽联写道："上战场打鬼子壮志未酬身先死；保家乡卫祖国青史留名万古传。"

第四节　火烧王四窝棚

王四窝棚屯大地主——王四，是县城大财主秦广仁的管家，他除了种自家地外，负责收取秦家百余垧地租，充当"二东家"，人称王四爷，他家有土围墙和炮台，并请大刀会保家护院，是这一带唯一不接待游击队的死硬户。为争取他，张甲洲决定亲自去拜访。

在一个雨后初晴的早晨，张甲洲身穿草绿色西装，披件黄色斗篷，带着华久清和5名警卫员，骑马来到王四窝棚。不料进院后，王四不但不接待，还命家丁把张甲洲捆起来。警卫员掏枪要打，张甲洲使个眼色，警卫会意，急忙掉转马头，回指挥部报信。指挥部闻讯大惊，主张马上带队去打。政委赵尚志说："张指挥被扣在院里，要打有生命危险，不能出兵，得想别的办法。"首先联合"绿林好"把王四窝棚包围起来，然后请地方绅士黄盛廷前去说和。黄盛廷回来说："王四不肯放人，要把张甲洲送县治罪。"参谋长侯振邦怒不可遏，亲自冒险去交涉，也被王四扣在院里，并声称"要侯振邦得拿5支匣枪去抽"。"绿林好"很讲义气，拿出五支匣枪把侯振邦赎了出来。

王四很狡猾，他扣了张甲洲，立即派人骑马去县里报告，县长程绍濂闻讯后，马上派人前来押解张甲洲。王四怕游击队来抢人，派护勇张兴把张甲洲秘密关押在院外一个小户人家。夜深人静张甲洲和看押他的张兴唠了起来。原来张兴也是山东人，和张甲洲是老乡，对张甲洲早有耳闻，今日一见果然气度不凡，崇敬之情油然而生，所以对他很客气。张甲洲说："没想到咱们还是老乡呢！你过来几年了？"张兴回答："祖辈过来早，我宣统二年生在东兴，去年参加杨青山的大刀会，去打日本鬼子，不料在兴隆火车站被鬼子打败了，死伤好几百人。我跑回来，王四叫我给他当护勇。""啊！你也想抗日！"张甲洲兴奋地嚷起来。张兴吓了一跳，急忙给张甲洲松绑说道："大哥这不是说话的地方，咱俩赶快走吧！"

张兴把张甲洲送回游击队，并要求加入游击队，张甲洲派他到模范队当副队长，报号"战东洋"。张甲洲回到游击队，立即率队打进王四窝棚，王四早就溜了。游击队召开群众大会，并开仓放粮，老百姓无不欢欣鼓舞，会后一把火把王四家房子烧得一干二净。

第五节 第一次西征

1936年7月下旬，连天阴雨，影响了部队的活动和发展。为壮大实力扩大队伍，指挥部决定：西渡少陵河到巴彦西部活动。此时前来投奔的人越来越多，枪和马不够分配，只能是一半马队一半步兵，游击队的当务之急，必须尽快地解决缺枪少马的问题。

西征的第一步是必须渡过七马架的少陵河渡口。那里有自卫团把守，他们认为连日下雨河水猛涨，只要封锁渡口，游击队插翅也飞不过去。渡河那天夜里，游击队提前到达李佰顺、袁家屯，大户李廷祥动员本屯和袁家屯的老百姓帮助战士扎木筏子，半夜时分十几架木筏子扎好。鸡叫时分战士们吃完饭，人乘木筏，战马洇渡，天一放亮，几百人的队伍神不知鬼不觉到了少陵河西岸，一鼓作气打垮了自卫团。

队伍西行15里，在罗家岗、赵家屯宿营。战士们立即分队行动，走农户，贴标语，宣传动员；罗斌家当场拿出三支步枪和一支手枪，次日赵和、郭吉祥送来两支步枪和一支手枪。西行到头道岗、二道岗、丁家店大村落，部队召开群众大会，号召大家不当亡国奴，拿起武器抗日救国。欢迎有枪有马的农户参加游击队，并规定："谁带来的枪马归谁使用，自家人不能参加，可把枪马交给亲友、屯邻、雇工带来也可以，一律欢迎；能把邻近的有枪马户组织起来，举出队长带队更欢迎。"李老占屯李廷栋出头组织40多人编成一个队，请猎户炮手索子臣当队长，集体参加游击队。此时正是青纱帐起，日伪汉奸龟缩在城里不敢出来，巴彦游击队威望最高，组织纪律性强，名声最好，所以前来投奔的人马与日俱增。部队到达牛家窝堡、龙王庙和刘小铺时，程少文组织30多人报号"大家好"，老柳头组织50多人都参加了游击队。行军到五道沟、城子沟、王巨屯时，知识分子陈平安、陈英叔侄，还有王丕生、范正惠都组织了20多人入伍。杨家烧锅、两半屯、庞家沟的大户都组织了几十人马，参加队伍。姜家沟屯大户姜贵，带领本屯20多名青年农民集体加入抗日队伍。队伍继续西进，西渡漂河，进入呼兰境内，在呼兰吉星堡、冯家窝堡驻了几天。7月末回师东归，游击队已发展到600多人，变成了骑兵大部队。回到七马架李佰顺屯姜家窑根据地时，老百姓敲锣打鼓迎接，准备了丰盛酒宴，犒劳远征归来的指战员，战士们高兴地说："这回可到家了。"

第六节　完善组织，加强党的领导，强化思想政治工作

满洲省委对巴彦抗日游击队寄予很大的希望，派来了时任省委军委书记赵尚志来游击队任政委。赵尚志，辽宁朝阳人，1925年在哈尔滨读书时加入中国共产党，后考入黄埔军校第四期。赵尚志来到巴彦游击队化名李育才。

赵尚志与张甲洲志同道合，相见恨晚。他们都有较高的政治觉悟、理论水平和领导艺术，他们一文一武配合得非常默契。一是改造和联合土匪，使其改邪归正，成为抗日力量；二是以抗日的名义，向地主富农征集粮草和武器弹药，称"合作"。这与当时党中央的政策不相符。"供给者"称"开明绅士"，有民族气节予以表扬，使各地大户成为部队的供给部。然而满洲省委巡视

员吴福海（绰号蒋介石）来队视察时说："他们走的是地主富农路线。"冯仲云在回忆录中说："'蒋介石'到省委告了巴彦游击队一状，省委批评了巴彦游击队。张甲洲、赵尚志心中有数，对省委的批评是虚心接受，但依然按照自己认为的正确路线坚持抗战。"由于游击队旗帜鲜明，所以队伍不断发展壮大。8月，庆城特支书记崔有山、韩宽淑率党团员18人，木兰分支张平、金立顺前来参加游击队，增加了党团力量，部队召开联欢会，欢迎新战友。

张甲洲采纳了赵尚志提出的"建立中心队伍，严明组织纪律，成立司令部直属教导队，培养骨干力量"的建议，对部队进行了整顿。游击队整编为师，赵尚志任政委，张甲洲任师长，侯振邦任参谋长，孔庆尧任宣传部长。下设四个大队和模范队、教导队。第一大队队长张清林，第二大队队长夏尚志，第三大队队长呼青山，第四大队队长黎仇，模范队队长金永锡，教导队队长兼教官陈海楼（东北讲武堂毕业）。对武器装备也进行了调整，模范队武器最好，全是三八枪，其他各队分别使用连珠枪、套筒子、杂牌枪、洋炮。

张甲洲、赵尚志还着手抓了党组织的建设，在西征途中召开了党员代表会，把游击队特支改为党支部，并建立了政治部、宣传部、娱乐部、士兵委员会和反日同盟会。党组织也有了发展壮大，吸收了11名新同志入党，这些人的成分结构贫雇农居多，只有两名是地主富农成分，党员总数发展到40人。

"士兵委员会"选出士兵代表参与部队日常生活管理，奠定了党组织的群众基础，废除"打骂士兵制度"，提高了士兵的主人翁意识，保证了士兵对干部的监督，提高了部队的民主作风。士兵委员会是党创建新型人民军队实行官兵平等的一个创举，不但受到士兵的拥护，也得到人民群众的赞许。教导队是部队培训干部的机构，是部队流动的军事学校。第一批培训20人，是各队表现优秀的青年骨干，教官陈海楼教术科，赵尚志、张甲洲教学科，大学生们教文化课，没有课本，教员口授，学员耳听，讲完后立即操练实习，演练时战士们争着观看，老百姓也来瞧热闹。政委赵尚志和战士们一样摸爬滚打，上示范课。

张甲洲创建了"抗日同盟会"，并亲自写下"反日大同盟"歌词教战士们传唱，深得人心，起到凝聚人心、统一思想、团结抗战的作用。赵尚志常到教导队同战士们同吃同住同操练，除讲军事课外，还作了几次形势报告，战士们亲切叫他"小李先生"。张甲洲来教导队主要是上思想教育课，讲时事、讲国耻史，要求学员具有不怕苦不怕死的精神，要有身先士卒常施爱、一心报国不为名利的高尚品质，要有"富贵不能淫，贫贱不能移，威武不能屈"的浩然正气。他说："我们都是年轻人，要抗日就得献出青春。我们要有长期抗战的思想，不怕流血牺牲，战斗时不知有家，临敌时不知有身，我们打他10年，再成家立业也不迟。"这番话讲得生动感人，使大家受到生动的爱国主义教育。

反日大同盟歌

作词：张甲洲

一九三一年，倭奴侵蒙满，

半载间，攻我辽吉，炮击龙江垣。

杀我同胞似牛马，血流东北边，

言之落泪，思之痛惨。

愤哉、慨哉，生者有何感？

起来！起来！起来上前线。

朝鲜沦亡数十年，可做前车鉴。

反日同盟齐勉哉！

溯自"九一八"，远东起惨案，

全中华，帝国主义任践踏，试看英法与美日，

爪牙犹如剑，太平洋上布露白刃尖。

起来！起来！起来上前线，

起来！起来！起来去迎战，

我们大敌还有那走狗和汉奸，

反日同盟共勉哉！

青年当立志，创造自由光，

低头看军阀政客前后去投降；

国民政府抱镇静，一味不抵抗，

听候国联欺骗受摧残。

打倒！打倒！军阀大集团，

打倒！打倒！消灭帝国联，

中朝民族联合起来，夺回我江山，

反日同盟共勉哉！

伟哉大同盟，中华救命星，

牺牲了赤心热血，跳出铁牢笼，

黑暗世界已冲破，东方放光明，

力图自由与平等。

自由、自由，人类乐融融，

平等、平等，阶级不再生，

一切恶势都成落花，实现真大同，

反日同盟共勉哉！

第七节　联合友军，攻战巴彦县城

1932年7月，日本关东军第十四师团长松木中将，命令在呼兰待命的五十九联队第二大队，向巴彦进发，11日这股日军进入巴彦城，驻扎在万福广烧锅院内。当他们听说城外有"红匪"要打县城，自己的兵力实际上只有一个小队，真打起来怕吃亏，又偷偷地撤回呼兰。

经过整顿和训练，巴彦抗日游击队不断发展壮大，战斗力有较大的提高。为了狠狠打击日本侵略者的气焰，振奋民心鼓舞斗志，张甲洲和赵尚志决定：以游击队为主，联合友军，共同攻打巴彦县城，捣毁伪政权。当时马占山余部"才团"（团长才鸿猷）辖四个骑兵连共500人驻在黑山后，还有"拉顺线"的"绿林好"已发展到200余人。经过联络，两支队伍同意联合行动，攻取县城。经侦察得知，县城里有三股日伪武装，一是新招募的步兵营200多人，武器好、弹药足；二是警备队有一个骑兵中队，一个步兵中队，战斗力一般；三是商团，各商号花钱雇佣的保安团60多人，多是吃粮混饭的市井游民，毫无战斗力。此外四周城壕都有岗楼、炮台，夜间有人放哨、打更，戒备森严。

三方联席会议决定：8月30日晚，各部按时运动到城边，按指定方向布置兵力，以鸡叫头遍为号，同时发起进攻。巴彦游击队指挥部设在城西马家店，各部队分别戴有红、蓝、白袖标埋伏城外。天将破晓随着第一声鸡叫，战斗打响，游击队攻破南门冲进城中，军旗插在清真寺东院老蔡家大门口，迅即建起指挥部。才团在东北角进攻时，遭到步兵营的顽强抵抗，激战中，敌营沈营长被打死，步兵群龙无首，四散溃逃。才团进城，团部设在正街中部"义和隆"后院，"绿林好"部从东门打进，驻扎万福广烧锅院里。

伪县长程绍濂开始躲进高墙大院广信公司，后化装平民，由警卫护送出北城壕，向兴隆镇方向逃去。商团在城南，听到第一阵枪响，王队长一看形势不妙，一枪没放，带领残兵出城钻进高粱地，落荒而逃。

游击队进城后，张甲洲下令：各队务必严守军纪，不许侵扰百姓。才鸿猷对部下要求也很严，有两个士兵抢了老百姓的东西，查清后拉到正大街枪毙了。由于纪律严明，街面秩序井然，商店照常营业，学生正常上课。只有"绿林好"纪律较差，有扰民现象；各部协商认定：防区以正大街为界，南为游击队，北为才团，城东南为"绿林好"防区，各部行动不准越界，并分别派出巡逻队。

巴彦游击队进城后，政治部、宣传部立即进入工作，张文藻带领徐化民和一些有文化的战士上街贴标语、撒传单，并在电线杆上、板杖上、墙面上书写抗日口号；人聚多了就在当街讲演，宣传抗日救国，揭露蒋介石不抗日的罪行。

联军一举攻占县城，显示了党领导的抗日队伍的战斗力和联合起来的巨大优势。日伪当局《松花江时报》9月7日报道："巴彦8月30日被有力匪团占领，当地民团完全与'匪'合并。"巴彦，是东北地区党领导下的抗日武装联合友军占领的第一个县城，攻占巴彦城战斗证明了"团结抗战，一致对外"是一条抗日战争唯一正确的道路，也是以后我党"建立抗日战争统一战线"的一次初步的尝试。

第八节　夜袭康金井

1932年中秋节后的一天，滨北铁路线上的康金井火车站来了一队日本兵，游击队得到情报后，决定夜袭。当时游击队驻扎在洼兴的黄牛群屯，距康金火车站有50多里的路程。指挥部研究决定：采取"出其不意，攻其不备，连夜奔袭"的战术，从各队抽100名枪法好，又有战斗经验的中青年战士，组成突击队。这是一个秋高气爽的夜晚，在张甲洲、赵尚志的率领下，直奔康金井车站。

在距火车站半里路的地方，战士们安好马桩子，分东南北三路向车站靠近。工兵先掐断电话线，然后扒了两节道轨，康金车站立刻断绝了通讯交通。站内没有动静，开了两枪也没有还击。冲进车站一看，整个车站空无一人，只有站长室桌上放一顶站长红箍大盖帽，还有一套铁路工蓝色制服。原来日军下车后，听说附近有"红匪"活动，感到不安全，不敢久留吃完午饭，坐压道车回了绥化。车站工作人员听到枪声，都躲了起来，护路队也钻进高粱地，偷看动静，然后都溜了。

这次夜袭，虽然扑了空，没打着日本兵，战士们都感到遗憾，但也是一次很好的夜袭演习，检验了队伍的战斗力，锻炼了指战员。

第九节　攻占东兴县城

夜袭康金井后，游击队在向西集镇行军途中，巧遇"孟团"。孟团是才鸿猷拼凑的救国军七团，团长孟照明50多岁，保定军校毕业，家住巴彦城西三门孟家屯，曾当过东北军校教官。经协商，决定合兵一处共谋抗日大计。孟团有3个营300多人，只有一营长不同意合并，第二天率队不辞而别。

进入10月，游击队中跟才团走的几个小队都陆续归队。因为在这段时间里，才团的所作所为与抗日游击队比较，看透他们不是正经的抗日队伍，所以才调转马头，重回抗日游击队。此外陆续投军的也不断增加，枪支不够，他们说："没枪先跟着走，等有了枪再扛枪。"张甲洲见群众抗日热情这么高，便说："没有钢枪还有洋炮，总比空手强。"于是游击队组建了洋炮队，大学生黎仇任队长，大家称他"炮兵司令"。

这时游击队已发展到800多人，为解决枪支弹药问题，指挥部决定：攻打东兴县，去收缴日伪军武器，补充自己。东兴位于巴彦东部山区，城里有警备队、保安团400多人，县公署、警察署都配有武器。为打赢这一仗，派政治部何干青去联系"绿林好"，商议联合作战，"绿林好"欣然接受。

10月29日，游击队从李佰顺屯出发，在二道岗与"绿林好"队伍会合；侯振邦带领模范队在赵家店缴了警察署的几支枪，并利用电话向东兴警察署报告："巴彦开来一绺子人马，被我们打了几枪，往南沟跑了，"以麻痹敌人。下午3时，游击队从南西北三面合围逼近城门，保安团和警察据城死守，经过一阵拼死争夺，在游击队凌厉攻势下，敌人渐渐不支，纷纷从东门逃窜，钻进东南山林中，守卫北门的红枪会，手拿大刀长矛，在大法师的督率下赤臂上阵，口喊着"刀枪不入"的邪咒，蜂拥而出，想与手握钢枪的游击队战士相搏，结果横尸街头，道路为之堵塞，南北西三门被攻破，游击队迅速入城，指挥部设在泰东公司，"绿林好"队伍后到，进驻东兴设治局。

东兴的伪军多为猎手、惯匪，他们退到新民镇后，又调集各村的自卫团，在孙三阎王的率领下，第三天反击回来，杀了一个回马枪。双方一交火，他们高喊"只打张甲洲的游击队，不打'绿林好'"的口号，战斗打得十分激烈。赵尚志在指挥教导队作战时，中弹负伤，警卫队长刘振中率战士突破敌人封锁线，掩护赵尚志退回指挥部大院，仔细一看，他左眼眶下被子弹横穿一道口子，幸好没伤着骨头。第二大队队长夏尚志右脚被流弹击中。继续打下去，损失会更大，指挥部决定撤退，参谋长侯振邦命令把西大墙扒了个大豁子，用两张四马爬犁把伤员送走。随后张指挥大喊一声："不怕死的跟我来！"他带人冲出大院猛打一阵，将敌人打退，迅速撤回院里，命令后卡子队掩护指挥部撤出东兴县城。这次战斗士兵伤亡30多人，枪械损失50余支，缴获的物件均未被带出。

东兴战斗结束后，部队回到姜家窑、王吉有屯驻扎。姜镇藩家东西下屋安排20多名伤员，请来治黑红伤先生刘咸廷、高红生、金德武为伤员治疗。姜家成了临时战地医院。为安全起见把多数伤员陆续转移到可靠的老乡家养伤，姜家只留赵尚志、夏尚志、张炳南、闫福4位伤员，住在姜家东炮台，姜镇藩的爱人范魁平当护理，她整天忙着煎药、换药、洗衣、送饭，有时忙不过来叫二弟姜镇斌来帮忙，前后一个多月，伤员们十分感动。

第十节 "左"倾路线迫使第二次西征

齐齐哈尔古称西荒，那里原有东北军郑文、李海青的抗日义勇军，有李宪成（北平工学院学生）、郑炳文回家乡组织起200多人的抗日队伍，为联合西荒的抗日队伍攻打大城市，满洲省委要求巴彦游击队西征。

11月上旬，赵尚志的伤口痊愈，夏尚志的脚还裹着纱布，就开始西征。当队伍到达呼兰头道沟子时，从实际情况出发部队进行精减，老弱病残全部减掉，只留青壮年，洋炮队解放，青壮年补充其他队里，共减掉200余人。人走枪留下，马骑回去自谋生路。

11月中旬，省委巡视员吴福海第二次来队传达中央6月份召开的"北方会议"精神和省委的指示。主要内容是：一是将巴彦游击队改编为"中国工农红军第三十六军"；二是成立军事委员会，张甲洲任司令，赵尚志任第一政委，吴福海任第二政委；三是实行打土豪，创建苏维埃，执行土地革命政策。

张甲洲、赵尚志率部队进入兰西县，在胡仙堂与伪军冯大脚丫子打了一仗，然后进村召开群众大会，打开地主粮仓，开仓放粮，向群众宣传"抗日救国，打到哪就分到哪"。从此，地主大户改变了对游击队的看法，称之为"红胡子""大学生胡子"，不再支持游击队，反而组织武装与游击队对抗。游击队在青岗、明水县收缴了土匪"君子仁"的枪马，其他土匪害怕了，主动联系想加入游击队，如"双江""明月""西来好"等匪团，因为已改编为红军，怕影响声誉，不敢收留。

张甲洲、赵尚志深感问题的严重，面对日军奸淫烧杀，应该一致对外，讲统战才对，下令停止斗争。吴福海面对张甲洲、赵尚志的态度，一面向满洲省委告黑状，"张甲洲出身大地主，不是我们的人，不发动群众斗争，是张甲洲、赵尚志的意见"；另一面利用"红军之友会"开展反对张甲洲的斗争，但开展不起来，没人响应。

原西荒的抗日队伍李海青、郑文等部，12月19日在肇源渡过嫩江，经洮辽区开往热河，游击队在路上走走停停搞土地斗争，耽误了时日，误了会师的机会，满洲省委决定到下江去，与北荒的抗日队伍会合，开辟三江革命根据地，还可以把伤员送到苏联远东医院，争取苏联支援。

到北荒要穿过200里无人区，必须备足给养，为此部队到达绥棱、铁力交界的一撮毛地区，开始休整筹备粮草。政治部、宣传部、娱乐部开展动员工作，开动员会、演节目、印小报，鼓舞士气。宣传词"为赴国难，哪怕三九严寒""不怕苦、不怕死，抗日健儿勇向前""不怕冰天和雪地，一定穿过大青山"。这时不知哪个队强行收缴了索伦营山林队2支三八枪，引发冲突。索伦人是游牧民族，熟悉地形，枪法极准。部队走到哪，他们就追打到哪，游击队十分被动，几天晚吃不好饭。一天拂晓，游击队过半截河，又遭到索伦人袭击，河道紧靠山边，地势狭窄，转眼间中弹落马10余人。张甲洲指挥纠察队，教导队奋力反击，后卫部队在对岸与敌交火，掩护大部队过河，刚过河面，索伦人又冲上来，但被强大的火力阻击在冰河上，打倒10多匹马，索伦人才退回河面钻进山里。天黑部队在几个小屯住下，第二天部队不能前进，因为政治部10多人没有赶上来，赵尚志也在政治部。原来在他们追赶部队时，遭到索伦营伏击，政治部的何干清（原中学教师）、刘瑞龙（原南充游击队大队长，从满洲省委来的）、白桂森（赵尚志警卫员）壮烈牺牲，陈平安与马夫负伤，第二天晚，他们才赶回部队。天亮后，部队向东南行进，索伦营又追上来，吸收以前教训，部队马上占领有利地势，隐蔽还击，游击队很快包围了他们，直到把索伦营队长陈山打死，他们才败退山里再也不敢来追。

回师路上很不顺利，不久又遭到一伙不明身份的武装截击，被游击队打退。听百姓说：他们原是马占山的部队，营长姓曹，后来投降了日军。到庆城克苏里大桥时又遭到地主武装徐景阳和王振武警察队的伏击，这次战斗游击队改变战术，采取化整为零、各自为战的打法，立即掌握了主动，很快打退了敌人。第二天游击队来到灵云山，驻扎明灵寺大庙里，等待赵尚志带领的部队，两天后，迷路的赵尚志部才赶到。

游击队到达庆城、巴彦交界时，正值严冬"四九"天，不少战士冻坏了手脸，连续10多天昼夜奔波，人困马乏，南望巴彦老黑山，年节将至引起战士们思乡之情，都想家了，军心波动，到东兴满天星时，夜里不少队伍就擅自走了。腊月二十一，队伍回到根据地姜家窑，只剩下少年团、教导队、政治部、纠察队计70多人。

腊月二十三（1933年1月18日）农历小年，游击队余部在姜家窑屯南一棵大榆树下举行散师会。集体磕大帮头，张甲洲壮志未酬，非常伤心。他说："咱们还有能干的那一天，大家先把枪马带回去，听候命令，不消灭日本鬼子决不罢休！"会上确定侯振邦为总联络员，闫福（木匠，家住杜家岗）为张甲洲的联络员，等候军委通知。最后张甲洲嘱咐说："今后无论在什么情况下，我们宁死也要当精忠报国的岳飞，决不当投降派秦桧。"至此，巴彦抗日游击队组建才近8个月，就成了王明"左倾"路线的牺牲品。

军委决定：巴彦游击队解散潜伏，等待时机，东山再起。

第十一节　巴彦游击队的历史功绩

1933年1月26日中共驻共产国际代表团发出《给满洲各级党部及全体党员的信》（简称"一·二六"指示信）正式提出建立"抗日统一战线"的口号，历史证明张甲洲"抗日大同盟"思想是完全正确的，那些教条主义者和"左倾"路线的执行者，才是造成巴彦抗日游击队失败的根本原因。

巴彦抗日游击队的历史功绩是不可磨灭的。

第一，巴彦抗日游击队，在东北大地点燃了抗日烽火，打响了中国共产党武装抗日的第一枪。它是一支根据党中央、满洲省委的指示组建的第一支抗日武装。经过8个月的艰苦奋斗，让人民群众看清了，巴彦抗日游击队是真正的抗日队伍，看清了只有中国共产党领导的抗日武装才是代表中华民族的根本利益。

第二，巴彦抗日游击队创建了抗日同盟会，为我党后来制定"抗日统一战线"的方针提供了实践经验。巴彦游击队提出"天下兴亡、匹夫有责""各阶级各民族联合起来共同抗日救国"的号召，并建立"抗日同盟会"，这是在东北被日军占领的情况下唯一正确的抗战策略。他们联合友军，改造土匪，团结一切社会力量共同抗日深得民心，所以游击队不断发展壮大，由起义时200多人，不到一年时间发展到1 000多人的抗日队伍。

第三，巴彦抗日游击队为创建新型人民军队进行了探索。他们始终坚持依靠党的领导，在部队建立起党支部、干事会，党员队伍不断发展壮大，还建立起政治部、宣传部、娱乐部、抗日同盟会、士兵委员会、教导队、模范队等群团组织，部队的政治思想工作不断加强。

第四，为今后长期抗战培养了政治素质高、军事素质过硬的一大批骨干力量。抗日同盟会、士兵委员会起到凝聚抗日力量的作用，教导队、模范队使部队的军事素质不断提高，政治部、宣传部、娱乐部在提高干部战士政治素质起到不可估量的作用，巴彦游击队为抗日战争培养了一大批优秀的指挥员，他们为打败日本侵略者立下不朽功勋。

第四章　抗联三军在巴彦的抗日活动

不久，哈尔滨特委派政治部主任李兆麟亲到巴彦，恢复重建党组织，宣传抗日救国。他先后去龙泉、洼兴、山后、天增、黑山等沿山地区，建立了抗日救国会，发展会员1 000多人；还组建了13支青年农民义勇军，发展到600多人；使巴彦的抗日烽火熊熊燃烧起来，成为北满抗日最活跃的地区。

第一节　李兆麟秘密来巴彦重建党组织

日伪时期，巴彦城里的姜家肉铺是抗联交通站，是巴彦地下党经常活动的地方。"九一八"事变后，满洲省委派冯立成到巴彦作了周密的调查，冯立成是姜家三掌柜冯殿举长子姜作新的"磕头弟兄"。1932年正月十四，日本飞机轰炸巴彦城，冯立成帮姜家老少到城外茔地躲避，路上对姜家人进行了教育，使姜家人对共产党有了好感。农历二月，冯立成回哈向省委汇报，他认为：姜家大掌柜姜殿选是甲长，警察不敢来查夜；姜殿选为人仗义，交际广，有爱国心，这里安全。

1933年末到1934年春，根据当时为开展武装斗争的需要，李兆麟化名张寿篯，以来购买生猪为掩护，来到巴彦姜家肉铺，外人称"张老客"。第一次是抗联师长雷炎从海伦一直送到巴彦，住在姜家西厢房，他约集姜家亲朋好友和干活的群众，宣传抗日救国的道理，有时通过讲故事、教唱歌曲进行宣传鼓动。

1936年冬，李兆麟在冯立成的陪同下，再次来巴彦。白天他通过北平同学蒋基金（公开身份为巴彦教育股长）结识不少知识分子和爱国人士，晚上召集在姜家干活的亲戚朋友，讲苏联十月革命的故事，他说中国人受苦受难，日本鬼子是罪魁祸首，日本鬼子很快就要完蛋了，咱们穷人联合起来，打败小鬼子，也能过上像苏联那样的幸福生活。

经过一个冬天的工作，李兆麟把爱国人士组织起来，发展为党员，成立一个特别支部。在春节这天晚上，他们在姜家肉窖子里开会，举行新党员宣誓大会。选举赵洪顺任特支书记，曲国恩为组织委员，赵云山为宣传委员，党员有：姜殿选、姜殿举、马子云、王贯一、孙宪廷等，共8人。

赵洪顺原名赵云峰，在巴彦基督教会读过4年书，曾在赵尚志部当过小队长，后负伤回家，伤愈后打入十二马架自卫团当文书，暗中为抗联筹集枪支弹药。曲国恩独身一人，木匠，负责对外联络。赵云山解放后参加东北民主联军，复员后在鹤岗煤矿做保卫工作。

农历正月二十，李兆麟临行前给姜家买了4袋白面，这天他装成买猪老客，和姜家人赶着一群猪走出巴彦城。

中共巴彦特支建立后，工作机关设在姜家肉铺，隶属哈尔滨特委领导，当时确定的工作方针是"宣传抗日救国，发展组织，争取民众，共同抗日"。巴彦间断几年的党组织又重新建立起来。

第二节　开辟"巴木东"根据地

1936年初，东北抗联第三军军长赵尚志从珠河来到松花江下游的汤原县，帮助汤原游击队整顿队伍。成立东北抗联第六军，原游击队长夏云杰任军长，李兆麟任政委。1936年4月上旬由抗联三军司令部直属保安营少年连，第五、第六团300余人，在赵尚志的率领下，从汤原向巴彦挺进，开辟新的根据地，这是抗联三军史上第一次西征。

农历六月中旬，部队经过通河进入木兰境内，以蒙古山为依托，在巴彦、木兰、通河建立新的根据地。蒙古山在松花江北岸，西靠巴彦、东依木兰，俯视东兴县。这里山高林密山脉连绵起伏，进可攻退可守，回旋余地大，便于灵活机动开展游击战，是"一山镇三县"的战略要地，况且赵司令在巴彦游击队任政委时，常在"巴木东"一带活动，有良好的群众基础。

抗联三军所属的六支队、十二支队经常利用青纱帐抓住有利时机袭击日伪据点，收缴日伪武装枪支，摧毁敌伪新组建的部落，开辟了"巴木东"新的游击区域。这一带的老百姓听说当年游击队的"赵政委"又率军杀回来了，倍受鼓舞。巴彦游击队的潜伏人员，都纷纷到抗联报到，当年一些老关系户主动为抗联送粮、送钱、送情报。活跃在本地的义勇军、山林队，听到三军打回来的消息，主动到蒙古山联系，增加了抗日救国的信心，表示愿在抗联指挥下活动。抗联六支队、十二支队马上深入山区村屯宣传抗日救国，帮助建立了14个抗日救国会，武装组建了13支青年义勇军，他们配合抗联打击伪满势力。"巴木东"地区抗日活动风起云涌，形成燎原之势。

一天晚上，赵尚志带领少年连星夜赶到与木兰搭界的姜家窑看望当年的老房东姜镇藩。赵尚志满含热泪说："大哥呀！有我赵尚志在，就有你们老姜家。"言外之意，就是对姜镇藩支持抗日游击队，特别是打东兴后在姜家养伤时受到无微不至的照顾，表达终生难忘之情。两人谈了一宿，从此姜镇藩又担起抗日救国会会长的重担，为抗联十二支队筹集粮草，购买生活物资，搜集敌伪情报，组织群众参加抗日救国活动。

第三节　赵尚志计烧"孔大院"

抗联三军军长赵尚志汲取巴彦抗日游击队的经验教训，他非常关心巴彦抗日斗争的进展情况。当得知巴彦国高校长孔庆尧被敌人怀疑时，顿生一计，使孔庆尧再次潜伏下来，继续为抗日救国发挥不可替代的作用。

1935年夏，赵尚志率领少年连从宾县过江，打进巴彦洼兴镇孔大屯，找到孔庆尧的家，与孔母、家人联系好说明孔庆尧现在的处境和党组织的安排意见。孔母和家里人表示同意党组织的安排，支持孔庆尧抗日活动。便事先把家中贵重物品转移出去，然后召开群众大会，赵尚志向群众宣布："孔庆尧出卖共产党和抗联，是'革命叛徒'，少年连代表党和政府惩罚他。"然后命令战士驱赶孔家的人，当众放火烧毁了孔家的房子，随后迅速撤离。孔庆尧家人被赶走，房屋被烧的消息传到日伪军那里，都很震惊。县警察署长于柏青带着几个日伪兵驱车来到孔大屯，亲眼看了现场，从此解除了对孔庆尧的怀疑。后来孔庆尧参加了抗日救国会，坚持在师生中宣传进步思想，与日伪抗争，为抗日联军提供后勤供应、购买药品，提供地下情报工作。

第四节　夜袭南下坎警察署

巴彦南下坎地处松花江北岸，隔江与宾县相望。沿江屯连屯有12里，是全县最长的一个大屯子。伪政权在这里设警察署、自卫团，他们动辄以"通共反满抗日"的罪名勒索百姓。对救国会支持抗联的粮食、被服等物资管控很严，成为抗日救国活动的绊脚石。

1937年7月的一个夜晚，抗联三军军长赵尚志，率领少年连战士从蒙古山密营骑战马奔下山来，半夜时分来到南下坎，先割断电话线，在向导该村救国会会员车老七的引领下，摸掉岗哨翻过院墙，直接包围了警察署和自卫团的营房。此时敌人正在酣睡，当他们睁开双眼，少年连战士们的枪口已对准他们的胸膛，30多个警察和自卫团团丁乖乖地当了俘虏。赵尚志命令把他们押进一个大屋，开始教训他们："如果再与抗联为敌，死心塌地为日本人卖命，忘掉祖宗定杀不饶！"并为他们指出今后的方向。

少年连携带缴获的武器弹药和30多套伪军服装，顺利地返回蒙古山营地。南下坎警察署被捣毁后，县城的日军便气势汹汹来"清乡"，可是连抗联的影子也没看见。穷凶极恶的日军召集老百姓开会，用金钱诱骗，采取清查检举的办法，让群众说出抗联的去向，群众都说不知道。敌人无奈，折腾了大半天，只好悻悻离去。

第五节　包抄姜小铺

伪满时期，巴彦炮手会（今黑山镇一带），是抗联三军活动的地区，在沿山村屯都建立起抗日救国会、青年农民义勇军，这些地下的抗日组织主要任务是发动群众抗捐、抗粮，支持抗联抗击日军。敌人不但在炮手会设有警察分所还在四边的姜小铺、黑瞎沟等屯建有6处自卫团大营，并修筑警备路，保证各村屯相通。虽然敌人森严壁垒，但始终没有阻止住抗联的活动。

1941年端午节这天，抗日救国会会员毕凤祥、董长青、汤永和进山给抗联送粮，并捎去情报"姜小铺伪军大营来了一小队日本兵，有30多人叫'佳堂小队'，要督率自卫团进山'围剿'抗联"。姜小铺自卫团有100多人，团长密传珍是抗联的暗线，所以他们每次进山"剿匪"，都被打得落花流水，虽然人员没有多大伤亡，枪支弹药却损失不少。抗联师长雷炎接到情报立即召开会议，研究对策。大家都说：先下手为强，攻其不备，包抄日本兵。

黄昏时分，雷炎挑选20多名精干的青年战士，向姜小铺进发，送粮群众在前带路。二更时分，雷炎率队来到姜小铺东山，潜伏在密林里，毕凤祥回屯通知救国会，派佟玉恩、叶洪君、石才每人背一袋苞米面大饼子送到山上。伪军岗哨叶喜告诉去探听消息的毕凤祥，日军都抱着枪分散在4个炮台里，只有小队长佳堂住在连部，守在电话机旁。夜半，趁日军熟睡之机，抗联战士分组翻过大墙，往每个炮台里扔进了3颗手榴弹，佳田小队被消灭了。听到枪声，佳堂急忙拎着匣枪冲出团部，刚迈出门槛，守候在门外的雷炎和两个战士用枪顶住佳堂，战士迅速缴了他的枪，雷炎幽默地说："佳堂小队长怎么来了也不打声招呼!"佳堂顿时魂飞天外,举起了双手。这时密团长冲出营房,向天空打了两枪喊着:"兄弟们,红胡子又来了,打呀!"于是自卫团爬上大墙,胡乱地打了一阵子枪都跑了。

抗联战士携带着缴获的枪支弹药,在欢送的枪声中消失在密林里。雷炎押着佳堂来到山边,说道:"回去报告你们的裕仁天皇,中国人民不是好欺负的!"随着一声枪响,佳堂毙命。

第六节　夜袭四间庙

1941年7月, 抗联三军十二支队队长朴吉松、大队长鉏景芳,率领20多名战士携带两挺轻机枪,每人配长短枪各一支,走出老黑山密营,来到兴隆镇东北四间庙屯外的高粱地里。

四间庙距兴隆镇10华里,东靠小兴安岭余脉老黑山、双鸭山、尖子山。村里设有警察署分所、村公所和自卫团。这里还是抗联兴隆镇三合木场的交通站,是通向老黑山密营运送物资的必经哨卡,必须把这个钉子拔掉。

7月21日黄昏,朴吉松派小队长郭万才潜入村里找救国会做饭,侦察员赵文军前去侦察敌情,队里的闫继哲家在四间庙东万兴永屯,对四间庙熟悉,参与制定作战方案。战士们吃过晚饭,由闫继哲带队爬过城壕,摸进警察署和自卫团驻地,端掉岗哨,发现敌人正在睡觉,战士们分别向每间屋里投进两颗手榴弹,刹那间,屋里鬼哭狼嚎,没炸死的人从梦中惊醒,都乖乖地做了俘虏。战士们卸掉敌人的枪栓,对被俘人员进行一通思想教育,就撤出了四间庙,转移到距四间庙40里的黄海屯,隐蔽在一片苞米地里。

第七节 反"拉大网"式围剿

抗联十二支队夜袭四间庙的消息，惊动了省城的日本军。第二天就调来了滨江警备旅外加一个营的"讨伐"队共1 000多人，又从呼兰调来一个大队的自卫团，从巴彦调来一个连的山林警察共600多伪军。司令部设在邢家店，妄图把十二支队一网打尽。虽然敌人三步一岗、五步一哨，还强迫本地百姓全部出动，挨垄搜查。十二支队在救国会的掩护下，从敌人的网里钻来钻去。老百姓是见到抗联不嚷见到鬼子不讲，敌人怎么也搜不到抗联。

日军申协队长带着100多个日本兵，来到火烧窑屯召集附近村牌长开会。申协手挥马刀往地下一砍，嚎叫道："如果谁发现红军不报告，统统杀头的有！"然后问大家："这里的红军的有没有？"大家回答："搜过了，红军的没有！"然后让牌长带百姓挨垄搜查，一无所获。

此时十二支队已侦察掌握了敌情，深知处境危险，决定轻装撤离。当旭日升起时，十二支队撤到一处高坡坟茔地，敌人像潮水一样包围上来，队长朴吉松命令把机枪架在坟头上，等敌人靠近再打，日伪军渐渐围上来，朴吉松一声令下，两挺机枪愤怒地喷着火舌，20多支长枪一齐开火，敌人一片片倒下，支队趁机迅速撤离。

7月23日傍晚，十二支队来到大板房，朴吉松身着斗篷，战士们都换上日伪军服装，大摇大摆地开进村里。当地甲长不敢怠慢，马上安排伙食。饭后侦察员报告，这里没有敌人，十二支队才向群众公开了身份。朴吉松摘下眼罩，老百姓一下认了出来，把战士们围起来问寒问暖。有的回家取来干粮、鸡蛋、青菜，朴吉松代表战士表示感谢，并一一付钱。十二支队的出现，极大地鼓舞了老百姓的抗日热情。队伍离开大板房，闪电般向东北挺进。7月24日进入长春岭一带。

敌人的大网在逐渐收紧，战士们没水喝，就用毛巾搭露水解渴，隐蔽已十分困难。队伍悄悄地向一片谷地转移，因为敌人不注意矮棵作物。突然一个群众闯来，战士们立即把他按住，"怎么办？如果扣人，敌人一定要找，放吧，又怕去向敌人报告"。朴吉松当机立断，派闫继哲随那个群众去找当地甲长商量办法。

闫继哲找到甲长吕丰年，言称："我们是红军，想在这同日寇打仗，为避免这个屯子被毁掉，咱们得想出个办法。"吕丰年一人不能作主，领闫继哲去找村大爷李广贵和于老彪子，大家共同商量对策。先派可靠的伙计给抗联战士送去两袋豆包和一大壶水，然后全村联合向敌人交保证书，人人按手印，说："经搜查这里没有红军，如不实全村人宁愿被杀头，以后发现了一定及时报告。"这个办法很奏效，敌人终于被骗走了。在群众的配合下，躲过敌人的拉大网搜查，顺利地返回蒙古山密营。

第八节　火烧菅草沟

菅草沟是巴彦东北部偏远的山村，因满山坡撂荒地都长白菅草，人们把这趟沟称"菅草沟"，前后菅草沟共有45户人家，前菅草沟30户，后菅草沟15户，共168口人。1941年开始划归日本开拓团，大家住的房子产权都归日本人。东边是东兴县，两县警察都来管。这里是抗联的老根据地，并秘密建立了抗日救国会，区长佟祥被推举为救国会会长。中秋节的前一天，抗联十二支队来了14名指战员，支队长朴吉松还戴着眼罩（右眼负伤了），队员有：张祥、李绍刚、闫继哲等13人，他们来到村东边大脑山，救国会会员李成送去晚饭和两罐子水。区长佟祥知道后，让佟福杀了一口猪，第二天一大早，亲自把十二支队的同志请到屯里，共同欢度中秋节。当晚朴吉松带队就住在佟祥家五间草房里，并召开前后屯群众大会，会上朴吉松开始就问："你们说当满洲国人好呢？还是当中国人好？"小青年钟魁抢先回答："那还用问，当中国人好呀！"朴吉松高兴地说："对呀，当满洲国人就是亡国奴，是小日本的奴才，十几年的亡国奴滋味，父老乡亲都尝到了，咱们再也不能忍了！"接着他分析了国内外形势，说小日本是"兔子尾子长不了"，抗联专打侵略者，中国人要团结一心，共同抗日救国。会后老百姓给抗联包白面饺子，猪肉炖粉条，军民亲如一家人，第三天佟祥会长筹集300斤粮食，派全福、韩中奎、郭景堂、赵有等6名救国会会员，背送到山里，放到太平岭北山就回来了。

巴彦特务股长久保谷正男知道这件事后，肺都气炸了，决心把前后菅草沟房子都烧掉。

1942年农历八月二十五，巴彦警务科日籍股长久保谷正男带领3个特务，来到洼兴警察署，伙同洼兴署长关庆山带领20多个警察，坐汽车来到七区文明村的菅草沟。他们把全屯男女老少都赶到场院里，架起了机关枪。随后关黑子狐假虎威地大声吼道："你们前后菅草沟的人都通红军，谁也不是良民。今天我奉皇军的命令，要把你们的房子都烧了，谁敢反抗就把你们都突突了，鸡犬不留。"这真是祸从天降，然而在场的男女老少都咬牙切齿，怒目而视。这时区长佟祥急中生智，不知与兴农会长王文焕说些什么。王文焕借找人之机，偷着骑马跑到日本开拓团本部，施用"以毒攻毒"之计。

他们刚把后屯房子点着，王文焕就领着惠阳开拓团头目大港专一骑马飞奔而来，大港连忙制止放火烧房，他说："人的犯罪，你们可以抓，房子是开拓团的，你们不能烧。"放火的人马上停了下来，前菅草沟30多家房子保住了。

久保谷正男走后，并未善罢甘休，1943年5月，他们借"巴木东大检举"之机，把佟祥等26名抗日救国会会员抓走，仅佟家就被抓走6人。6月8日，佟祥在哈尔滨监狱被刑讯至死，王文焕被判10年徒刑，其他人无一生还。

第九节　太平桥伏击战

抗战时期，巴彦东北黑山后太平桥一带是抗联经常活动的地区，也是日伪军"讨伐"的必由之路，因而这里也成了抗联打击敌人的战略要地。

1942年8月，在闫振刚屯和于老彪子屯活动的抗联小分队接到地下联络员姜树发的密报说，从东山里"讨伐"归来的一个连伪军，乘坐两辆汽车中午要从太平桥经过。抗联三军六支队政委小分队队长于天放得到这个情报，立即召开指战员会议，通过在太平桥伏击敌军方案。小分队迅速开到伏击地带，作好战前准备。

中午时分，伪军连长刘文甲、连副初少伯，率一个连"讨伐"队乘两辆汽车从山里回来。于天放率50多名战士早已布下天罗地网。两名机枪射手把机枪架在沟沿上对准桥头，战士们子弹上膛严阵以待。当伪军的军车刚上桥头，随着于队长一声枪响，仇恨的子弹立刻射向车上的敌人，一下子把敌人打蒙了，拥挤在一堆挨枪后纷纷跳下汽车，但已来不及了，成堆的伪军倒在桥上，两辆汽车一个栽倒桥头，一个栽倒沟边一动不动，敌人死伤大半，剩下20多人举枪投降，只用半个多小时，消灭了敌人一个连。

这次战斗，缴获机枪2挺、步枪100多支，只有几个战士轻伤，小分队取得绝对胜利。战士们押着俘虏，带着胜利的喜悦返回黑山密营。

第十节　夜袭大贵镇

1942年9月12日，抗联三军十二支队在队长朴吉松、政委张瑞麟的率领下，从蒙古山出发，跨过杨木河，来到木兰北部的杨木荡子，隐蔽在密林里。

大贵镇位于小兴安岭南部的山边子，镇内有村公所、警察署、自卫团，是木兰日伪军的一个据点。傍晚，十二支队正要吃饭，从山上下来几位采蘑菇的妇女，经了解镇内没有日军，只有8个警察、10多个自卫团兵，他们整天赌博、喝酒、抽大烟，防范不严。摸清敌情后，支队分兵三路：一路由张瑞麟率李绍刚等5人袭击自卫团；一路由朴吉松率李桂林等5人袭击警察署；一路由张祥、安福去家里抓捕警察署署长李德春。大家分头扑向大贵镇。此时屯南有一个岗哨叫李玉书是个大烟鬼，他听到动静，发现有人影，慌忙打了一枪。朴吉松立即还击将其打倒在地，张祥看他没死，便把他绑在大树上，令他不许喊叫。在屋里酣睡的警察和自卫团兵，惊闻枪声慌了手脚，急忙去穿衣服，还没等去摸枪，就乖乖当了俘虏。张瑞麟和朴吉松分别教训他们一番，就去收缴大烟馆，满载而归，撤到蔡家屯。

9月18日，他们又袭击紧靠巴彦县的石头河子镇，当时镇内空虚，警察特务多数被调去大贵镇"讨伐"抗联。朴吉松带队到镇北蔡家屯，从在田里干活的农民口中了解了敌情。夜幕降临时，两个小组冒雨出击，将伪警察署署长和自卫团兵全部缴械。之后朴吉松又率队向庆城转移，取得了袭击大罗镇的胜利。

1942年农历冬月二十六，十二支队队长朴吉松只带领警卫员唐春生、张廷贞走出燕窝山密营。傍晚来到庆安县福合屯，这是个抗联交通站。交通员侯德发安排他们住在屯东南角褚大娘家。褚大娘是侯德发的姐姐，紧靠屯边城壕，比较僻静，出入方便。

朴队长在褚家住了两天，冬月二十八，他派警卫员进城去侦察敌情。不料唐春生和张廷贞进城后被捕，暴露了朴吉松的行踪。当天晚上鬼子警务科长小松贵三率24名警察乘汽车扑来包围了褚家。警察平海泉、赵全胜闯进屋叫道：“老褚婆子！你家来的那个人呢？”这时褚大娘已用筐箩把朴吉松挡在水缸后面，敌人没看见，当这两个警察跑进屋搜查时，朴吉松猛然起身开枪，警察还击时褚大娘倒在血泊中。朴吉松手使双枪，打倒两个警察，又击毙院中的翻译姜国昌，杀出一条血路跳墙冲出去。不料当他跑到牌长李殿臣家院子时，被追来的警察开枪打倒，当即被捕。

朴吉松被俘后，关押在北安特务分室2号牢房。日军妄图“宣抚”，给他治伤。可是朴吉松坚贞不屈，软硬不吃。敌人感到“利用朴吉松有困难”，便于1943年8月12日将他判处死刑。9月初的一天，朴吉松被监狱里的日军田崎九三郎用战刀砍死。一个百战英豪，就这样牺牲在日军的屠刀下，年仅27岁。

第五章　老区人民的抗日斗争

　　具有光荣革命传统的巴彦人民，面对日本侵略者的疯狂掠夺和奴役，始终没有停止过抗争，没有屈服过。他们自发组织起来，同侵略者以及伪军伪政权展开不屈不挠、艰苦卓绝的斗争。

　　1932年以后，在地方党组织和巴彦抗日游击队的影响下，广大民众自发组织大刀会、红枪会、义勇军、自卫队等抗日武装。沿山地区还成立了"抗日救国会"，秘密参加抗日活动，全力支持巴彦游击队和抗联三军抗战。抗日浪潮风起云涌，他们用生命和热血谱写了一曲全民抗战可歌可泣的壮丽篇章。

第一节　大刀会攻占巴彦城

　　1932年6月，东兴五顶山出现一伙大刀会，巴彦人参加得很多。这是一支农民自发的带有封建迷信色彩的农民义勇军，他们"以保国救民为宗旨"，很受民众拥护，参加的人最初只有几十人，很快发展到千余人。

　　大刀会的首领称为大师兄，会民按"金木水火土"五行，身着"红、蓝、黄、白、黑"五色衣和头巾，队伍甚是齐整威武。他们上阵前手执大刀长矛等原始武器，由法师画符，会民吞服曰"刀枪不入"。军中设大纛一面，高三丈余，用牛车载着，上绣龙式花纹，也叫"龙旗"，两边有许多牵绳带刀护卫，十分壮观。

大刀会总指挥杨青山，计划取道东兴、巴彦前往兴隆镇松浦站抗击日军。6月3日，大刀会进攻东兴县，杨青山率大刀队奋勇战斗，打退了东兴设治局高静泉率领的自卫团200多人的狙击，烧毁了东兴设治局，捣毁了电话局，自卫团死伤多人，大刀会首战告捷。6月8日，大刀会攻入巴彦县城，这天是端午节，队伍从东门进入，因大纛高于东牌楼门，直立过不去，放倒被认为不吉利，大刀会扒倒东门，锯倒了东牌楼，进而鼓舞了会员的斗志，吓得伪官员失魂落魄、跪地求饶。大刀会一举烧毁了县公署和城防大队营房，捣毁了经征局，放走了牢中囚犯，打死了伪县长程鉴溪的随从，把他赶出城外。大刀会和驻军赵明武团发生冲突，官兵被大刀会砍死五六人，后官兵伏在房上开枪还击，会民在吴法师带领下退守同发广杂货铺院内，因官兵使用的是洋枪炮，会民被打死10多人，吴法师当场牺牲，14日下午拆毁北城门，撤出巴彦城。

杨青山率领大刀会北上，攻打兴隆镇。当时驻兴隆镇陆军统带被大刀会围攻甚急，便打电话向绥化日军求救，"请求出兵镇压"，兴隆镇的乡绅也组织自卫团配合官兵抵抗，自卫团被大刀会打死数人。19日，大刀会千余人攻进兴隆镇，烧毁警区营房。当日下午日军守备队乘火车南下，在火车站与大刀会激战，日军武器占绝对优势，有机枪数挺；大刀会只有大刀长矛，激烈的战斗持续3个多小时，大刀会死伤200余人，战斗失败，全部溃散。这支农民武装从成立到解体只存在半个多月，但在当时的条件下，接连攻破三座城池，并主动与日军正面作战，表现出极大的勇气和抗日热情，这种反抗精神实在难得。大刀会农民起义在巴彦、木兰、东兴影响很大，短短20多天就发展到千余人，说明民众的抗日愿望十分强烈。

第二节　抗日救国会积极配合抗联活动

抗日救国会是在中国共产党的领导下群众性的抗日救亡组织。其会员来源：一是苦大仇深阶级觉悟高的贫雇农；二是按抗日统一战线政策，对有民族气节、也不甘当亡国奴、有一定政治影响的敌伪下层人员，如村甲长、自卫团长、教员等。根据斗争需要，各抗日救国会会长，一般都由被批准入会的敌伪下层人员担任。利用其"合法身份"，明面给日伪干事，暗地做抗日工作，主要是运送粮食等生活物资、接送留宿地下工作人员、传送情报等。

抗日救国会以居住地区为活动范围，紧密配合抗联活动。它的建立有力地团结了抗日群众，对抗联的活动提供了必要的帮助，涌现了许多英雄人物。

1941年7月，抗联三军六支队，十二支队分别在龙泉、洼兴、山后、黑山等山区，一边打击敌人，一边发动群众建立抗日救国会，发展会员1 000余人；并建立青年农民义勇军13支，参加人员600多人。他们为抗联运送粮食等生活物资，传送敌人情报，接送地下工作人员。

龙泉救国会会长姜镇藩发展会员100多人，仅姜家窑屯就有20多人。他们秘密为抗联做事，成为十二支队的后勤部，有时抗联领导赵尚志、朴吉松、张光迪、于天放、黎仇来姜家住宿，姜镇藩都派救国会会员站岗放哨，以防万一。1939年，夏姜镇藩派弟弟姜镇斌给朴吉松部队送去300颗子弹，秋天又派妹夫冯震把豆角地的"豆角"送到成志沟大桦树下，冯震到豆角地找，原来是一个背篓里面有个布口袋，里面装的全是子弹，他按时送到指定地点。姜家哪来这么多子弹呢？原来是姜镇藩托龙泉李家馆子掌柜李俊生用大烟土，从伪警察詹警尉和姜大个子那换来的。

1940年，姜镇斌、冯震给抗联送过6次粮；1941年给送过5次小米、3次白面，吴宪廷、徐德荣也给送过4次小米；1942年，王廷清、苏万江也用爬犁送过粮。每次送粮都是先由玉皇庙赵春霖（十二支队交通员）通知姜镇藩。

1941年冬黑山救国会会员李殿贵，春节前给抗联送去一斗小米、47根麻花、120个鸡蛋、两包烟。这事让伪警察知道了，把他抓去整天上大挂、吊打、过电，还把血淋淋的死尸放到他身边恐吓他，逼他说出抗联的线索。这位坚贞不屈的农民硬是没有露出抗联的消息，在监狱受尽折磨，直到抗战胜利后才得救。

董大围子屯会员肖昆，时年40岁单身，常年给地主扛活。他多次为抗联送文件，给干部带路，送粮送物。1943年初秋，特务黄福田、李贵侯逼迫群众"拉大网"搜捕抗联。为使抗联战士不被发现，肖昆用"快干哪，干完了好回家"的喊声通知抗联战士转移。回来后被黄、李两特务逮捕押到巴彦，又解送哈尔滨，敌人对肖昆施遍了酷刑，他始终不屈服。1944年3月，被绞死在狱中。

抗日救国会副会长姜树发，天增后屯人，曾多次给抗联送饭、带路、送情报，被敌人抓去后，一连过了七次堂，上大挂、打钉板、过电等酷刑用遍了，他没供出一点情况，最后判了刑，抗战胜利了才释放。

金山屯李英华，14岁，还是个没成年的孩子，他给过路的抗联送鸡蛋，被特务发现了，抓到警察局里。特务们先用软的，给他点烟倒茶，请他吃饺子，并哄他说："你是个孩子，不懂事，说出事就放你！"李英华烟吸了，茶喝了，饺子也吃了，然后说："我是个庄稼院的孩子，啥也不知道啊！"特务们又来硬的，把他头朝下吊起来，用火烧，脱光衣服撞钉板，任你软硬兼施，在这个孩子身上什么也没得到。

面对各地抗日救国会秘密支持抗联的实际，使日伪各地政权感到恐惧。伪滨江省高等检察厅日本检察官鼻中在会议上说："救国会为抗联提供粮食、金钱、物资、药品，当向导侦察军事设备。对抗联加以掩护，这些武装队一旦事变到来，就会拿起武器对我们作战，特别是一些青年人参加更可怕，仅滨江省'巴木东'三县就不下千余人，这真令人战栗！"

第三节 民众义勇军血战"双山堡"

巴彦民众义勇军创始人王英超，曾用名王毓，粗通文字。18岁入东北军当兵时练就一手好枪法，因看不惯军阀部队的恶习，当了三年就自愿回乡务农，冬季打猎。他为人仗义、枪法又好，人称"黑山大侠"。

"九一八"事变后，王英超积极响应中国共产党的号召，联络了20多人参加了巴彦抗日游击队，任中队长。在游击队里，他曾率领中队战士去兴隆镇扒了两次铁路，炸毁一辆军车，表现得机智勇敢，有较高的指挥才能。在与伪军李子英部作战中左肩负伤，他化名住进绥化基督教医院，改名王英超。伤愈后，巴彦游击队总指挥张甲洲、政委赵尚志派参谋长侯振邦前去探望，并安排他打入敌人内部，策划伪军哗变。

1932年末，他通过姨夫陆春生（伪守备队队长）关系，到巴彦警察局当上中队长，慢慢地日军觉得王英超不可靠但又没什么把柄，便把他的警察中队改编了，王英超被派到洼兴警察署任外勤主任。

1937年冬，日军在"巴木东"地区实行归村并户，烧了不少山里的小村庄，妄图割断抗联与民众的联系。在洼兴警察署的王英超正负责此事，他用"拖"的办法进行抵制。

1938年春，巴彦警务科日本警长相甫到洼兴检查并村工作，王英超以"天气寒冷，烧了房子老百姓到哪住啊？""泥水不合，不能盖房子"的托词，婉转搪塞过两次，引起相甫的不满。春暖花开时相甫第三次来洼兴督办，王英超又用"现在该铲地了，老百姓没有时间"进行搪塞。相甫大怒，厉声吼道："你的支吾搪塞，反满抗日的有！"说着就操起墙上的电话"龙泉日本军的说话！"王英超见状，一把抓住相甫的脖领子，抬脚踢出门外，顺手"叭叭"两枪，相甫当即毙命！王英超抽出相甫的匣枪，背上一支步枪，直奔黑山。

王英超回到黑山找到交通员徐占武，通知他在伪军里潜伏的人员带武器到黑山集合。当天兴隆镇自卫团团长李志润带着20多人来了，王英超不到3天，聚集了80多人，组织一支民众抗日义勇军。接着他马上与抗联取得联系，抗联三军六师政治部主任周庶泛邀他到天成窑共谋大计。王英超按抗联的要求，把"江北""双江""海东子""联合"共200多人的胡子队伍，组织在一起，编入义勇军。大家推举王英超为司令，抗联又派来六师炮兵科长赵锡久、连长廉永胜来队协助工作。

1938年7月29日上午，王英超率队在呼兰双山村宫家窝棚驻扎时，遭到哈尔滨绥化的日伪军1 000多人的包围。情况十分严峻，王英超与抗联赵锡久、廉永胜研究决定坚决还击，坚持到天黑再突围出去。

战斗异常激烈，敌人连续发起4次冲锋，都被义勇军打退了。义勇军凭借着房屋为工事弹无虚发，日伪军横七竖八地倒下。前来督战的日本关东军滨北司令官少将闫凡君三郎气得暴跳如雷，高举指挥刀，亲自率队冲锋，被王英超举枪击毙。日本最高指挥官当场毙命，王英超也负了伤。晚6时半，日伪军组织一支敢死队，抢回了闫凡君尸体，夜幕降临，指挥官阵亡了，日伪军再不敢进攻了。

赵锡久命人用担架抬着王英超和伤员撤离宫家窝棚。双山堡一战，日伪军死伤100多人，义勇军也有20多人壮烈牺牲，王英超转入地下治伤，把300多人的队伍交给了李兆麟。

第四节　不畏强暴的巴彦国高校长

巴彦国民高等学校（简称国高），伪满时期被县公署和警察称为"孔家大院"，言外之意是这里不服天朝管，是校长孔庆尧的天下。

孔庆尧，1907年出生于巴彦洼兴镇孔大屯。1922年考入绥化师范学校，受地下党进步思想的影响，思想进步且有卓越的组织才能，多次组织参加反帝反封建的示威游行，立志教育救国。1925年毕业后回西集镇任小学教师，1927年考入东省特区二中师范科，1929年毕业回巴彦后国高任教务长，翌年升任校长。

1930年7月，清华大学学生张甲洲（时任北平市委宣传部长、西郊区委书记）、法学院的李时雨、农学院的李廷槐、北师大的高希文等巴彦籍的大学生回巴彦开展"驱逐县长翟兴凡"的斗争。校长孔庆尧全力支持，在国高成立"驱翟"办公室，成立调查团，并由学校提供"驱翟"大学生的伙食和办公费用，"驱翟"斗争取得了完全的胜利。

孔庆尧积极主张在国高开设师范班，发展家乡的教育事业。为解决教育经费，他以国高校长的身份向社会进行募捐，筹够了资金。这样一件利国利民利家乡的好事，却遭到巴彦官商德兴隆经理迟克勋的反对，孔庆尧非但没有让步，还用手仗教训了迟克勋、在县城引起轰动。1930年暑假开学，师范班办起来了，先后为巴彦培养了大批师资，促进了巴彦教育事业的发展。

"九一八"事变，使他受到深刻的触动，"教育救国"行不通，只有拿起武器，才能把日本侵略者赶出中国。1932年4月，张甲洲回家乡组织抗日队伍，他欣然响应。立即回家乡孔大屯组织了60多人参加了巴彦抗日游击队，被任命为参谋长。抗日游击队东兴战斗失利后，张甲洲让他潜入地下，开展敌后工作。

孔庆尧留下后，便跑到伪县长程绍濂老家西程福屯去避难，说："他在游击队不干了，张甲洲要抓他。"伪县长甚为欢喜，一纸调令把他派回国高继续当校长。后来孔庆尧受到县府怀疑，赵尚志知道后，带少年连到孔大屯声言"孔庆尧是革命叛徒"，一把火把孔家房子烧了，孔庆尧就这样潜伏下来。李兆麟来巴彦开展敌后工作，孔庆尧参加了抗日救国会，成为抗联三军的地下工作者。

从此他以合法身份，与敌人展开针锋相对的斗争，坚持对学生进行爱国主义教育，长大不为伪满干事。1940年夏，西太平小学晚上操场演电影，警察把门，国高学生去晚了，把门警察不让进，三说两说双方打起来。当时场内有国高学生60多人，大家操起板凳就打，把警察打得鼻青脸肿，抱头鼠窜。第二天县长齐辉打电话，让孔庆尧去交涉昨晚武斗之事。孔庆尧不满意地在电话中说："你是三等荐任官，我也是荐任官三等，你没有资格叫我去，有事到这来吧！"齐辉碰了一鼻子灰，只好在电话中说："你们学生造反！打警察！"孔庆尧又回了一句："你们抓住了吗？怎么知道是国高学生？"齐辉一看惹不起，只好不了了之。以后"国高学生打警察"时常发生。

一年冬天下大雪，日本副校长黑柳易男，让通勤的学生带三件工具。学生到齐了，他让没带齐三件工具的学生站出来，将双手插到雪堆里，孔庆尧见了大怒，骂黑柳"混蛋"！并让日语教师照真翻译给他，黑柳一见校长动怒，连忙点头哈腰，连声"哈依"。

1942年正月，孔庆尧被调到五常任国高校长，6月被捕入狱。敌人审讯时，他严词痛斥日伪罪行，被打瞎一只眼睛，他仍大骂不止，表现出中国人民的骨气、一个爱国知识分子的气节，后在绝食中光荣牺牲，时年36岁。

第五节　玉皇庙抗联交通站

在巴彦城东北有两座巍峨对峙的山峰，形似骆驼背，当地人称"骆驼砬子"。东峰顶有一座玉皇庙，是抗联三军地下交通站，庙里的道士赵春霖是地下交通员，俗称"赵老修"。

赵春霖，1889年生于巴彦县安宁乡张家店屯，后来家迁华山五道岗屯。31岁时到骆驼砬子出家当了道士，通过化缘形式筹集一些资金，亲自凿通了通向东峰顶上的石梯，将一座小板庙建成一座大砖庙，里面供奉玉皇大帝、玉母娘娘神像，并起了个很有文采的名字"月台石院"，给骆驼峰起法名"一台山"。

"九一八"的炮声，惊醒了他"修真养性、得道成仙"的迷梦。他毅然投身革命，参加抗联给抗联三军当交通员，做后勤保障工作。

从此，他以道士身份为掩护，以化缘为名，挎个青布兜子，上写"一台山慈善"五个字，到处奔走，搜集日伪情报，筹集生活物资。安排过路抗联干部战士的食宿，全力支援抗联。赵春霖手笔相应，他通过为乡亲们代写书信，春节写对联，发动民众参加抗日救国活动。在山里种地的李廷祥、张玉青、刘振权，在山里烧炭的侯殿云、炮手陈炳全、王老客都是在他的教育下参加抗日救国会，东兴县伪国兵王福田、小学校长隋郎轩通过劝导主动到玉皇庙出家，并秘密参加救国会，从事抗日活动。

赵春霖主要活动在骆驼峰附近的龙泉镇，木兰的石河、太平桥，东兴大贵一带。主要联系人有姜家窑龙泉救国会会长姜镇藩，王乡屯大户王魁、小学的王吉云、陈维新、龙泉李家馆子李俊生、李佰顺屯李廷祥、姜家窝棚韩永生等。抗联需用的物资都是他先通知姜镇藩、王魁、李俊生安排可靠人员，在指定时间送到指定地点；抗联战士与春霖联系的暗语："道长，这里有山丁子吗？"答："施主，这里有山里红，没有山丁子！"对上暗语才能告诉取东西的地点。姜镇藩、王魁都是种地大户，家中有粮，有时赵春霖化缘来的粮食也放到这两家，由他们用马车、爬犁定期送到指定地点。送粮地点有：老爷岭卧牛石旁，成志沟门大桦树下，大泉眼西红柳树边，骆驼峰西北沟，董大碴子下面等有明显标志的地方。

1936年以后，抗联三军领导人赵尚志、朴吉松、张瑞麟、张光迪、于天放、黎仇等，常在骆驼峰过往，多数在姜镇藩、王魁家住宿，晚上来暗号是：打板门铁带，不打门板；白天抗联来人，通过姜镇藩的爱人范魁平联络，她看到东山包大榆树有倒挂树枝，便知道队上来人马上联系。

龙泉街李家馆子是赵春霖又一联络点。掌柜李俊生与张甲洲在龙泉私塾读书时是同学，他以饭店为掩护，结交敌伪上层人员，获取情报，及时转给姜镇藩和赵春霖，再送到抗联。

赵春霖的抗日活动最终还是被"包户"侦察特务赵洪生侦悉，把他和姜镇藩、王吉云、李俊生、王魁等列入黑名单，他们在"巴木东大检举"中全部被逮捕入狱。赵春霖在王乡屯逃过一次抓捕，后来在姜家窝棚韩永生家，被陆警佐派来的特务石玉田侦知后抓捕。在被捕的紧急关头，他告诉韩永生想办法把骆驼砬子石洞中储藏的米面、豆油、食盐交给抗联。因赵春霖是重犯，被直接送到哈尔滨上号监狱，尽管受到各种毒刑拷打，他宁死不屈，只说一句话："我是出家人，不管人间事。"敌伪档案记载："赵春霖，男，55岁，道士，参加抗联，判处15年，死于狱中。"他没留下什么遗物，光复后人们在囚禁他的囚室墙壁上看到刻下的一首诗："人间善恶终有报，魔爪伸长定挨刀。行善积德神保佑，作恶害人天不饶。"

第六节　姜镇藩的抗日活动

姜镇藩，号卫东，1901年生于呼兰县管家沟，1927年家迁巴彦，在龙泉东山里买陈永40垧土地以务农为业。他家上有父母和三个叔父，下有两个弟弟，只有他在家教私塾，人称"姜大先生"。

　　姜家窑三面环山，只有村西是一条进山之路，是一个进可攻退可守的战略要地。1932年5月28日，张甲洲率巴彦抗日游击队，在骆驼峰西片砬子打退巴彦警察署200多人的追击，当天进驻姜家窑，受到姜家的热情接待。从此这里成为巴彦抗日游击队的根据地和司令部，张甲洲与姜镇藩结拜为兄弟，张甲洲的爱人梁正平和女儿被接到姜家，得到姜家的保护。

　　姜镇藩不仅很有学识，而且为人刚正，有民族气节。那时他掌管家业，全家人都支持和参加抗日活动。张甲洲安排他做后勤工作，随着部队的发展壮大，他整天忙于筹集粮草，安排部队的生活，为了动员更多的大户支援部队粮草，姜镇藩和东部山区村屯大户"磕大帮头"结为兄弟，大家共同出粮草、出物资支援抗日游击队。这些大户有最近的王吉有，还有王乡屯王魁、李佰顺屯李廷祥、杜家岗屯董景芳等，使游击队粮草有了保障。

　　游击队初建，缺少武器，姜家一次拿出三支大盖枪，还有连珠枪、马匣子三支，加上一簸箕子弹，在当时无异于雪中送炭。

　　1932年11月2日，东兴战役结束，部队回到姜家窑。姜家东西厢房安排了20多名伤员，请来了黑红伤先生给伤员治伤，姜家大院成了临时战地医院。

　　1933年正月十一，伪县长程绍濂带领军警查抄姜镇藩家，并扬言："姜家窑是胡子窝没好人！"在姜家翻出了巴彦游击队贮存的枪支弹药，装了一马槽，并逮捕了姜镇藩，关进巴彦监狱。每次刑讯姜镇藩都大义凛然地说："中国人支援抗日救国没有罪，有罪的是那些帮虎吃食的汉奸！"日伪汉奸又气又恨，除了严刑拷打一点办法也没有。1934年3月1日，溥仪在关东军的操纵下，建立伪满洲国，实行大赦"政治犯"，才把姜镇藩释放出狱。

1936年6月，赵尚志带领抗联三军进驻蒙古山，马上带少年连看望姜镇藩。感谢他对巴彦游击队的全力支持，希望他一如既往支持抗联在"巴木东"地区的抗日活动。姜镇藩欣然承诺："只要是为了抗日，共产党让我做什么我都乐意。"从此以后姜家窑又成为抗联三军的后勤基地。抗联三军的领导人在"巴木东"地区活动时常来姜家吃住。赵尚志、张瑞麟、朴吉松、于天放、张光迪、黎仇都多次到姜家大院住宿。

从1936年下半年以后，姜镇藩每年送粮10余次，包括小米、白面、豆油，每逢年节都要送猪肉、豆包、粉条等年货。1939年夏，姜镇藩已就任龙泉救国会会长，他派二弟姜镇斌给十二支队政治部主任朴吉松送去300发子弹，不料刚走到老爷岭孙长腿河套时，被从苏万江炭棚钻出来的伪警察发现，喊他站住。姜镇斌一看不妙，迅速钻进山林，警察在身后打了三枪，幸免没中弹。

第七节　神秘的李家馆子

日伪时期，龙泉镇十字街口有一家饭店带大车店的酒店，人称"李家馆子"。掌柜李俊生30多岁，中等身材，长方脸，那一对炯炯有神的大眼睛，使人感到此人精明强干。他总是笑眯眯的，不知为什么，日伪警察来吃饭，他格外关照，给不给钱都行。所以这些人对他没有什么戒心。于是他们说的话，以及无意间泄露的秘密，都像长了翅膀，马上飞到山里，钻进十二支队队长朴吉松的耳朵里。

1932年四月十八，镇东七马架张甲洲以"结婚"为由组织抗日游击队，李俊生本想和张甲洲一起拿枪抗日，可是家离不开，父母年迈多病，孩子又小，他很不甘心。张甲洲和他是小时候念私塾时同学，安慰他说："在后方做后勤工作也是抗日，你开饭馆说不上有大的用场。"从此李俊生以饭馆为阵地，积极为游击队搜集敌人情报，做好后勤工作。

1932年夏，游击队准备西征，张甲洲派人来找李俊生，让他准备给养。时间很紧，他组织饭店人员和家住本街的亲友，贪黑烙大煎饼、发面饼，还蒸了200斤面的大馒头，足够指战员用几天，后勤部知道他小本生意，给他付了面钱。

1939年，抗联三军六支队政委于天放、十二支队主任朴吉松与他联系上了，安排他继续作后勤工作。这时李俊生积累了一些资金，又开个杂货铺，安了一个磨房，买了四头大牤牛，日夜磨面加工饼干、大饼子，但不外卖，都让赵春霖派王魁家马车拉走了，后来才知道是专为抗联加工的。

这年夏秋，赵春霖、姜镇藩分别来找他，交给他一大包烟土，让他换子弹。警察署詹警尉和姜大个子抽大烟，李掌柜在他们来吃饭时，谈好了交易，一次换300粒子弹，前后换了3次，交给了姜镇藩。

赵洪生到王乡屯住在冷家，对外说是雇来的"半拉子"，但不下地干活。原来是汤原县被捕叛变的地工人员，被日军利用派到龙泉当特务。他用钱收买腿子宛德、胡瘸子侦察赵春霖、姜镇藩的活动，然后记入黑名单。

在1943年"巴木东大检举"中，姜镇藩、李俊生是第一批被逮捕的。3月15日晚，李掌柜和龙泉警察刚喝完酒，就在柜上躺下了，刚要睡，从县里来了一汽车警察，闯进屋二话没说，就给李俊生戴上手铐，又戴上黑帽子，连推带拥扔上汽车拉走了。在哈尔滨上号监狱，李俊生拒不承认参加抗日活动，被日军打得遍体鳞伤，扔进地下水牢，水牢里的蛆虫把他受伤的皮肤咬得满身是脓血道子，最后被折磨死在狱中。

敌伪档案记载：李俊生，商人，35岁，给抗联送粮，1943年8月19日刑讯至死。

第八节　王乡屯"抗联粮仓"

咸丰年间，河北昌黎县大王庄王福广、王福禄兄弟随"闯关东大军"来到松花北岸开荒占草。经过几年的辛勤劳作，创下20多垧地的家业。巴彦苏苏行署为加强对地方的管理，经天增泉一带地方举荐，王福禄被任命本地"乡约"（地方自治小头目），附近都把这个屯叫"王乡约屯"，久而久之，人们为顺口把这个屯就叫"王乡屯"了。

1896年，王魁生于王乡屯，他自幼聪慧，读了四年私塾，写得一手好字，他家除种地外，还在村东头开过店房。王魁为人仗义，平日年节对穷人都很关照，有求必应，人送外号"王大善人"。

1932年5月，张甲洲组织巴彦抗日游击队，在姜家窑整训。王乡屯的乡亲们集资买了几头肥猪，由王久明宰杀装上车，派汪三爷（汪永河）和王彤代表乡亲前去慰问。王家和张家是老表亲，张甲洲的奶奶是王魁的亲姑奶，张甲洲称王魁大表哥。王彤是王魁的堂兄弟，在吉林读过大学，经张甲洲动员，王彤带领二弟王信、长子王兴仁参加了游击队，走时每人骑一匹好马，每人带一支匣枪和足够的子弹。王彤在指挥部当参谋，王信当小队长，王兴仁当通讯员。政委李育才（赵尚志）与王彤关系特别好，成为亲密战友。后来赵尚志任抗联三军军长，也常和王彤联系。1936年抗联三军在蒙古山，赵尚志来王家几次住在老宅院，晚来早走，王魁热情招待。

　　这年夏天赵尚志通过赵春霖，找王魁、王彤给弄子弹。王魁找二弟王志（在辽阳屯当自卫团团长）想办法。他找附近三个自卫团团长帮忙，每个大牌兵抽5发子弹，共计2 400发，送到骆驼砬子西沟指定地点，赵尚志很高兴。

　　王家种120垧地，除缴税外余粮很多，王家很少外卖，有时赵春霖在本地化缘的粮食也会集中在王魁家，王家拴挂二马车（冬天二马爬犁），专门给抗联送粮，每次都是四弟王瑞赶车送到指定地点。王魁与抗联联系的暗语是"软粒""硬粒"，软粒是指"米油盐"，硬粒是指"子弹"。每次送粮都是半夜出发，早早回来路上不与人见面。平时送小米、苞米碴子、豆油、食盐，腊月送豆包、猪肉、粉条。要求送粮用小袋，豆油用小桶，粉条打小把，猪肉砍小块。1942年腊月，王魁准备了两袋面、一袋大米、二角猪肉、一袋黄米面、一袋豆包，分装好后，让老板王瑞赶爬犁送去。不料回来的路上，碰上了起早上山砍柴的特务苑德哥俩。晚上回来苑家哥俩把早上看见王老板的情况，密报了特务"赵半拉子"。

　　赵半拉子是县警察署陆警佐派来的特务，他经常指使苑德、苑魁哥俩以拣柴为名侦察老赵修的活动。在不到一年的时间里，他把为抗联送粮的人都记上了黑名单。

　　1943年5月25日晚上，王乡屯来了一汽车鬼子和伪警察，直接包围了王家老宅，抓走了王魁，鬼子还扬言："王魁家是抗联粮仓。"本屯同时被捕的还有救国会会员侯殿云、小学校长王吉云，直接把他们押到哈尔滨上号监狱。据敌伪档案记载：王魁，王乡屯农民，给抗联送粮，1943年5月25日被捕，同年6月28日死在监狱。

第九节　同仇敌忾"三英烈"

　　李廷槐、武斌、蒋基金是巴彦20世纪30年代革命知识分子的优秀代表，是杰出的共产党员，巴彦国高的优秀教师，教育界的知名人士。1943年5月以"八路军嫌疑案"被捕；1944年先后牺牲在敌人的监狱中，巴彦人民称之为"同仇敌忾三英烈"。

　　1924年7月，他们在巴彦中学毕业，又一同到省城齐齐哈尔求学。在革命思想影响下，他们志同道合，一起投入到反帝反封建的斗争中。1925年，上海发生"五卅"惨案，消息传到齐齐哈尔，各界群众异常气愤。在齐市甲种工业学校的张甲洲、于九公找到法专的王国华、农校的李廷槐、一中的武斌等来自巴彦的同学，共同组织了全市8所学校的同学上街游行示威，抗议日本帝国主义枪杀中国工人的暴行，声援上海工人的反帝斗争。6月1日，张甲洲、武斌等学生代表到督军署提出抵制日货、为上海死难烈士开追悼会的正义要求，被省督军吴俊生拒绝。6月16日，全市学生统一行动，再次上街游行被警察驱散。当局以"学生闹事"，是"赤化分子""策划捣乱行为"，并勒令学校提前放假，把学生撵向社会，张甲洲、武斌、贾玉麟被学校开除学籍。

　　1926年，李廷槐、武斌、蒋基金一同进京求学，李廷槐考上北平农学院化学系；武斌考入北大政治系；蒋基金考入北大数学系。读书期间在"五四"运动的影响下，他们逐步接受了马克思主义思想，接触了地下党，在工作中得到锻炼，先后秘密加入中国共产党。1930年暑假，李廷槐、武斌、张甲洲、李时雨联合在北平、天津、奉天读书的巴彦籍同学，利用放假的时机，回家乡巴彦开展"驱翟"斗争，赶走了贪官污吏县长翟兴凡，并推倒巴彦南花园为前任县长王玉科竖起的所谓"政德碑"，在巴彦人民革命斗争史上谱写了光辉的一页。1932年除夕，他们又参加"冲击万福麟宾馆（万为黑龙江省督军）要求东北军打回老家去"的斗争。

1932年春，李廷槐、武斌、蒋基金等在北平读书的大学生，响应党"拯救民族危机，奔赴抗日前线"的号召，开始分期返回巴彦配合张甲洲领导的巴彦抗日游击队，开展地下反日斗争。李廷槐在巴彦国高任教期间，不穿协合服，也不说日本话，并经常对学生进行爱国主义、抗日救国的教育。在他的教育下，一批学生进关内参加了革命。武斌在任小学校长时期，经常向教师宣传"日本人一定失败，共产党才是真正的抗日力量，统一中国的不是蒋介石，必然是共产党"的道理。他还担任巴彦县委和巴彦游击队的联络员。蒋基金在巴彦县署任教育股长，以此为掩护秘密从事反满抗日的工作。李兆麟来巴彦开展建党工作时，经常与蒋基金秘密谈话，李兆麟在临走时向巴彦的同志交代，巴彦特支由蒋基金负责，上级发来的书信和指示由他传达落实。

日本特务机关根据汉奸叛徒的检举告密，掌握了"北平进步学生回巴彦，已分散各处隐蔽起来"的情报，实行有计划的大逮捕。1943年5月以"八路军嫌疑案"事件，将李廷槐、武斌、蒋基金和国高事务张金城、教师韩跃东等5人逮捕，关押在哈尔滨道里松花江拘留所。尽管敌人对他们施遍毒刑，但他们都坚贞不屈，始终没有泄露党和抗日工作的机密。1944年5月，李廷槐在狱中坚持绝食斗争，饿死在监狱里。武斌、蒋基金被转押回巴彦监狱，被严刑逼供死在狱中。

他们三人既是同学，又是战友，他们不畏强暴、拯救人民于水深火热之中的爱国情怀和大无畏的精神，甘洒热血写春秋的英雄气节，巴彦人民永世铭记。他们是巴彦杰出的抗日知识分子代表，是巴彦人民的骄傲。

第三编 ★ 抗日斗争大事件和抗日英雄谱

第一章　抗日斗争大事件

第一节　张甲洲创建巴彦抗日游击队

1932年4月底，清华大学学生，曾任北平西郊区委书记、北平市委宣传部长、代理市委书记的张甲洲遵照党中央和满洲省委的指示，带领北平市黑龙江籍的大学生于九公、张文藻、张清林、郑炳文回家乡巴彦县镇东乡七马架，组建抗日队伍，进行武装抗日。他们通过走亲访友，动员家乡的人民起来抗日救国。

首先，他们联系了七马架村甲长自卫团团长侯振邦，侯振邦抗日热情非常高，当场拿出20条大枪。他们拜会了龙泉自卫团团长陈维新、二道岗自卫团团长米秀峰又拜会了沿山地区村屯大户王魁、姜镇藩、王吉有、李廷祥、李俊生等。他们还到巴彦城镇联系了国高校长孔庆尧，答应回老家组织乡亲。巴彦警卫团王家善在日本留学时与郑炳文相识，同意带领人马一同抗日。

1932年5月23日农历四月十八，趁着河西五云观庙会之机，以张甲洲"结婚"为由，各路人马汇集到七马架张油坊屯。孔庆尧王家善各带来60多人，侯振邦组织了30多人枪，陈维新、米秀峰各领来20多人马，张甲洲的妹夫陈勋从呼兰带来12人，并请炮手高志鹏任队长。此外还来了李时雨、王国华、邵桂辛、邵桂丹、王吉云等20多名大学生，总共200多人马。他打出"东北人民抗日义勇军"的大旗，人人佩戴"抗日救国"字样的红袖标。上午9时，各路人马集合在张家门外的井台前，张甲洲腰扎武装带，斜挎一支20响大肚匣枪，健步走上井台。他庄严宣布："东北人民抗日义勇军"正式成立！接着他阐述了武装抗日的重大意义，宣布了部队的纪律和编制，张甲洲任总指挥，王家善任副总指挥，孔庆尧任参谋长，各领队任中队长，大学生暂在指挥部做宣传工作。最后张甲洲坚定地表示："我们宁可为抗日战斗而死，也决不当亡国奴！"场下顿时响起雷鸣般的掌声，抗日口号此起彼伏。张甲洲组建巴彦抗日游击队，在这里打响了中国共产党武装抗日的第一枪。

第二节　攻打巴彦县城

经过整顿和训练，巴彦游击队不断发展壮大。为了狠狠打击日本侵略者的气焰、振奋民心，张甲洲、赵尚志决定联合友军共同攻打巴彦县城，捣毁伪政权。

当时马占山一部"才团"，辖四个骑兵连500多人，驻扎在巴彦黑山后，"拉顺线"的"绿林好"也发展到200多人。经联络，两支队伍同意联合攻取县城。侦察得知：巴彦县城有三股日伪武装：一是步兵营200多人，枪好弹药足；二是警备队有一个骑兵中队，一个步兵中队；三是商团有60多人，是各商号出钱雇佣的市井游民。

三方会议决定：8月30日晚各部按时运动到城边，按指定方向布置兵力，各部分别以"红、蓝、白"袖标为标记，以鸡叫头遍为号，同时发起攻击。巴彦游击队指挥部设在城西马家店，天将破晓，随着第一声鸡叫，四面枪声大作，游击队首先攻破南门冲进城去。才团在东北角进攻时遭到步兵营的顽强抵抗，激战中敌兵沈营长被打死，步兵营群龙无首四散溃逃。才团进城，团部设在"义和隆"后院，伪县长在护兵的保护下早已越过北城壕向兴隆逃去。

部队进城后，张甲洲下令各队务必严守军规，不许侵扰百姓。才团对部下要求很严，查出两个士兵抢老百姓的东西，立即拉到正大街枪毙。由于纪律严明，巴彦街面秩序井然，商店照常营业，学生正常上课，防区以正街为界，南为游击队，北为才团，并分别派出巡逻队。

巴彦游击队进城后，政治部、宣传部立即进入工作，张文藻、徐化民带领有文化的战士上街贴标语、撒传单，往墙上电线杆上写抗日口号，人聚多了，就在当街讲演，宣传抗日救国，揭露蒋介石不抵抗日本进攻的罪行。

联军一举攻占县城，显示了共产党领导的抗日武装的战斗力和联合起来的巨大优势。日伪《松花江时报》9月7日报道："巴彦8月30日被有力匪团占领，当地民团完全与'匪'合并。"

攻占巴彦城的战斗，证明了"团结抗战、一致对外"是一条抗日战争唯——条正确的道路，也是我党"建立抗日统一战线"的初步尝试。

第三节　西征分散潜伏

黑龙江省城齐齐哈尔，古称"西荒"。当时有原东北军郑文、李海青的抗日义勇军，李宪成、郑炳文回乡组织的200多人的抗日队伍。为联合西荒的抗日队伍，攻打大城市，指挥部决定西征。11月上旬，赵尚志、夏尚志的伤口基本痊愈，开始西征，队伍到达呼兰头道沟子屯，部队开始精减。老弱病残者把枪留下，马骑回去自谋生计，青壮年重新整编，共减掉200多人。

11月中旬，省委巡视员吴福海第二次来队，传达中央北方会议精神和省委指示：一是将巴彦游击队改编为"中国工农红军第三十六军"；二是成立军委，张甲洲任军委主席、司令员，赵尚志任第一政委，吴福海任第二政委；三是实行"打土豪、创建苏维埃"的土地革命路线。临时中央6月召开的"北方会议"，无视东北被日军占领的实际，不顾东北首要任务是抗日救国的大局，破坏了巴彦抗日游击队既定的"各阶级各阶层联合抗日"的正确方针，必然导致巴彦游击队解体的命运。

由于部队搞土地斗争走走停停，耽误了与西荒抗日部队会师的时机，邓文、李海青部已于12月19日渡过嫩江开赴热河。在这种情况下，满洲省委又下令"回师东征，到下江去建立根据地"。希望得到苏联远东的支持。

回师路上很不顺利。先是在绥棱、铁力交界的一撮毛地区，不知哪个小队收缴了索伦营山林队两支"三八"枪，引起冲突，连续遭到索伦营的追打，使部队伤亡增加。后在庆城克里苏大桥遭到地主武装徐景阳和王振武警察队的伏击，伤亡49人。部队到达庆城、巴彦交界，正值严冬"四九"天，不少战士冻伤手脸，连续征战人困马乏，部队多数是巴彦人，年关即至南望老黑山，思家心切军心波动，到东兴满天星时不少部队夜里擅自走了。腊月二十一（1933年1月16日）到达姜家窑根据地，只剩70多人。

当时日本侵略者已进驻巴彦，并建起完备的伪政权，呼兰伪军李子英部也派兵进驻巴彦，而游击队剩余人马，已无多大战斗力，一旦遭到日伪"围剿"，后果不堪设想。为此军委会决定："分散潜伏，等待时机，东山再起。"

第四节 枪毙日本警长相甫

1938年夏，巴彦洼兴警察署发生一起轰动满洲国"枪杀日本相甫，抗拒归村并户"事件，起事者叫王英超。

王英超原名王毓，1911年12月生于黑山郭王店屯，少年在家放牛，只读过一年私塾。18岁人东北军当兵，练就一手好枪法，甩手可打飞禽，人称"黑山大侠"。1932年6月，他组织20多人参加巴彦抗日游击队，任中队长。不料在黄牛群屯与伪军李子英部作战中左臂负伤，他化名王英超入住绥化基督教医院疗伤。伤愈后，巴彦游击队参谋长侯振邦前去探望并传达张甲洲、赵尚志的命令，决定让王英超打入巴彦伪军内部做策反工作。1932年末，他通过在伪军当军官的姨夫陆春生，打入巴彦警察大队任中队长。不料，组织哗变的伪中队队长张连举、队副耿云龙被捕，王英超急中生智嘱咐耿云龙爱人在探狱时告诉耿云龙、张连举二人一定把告密的于大队长咬进去，借日伪之手杀掉汉奸于大队长。王英超虽没暴露却引起日伪怀疑，派他到洼兴警署任外勤主任。

1937年末，日军实行"归村并户"，便于对百姓集中监管。洼兴是重点"匪区"，王英超采取拖延办法加以抵制。1938年初，巴彦警备科日本警长相甫两次来洼兴检查"归村并户"工作。被王英超以"天寒地冻烧了房子，让老百姓到哪去住啊！""还没化冻泥水不合，不能盖房子"搪塞过两次，引起相甫的不满。

5月末，相甫第三次来洼兴，一见面就摆出兴师问罪的架势："王主任，天的已暖和，地也化透了，为什么还不归村并户？""老百姓正忙着铲地，哪有时间盖房子！"相甫闻言怒吼道："你的支吾搪塞，反满抗日的有！"王英超也怒火满腔大喊道："对，我就是反满抗日！"相甫转身操起墙上的电话："龙泉日本军的说话。"王英超毫不犹豫起身跨步，紧紧地抓住相甫的脖领子，抬脚把他踹出门外，随后"叭叭"两枪，打进相甫胸膛，相甫一命呜呼。他麻利地摘下相甫的匣枪，又背起一支大枪，直奔东门而去，谁敢挡"黑山大侠"。王英超直奔老黑山，组织起民众义勇军，开始了新的战斗。

第五节　奇袭警察署日伪军

1936年6月，抗联三军军长赵尚志率部分部队从汤原西征，进驻木兰与巴彦交界的蒙古山。开辟"巴木东"游击区。蒙古山地处松花江北岸，系小兴安岭余脉，是"一山镇三县"的战略要地。1932年，张甲洲、赵尚志领导的巴彦抗日游击队，曾在这一带活动，群众基础好，便于开展抗日活动。

1941年，北满省委派遣三军六支队十二支队打进"巴木东"地区。十二支队队长朴吉松、指导员张瑞麟带队先后袭击了庆城的大罗镇、木兰石头河子、大贵镇、巴彦的四间庙等警察署和自卫团。给日伪政权和汉奸特务以沉重的打击，在"巴木东"地区播下抗日救国的火种。在三县山区建立14处抗日救国会，发展会员1 000余人，组建13支农民义勇队，发展农民武装600多人。这些抗日组织发动群众抗捐、抗粮，全力支援抗日，与日伪政权进行了不屈不挠的斗争，使敌人胆战心惊，惶惶不可终日，发出"小小满洲国，大大的赵尚志"的哀叹。

夜袭南下坎警察署

巴彦的南下坎地处松花江北岸，沿河屯屯相连大12里，是全县最长的大屯子。伪政权在这里设警察署自卫团。他们自以为把守巴彦南大门，平时横行乡里，动辄以"反满抗日"的罪名勒索百姓，抗日救国会的活动受到限制。1937年7月的一天夜晚，赵尚志带领少年连奔下蒙古山，半夜到达南下坎，先割断电话线，在救国会会员车老七的带领下，摸掉岗哨包围了警察署自卫团的营房，敌人正在睡梦中，30多名伪警察乖乖地当了俘虏。赵尚志开始训话："如果敢与抗联为敌，忘掉祖宗死心塌地为日本人卖命定杀不饶！"并为他们指明出路，伪警察们乖乖受教。少年连带着缴获的枪支弹药和30多套伪军服装，顺利地返回蒙古山营地。

查抄姜小铺

1941年端午节，抗日救国会会员毕凤祥、董长青、汤永和进黑山给抗联送粮，带去情报"姜小铺伪军大营来了一小队日本兵，有30多人要督率自卫团进山'围剿'抗联"。自卫团有100多人，团长密传珍是抗联的暗线。抗联师长雷炎决定："先下手为强，包抄日本兵。"雷炎率20多名精干小分队二更到达姜小铺东山，派毕凤祥进屯侦察。伪军岗哨叶喜告诉毕凤祥，日军都分散在四个炮台里，小队长佳堂一人在团部守着电话机。战士们分组进入院内，分别往四个炮台扔进了3颗手榴弹，30多个鬼子就报销了。佳堂队长听到爆炸声，拎着匣枪冲出团部，刚迈出门槛，被战士的长枪顶住了。雷炎幽默地说："佳堂队长，怎么来了也不打声着呼！"佳堂魂飞天外，举起双手。这时，密传珍冲出营房，带领自卫团爬上大墙，胡乱地朝天放枪。雷炎押着佳堂来到山边说道："回去告诉你们天皇，中国人不是好欺负的。"一声枪响，佳堂毙命。

夜袭四间庙

1941年7月，抗联十二支队队长朴吉松、大队长鉏景芳率20多名战士带两挺轻机枪，每人配长短枪各一支，走出老黑山密营来到兴隆镇东北四间庙高粱地。四间庙距兴隆10里，村里设警察分所和自卫团、村公所。这里还是三合木场交通站，是向黑山密营运送物资必经哨卡，必须拔掉这根钉子。朴吉松安排小队长郭万才、赵文军进屯侦察敌情，半夜由郭万才带领战士们爬过城壕，端掉岗哨，摸进警察所和自卫团。敌人正在睡觉，战士们向屋内投进两颗手榴弹，屋里顿时鬼哭狼嚎，没炸死的乖乖地举起双手，战士们卸掉枪栓，对俘虏进行一通思想教育，撤出了四间庙。

抗联夜袭四间庙，立即惊动了省城。第二天滨江省警备旅加一营"讨伐"队1 000多人，又从呼兰调来自卫团，巴彦调来山林警察600多伪军，还强迫当地百姓在大牌长的组织下挨垄搜查抗联。十二支队在救国会的掩护下，从敌人设下的"大网"里钻来钻去。老百姓是见了抗联不嚷，见到鬼子不讲。敌人怎么也搜不到抗联。后来在甲长吕丰年、屯大爷李广贵、于老彪子的安排下发动群众联名按手印，向敌人交保证书，"保证见到抗联马上报告，用性命担保"，骗走了敌人，十二支队顺利返回密营。

第六节　日军查抄姜家肉铺

姜家肉铺位于巴彦城老街东部，是晚清开业的老肉铺。姜家以倒卖生猪和杀猪卖肉为业，来往顾客很多，生意较好。伪满时期，中共地下党长期在这开展活动，先是抗联交通站，后来是巴彦特支机关。

中共满洲省委为了在巴彦开展建党工作，首先派冯立成来巴彦作过周密调查。冯立成，字善九，是姜家三掌柜姜殿举长子姜作新的"磕头弟兄"（当时姜作新在哈尔滨当警察），姜家自然热情接待。冯立成在巴彦住了两个多月，结交了不少朋友，联系了不少爱国志士，为建立党组织打下了坚实基础。

姜家肉铺是百年老铺，大掌柜姜殿选是甲长，交际面广，警察买肉给不给钱都能拿走，官私两厢都吃得开，没人来找麻烦。姜殿选的两姨弟赵洪顺、舅爷曲国恩、外甥李发常年帮助经营肉铺。

1936年冬，北满省委派李兆麟化名"张老客"来巴彦开展建党工作，住在姜家肉铺。李兆麟很能联系群众，白天外出走访，晚上常到西下屋伙房给大家讲故事，讲苏俄"十月革命"，启发民族觉悟。经过一段考察，他把一批爱国志士组织起来，成立一个特别支部，简称"巴彦特支"，选举赵洪顺为特支书记，组织委员曲国恩、宣传委员赵云山，党员有：姜殿选、姜殿举、王贯一、孙宪廷、马子云，还有一位人称"老甲"的女同志，是抗联派来的。赵洪顺原名赵云峰，家住十二马架屯，曾在巴彦基督教会读过几年书，在哈东支队赵尚志手下当小队长，因作战负伤才回家，打入自卫团任文书，暗中为抗联购买枪支弹药。老甲叫苏维民，她常到南下坎找救国会会员车洪林，定期为蒙古山密营送物资。

巴彦特支时常在姜家肉铺开会，一天李兆麟正与姜殿举唠嗑，县教育股长蒋基金来找，李兆麟对他非常热情，像久别重逢的朋友，姜殿举知趣走出，两人就热烈地交谈起来。蒋基金是北满省委特派员，以后省委来信，要蒋基金看完再向大家传达。李兆麟临走给姜家买了4袋白面，他化装成赶猪的老客，和姜家人赶着一群猪走出巴彦城门。

1937年4月，哈尔滨市特委被敌人破坏，特委书记韩守奎被捕叛变。农历四月十一拂晓，一群日伪军突然包围了姜家肉铺，日伪警察进屋后，首先要他家的往来信件，姜殿举前两天收到哈特委来信，上写"猪行不好，三石大豆赔了本，不能交易了"等暗语，不能交出，他借找信的机会，把信揉成团吞进肚里，还有一封缝在棉被里，敌人翻了半天也没找到信件。刘翻译骂道："你们家那么死性没人给来信。"姜作民把大姨家来信拿出来，刘翻译一看，信中说"大姨死了"，就踢了姜作民一脚，姜殿举凑近一个熟悉的警察低声问："我们犯了什么罪？"警察在枪托上写"共产党"，姜顿时明白了。这时日伪汉奸翻箱倒柜地折腾了一阵，也没找到有用的东西，便把姜家所有的男人叫到一个屋，以及在姜家常住的曲国恩、李发等人都被捆绑起来，刘翻译手指17岁以下的姜殿洲、姜殿久问日军："这两个要不要？"日军把头一歪，扒拉一边去了，嫌小。

接着赵洪顺、赵云山、宋坤、孙显廷、宋国有、孙炳辛等与姜家常来常往的人，也相继被捕，押进巴彦监狱。三天后，敌人把姜殿选、姜殿举、赵洪顺、曲国恩4名党员押到滨江警务厅，关在安保局地下囚室里。地下监狱关押的都是"政治犯"，看守叫吕子杨，很有民族气节，常给他们透露消息。狱中有个难友问："你们是不是巴彦的？"姜殿举点点头，这个难友姜树棠便告诉他们对付敌人的办法："过堂时你们什么也不能说，说了就没好，不说还有出去的希望。"姜殿举看了一圈，有8个穿乌拉的，还有几个穿西服的不像农民，狱警发现他们老说话，就把姜殿选、赵洪顺、曲国恩押到道里监狱去了。

过了几天，敌人开始审讯，姜殿举被审17次，他都应付过了，再一次过堂时一个日本人问："你们家都干些什么？""我家在巴彦住100多年了，就是买猪卖猪，杀猪卖肉，没干过别的事情。"

"你们家窝藏共产党！"接着拿出冯立成的照片给他看，他灵机一动说："认识他叫冯立成，常到我家来买猪。"日本人见他什么也不说，便开始用刑，灌辣椒水、跪三棱木、压杠子、香头烧，所有的刑具都用上了，姜殿举什么都没招供。一次上厕所，看四下无人，他恳求翻译讲情，这个翻译还有良知，对姜殿举说："都是中国人你放心吧！以后挺刑不过，你就说要拉屎。"以后再上刑，姜殿举就说要拉屎，少挨不少折磨。最难挺的刑罚是过电，叫他坐椅子上，把小便栓上电线，通电时，心难受极了，死的心思都有了，实在难挺。

押在巴彦监狱的，属姜国众年纪最大，他知道别人不能说，就怕18岁的孙子和外孙李发，特意嘱咐他俩："啥也不能说，说就没命了！"终于都挺来了。年迈的老姜头睡在潮湿的地板上，患上的尿截症，撒不出尿来，险些丧命，幸亏要来了导尿管。

巴彦城里保长们也积极设法营救。甲长王文光、保长蔚文芳找来全街25名甲长联名担保，每三人保一人。被关押的人因为没有什么口供，加上有保人担保，押了35天都放回来了。关在哈尔滨监狱的姜殿选、姜殿举、曲国恩也没问出什么口供，只好当"共产党嫌疑犯"放了。农历六月初二释放的姜家哥俩，曲国恩是八月中旬才被放出来。只有赵洪顺没有被释放，可能刑讯至死，或者叫敌人杀害，尸骨无存。

第七节　"巴木东"大检举事件

1943年春，伪滨江省警务厅，经过半年多的侦察和阴谋策划，调动了500多名警察，特务警备队，在巴彦、木兰、东兴三县，连续进行两次大逮捕，残害爱国志士1 000余名，敌人把这次骇人听闻的血腥事件称为"巴木东"大检举。

抗联打进"巴木东"地区

1936年6月，抗联三军军长赵尚志率三军部分部队进驻木兰西紧靠巴彦的蒙古山，开辟了"巴木东"根据地。巴彦东北部，木兰西北，东兴全境是小兴安岭余脉。1932年5月，张甲洲、赵尚志领导的巴彦抗日游击队就在这一带活动，群众基础好，又是山区便于开展游击活动。

1941年11月，北满省委为适应新的国际形势加强党的群众工作，发展地下组织，特派遣抗联三军六支队十二支队打进"巴木东"地区。抗联十二支队队长朴吉松、指导员张瑞麟带队进入后，先后袭击了庆城的大罗镇、木兰的石头河子、大贵镇、巴彦的四间庙等地的伪警察署和自卫团，给日伪政权和汉奸特务以沉重的打击，也在山区民众的心中播下了抗日救国的火种。在三县的山区建立了14处抗日救国会、13支青年义勇军农民自卫队，发展会员1 000余人，农民武装也有600余人。这些抗日组织建立后，配合抗日联军，与日伪展开了不屈不挠的斗争。各地救国会发动群众抗捐、抗粮，支援抗联打鬼子，弄得敌人胆战心惊，惶惶不可终日。伪滨江省高等检察厅鼻中检察官在一次特务会议上说："救国会对抗联提供金钱'粮食'物资等，并当向导侦察军警设备，掩护抗日联军，这些武装队一旦事变到来时，会拿起武器对我们作战，特别是一些年轻人参加。仅滨江省'巴木东'地区就不下1 000余人，这真是令人战栗的。"

日寇组织特务侦察

抗日烽火在"巴木东"地区燃烧起来，日军惊恐万状。他们采取"拉大网""篦梳山林"的办法，到处搜捕抗联，但都无济于事。于是他们又拉长战线，采取组织特务侦察的办法，预谋策划"巴木东"大检举。

1942年春，伪滨江省警务厅成立一个治安肃正委员会。同年9月，伪省警务厅以日系特务科长小园井（警正）、特务股长泉屋立吉、大场弥作（警佐）、野泽光三助、特务平井二郎以及翻译王蕴璞为首，抽调省警务厅刑事科外勤警尉黄希南、南岗警察署警尉刘殿铭、道外警察署经济外勤王玉环等一帮汉奸，组成一个"滨江警务厅特别搜查班"。这三县特搜班又分若干小组，在三县村屯建立起"谍报网"。据敌伪档案记载：参加侦察的有省警务厅12人（其中：日本10人，朝鲜1人，中国1人），"巴木东"特务144人（其中：日本5人，朝鲜3人），密侦29人，嘱托8人，共193人。

巴彦警务厅特搜班由省警务厅日特泉屋立吉和平井二郎直接指挥，县警务科特务股长久保谷正男和陆维先任正副班长，翻译高升远。据点设在仁和商场后院客厅，对外称30号。这些日本特务、汉奸走狗十分狡猾，他们绞尽脑汁，想出很多侦察手段，真是无孔不入。

一是包户侦察。他们把抗联常去的山村列为重点侦察对象，巴彦龙泉镇的王乡屯就是他们包户侦察的重点。这里骆驼峰的玉皇庙，是抗联三军十二支队的交通站，交通员是庙里道士赵春霖。来包户侦察的特务是从吉林农安县警务科调来的警察赵英武，他化名赵洪生，潜伏在自卫团团长冷振江家，假称来扛半拉子活的，故此老百姓称他"赵半拉子"，他常收买本屯农民苑德上山侦察赵老修的活动。赵老修与本屯种地大户王魁、小学校长王吉云、陈维新经常联络，他们都是抗日救国会会员，故敌人在检举时称："王魁家是抗联粮仓，学校是抗联情报站。"事实如此，他们经常给抗联送粮，提供情报，送米面油盐、药品、鞋帽等生活物资。"赵半拉子"把他们列入黑名单。

二是设立据点。敌人在抗联经常过往的地方，开设旅店，实为特务据点。兴隆镇"兴滨旅店""东兴大车店"都是特务据点。老黑山里的明山村杨立平屯设有据点，蹲坑的特务刘柏勋，化装猎人，经常出没这个屯，也常进山侦察。该屯参加救国会、义勇队的青年农民很多，他们经常给抗联捐款送粮，因此引起敌人的注意。龙泉李佰顺屯李廷祥在东山里种地，参加抗日活动，就是刘伯勋侦察举报的。

三是利用敌人。敌伪档案记载的"密侦""嘱托"，其实就是特务。他们经常生活在群众中，了解情况，又不容易防备。巴彦警务科特务股长陆维先的跟班石玉田，就是最坏的一个。他是一个抽贴算命的打板先生，曾为土匪掌线又被特务利用。他到处流窜以抽贴算命为名，抗联交通员赵春霖住在姜家窝棚老韩家，就是他侦察到并报告了陆维先，才被抓捕的。东兴县"密侦"李文祥哥俩、经常出入蒙古山打猎的张海楼、烧炭的老幺头都是特务腿子，干了很多坏事。

四是化装追踪。这些特务非常狡猾，他们采取各种手段和办法，有时还化装成农民、老板子、土匪进山追踪抗联。1942年8月，省警务厅特搜班的大场弥作就带领翻译王蕴璞和东兴县特务尹国良、乔文化装土匪到六合屯山中跟踪抗联10余天，又在通河茶馆蹲了11天均无收获。

叛徒告密，地下组织名单落入敌手

造成"巴木东"大检举的原因，除特务侦察外，第二个原因是叛徒告密。

抗联的宋一夫（即宋效贤，吉东省委书记，抗联五军政委）、倪景阳（中央北方局派来的工作人员）、杨玉祥（抗联十二支队三十六大队队长）、周云峰（十二支队政治部主任）、李全（抗联六支队通讯排长）被捕叛变，出卖了抗联泄漏很多机密。

1943年2月12日，周云峰在巴彦县被抓捕，押解到哈尔滨叛变投敌，在日特泉屋利吉的指使下，又去侦察闫继哲。到兴隆镇泥河站李碗铺屯甲长李彦荣家，正好李全也在李家，谁也想不到正师级的抗联干部周云峰能叛变投敌。他假称在哈尔滨太平桥开豆腐房缺资金，闫继哲从活动费中拿出点散金碎银，没承想上当受骗。周云峰马上报告在兴隆的特搜班主任重见寿一，2月25日下午，重见寿一带领翻译、警尉、叛徒，分乘两辆马车，诈称下乡收出荷粮，闯到李彦荣家，李全被捕；闫继哲刚到院中，被叛徒宋一夫拦住，戴上手铐，李景荫早上外出闻讯未归躲过一劫。次日把李全、闫继哲、李彦荣押往哈尔滨监狱。李全在宋一夫、金丽珠、周云峰的劝说下，叛变投敌。泉屋利吉"迫令"女犯王桂兰与其成婚，被派到兴隆镇，以开"兴滨旅馆"为名，从事特务活动。这些叛徒除向敌人告密外还想法钻入内部侦察。

1942年5月，倪景阳诈称中央代表冒名李玉廷，通过抗联地下关系巴彦中医刘子祥、兴隆三合木场经理冯殿文与抗联接上关系，李全把他接到五顶山密营。许亨植（抗联三军参谋长）、张瑞麟接见时觉得可疑，给在苏联的李兆麟发报询问。李兆麟接电后判断是"冒牌"，回电让派两名交通员将此人押送苏联。倪景阳偷看了电报，做贼心虚，趁黑夜逃跑了。

造成"巴木东"检举另一个原因是抗联地下组织人员名单落入敌手。1942年8月，抗联三军总参谋长许亨植去庆城青峰岭检查工作，晚上与小分队指导员张瑞麟、秘书闫继哲清理文件，秘书把各队掌握的地下联络人员名单抄在一起交给许亨植，决定派陈祥、王永庆护送许亨植去寻找失掉联系的党组织和交通员。第二天他们在宿营地生火做饭时，被山林队发现，伪大队队长国长有派兵包围了冒烟处，凌晨3时双方交火，许亨植英勇无畏猛然开火，负伤后仍用20响匣枪还击。激战2小时，许亨植、陈祥不幸中弹牺牲，地下组织名单落入敌手。国长有砍下许亨植的头颅，在庆城悬挂两天，后送北安警务厅。王永庆突围后跑回队里报告，张瑞麟立即带人到出事地点，发现许亨植、陈祥脑袋没了，身上空无一物。敌伪档案记载："他们搜去王新林、李兆麟给许亨植的信——东兴、巴彦、木兰、哈尔滨地下组织名单。"

1943年2月末，伪滨江警务厅经过半年多的侦察成立一个"治安肃正工作队"，行动总指挥哈尔滨警务局特高科长林宽重（日本人），副指挥特高科警佐周质彬，他们率140名日伪军警（其中哈市警备队50人，宾县警备队40人，双城警备队50人），携带手铐捕绳，分乘6辆汽车进驻巴彦城，在驻地挂一块"治安肃正工作队本部"的牌子。来前每队在省警务厅领一口袋档案袋、黑帽子，档案袋有被捕人登记表，上写姓名、年龄、特征、住址、方位路线图，有的还附有照片，要求当场拆封按名抓人。"巴木东"三县警务科，也相应成立了行动组织，每县都成立了五个班，即：检举班、取调班、警备班、看守班、庶务班。取调班管审讯，还下设10个取调室，负责审讯事宜。巴彦县警察特务366人，除留守外，257人参加了大检举。

日军经策划和准备，于1943年3月15日和5月25日，连续进行两次大逮捕。据敌伪档案记载：这两次大检举，在"巴木东"三县共破坏抗日救国会14处，青年义勇队和农民武装13支；逮捕爱国人士662名，加上平时零星抓捕的共有1 000余人。受害最严重的是巴彦县杨立平屯，被捕26人，其中杨立平家被捕6人。在第一次大检举中巴彦被捕132人，第二次被捕63人，计195人。

解放后，据巴彦公安局调查，两次检举全县共有222名爱国人士被捕，其中：巴彦城56人，五区20人，七区63人，八区37人，九区46人，还不包括被敌人秘密处死的与抗联有联系8名伪警察。

敌人非常残忍，他们给被抓的人戴黑帽子，戴手铐或用绳捆绑，在巴彦姜家窑抓徐德荣和王廷清时给他俩戴一副手铐子，农历二月十四凌晨，王廷清还没有起床，特务进屋后硬把他拉下炕绑上了，他要穿乌拉，特务孟庆余不让，还恶狠狠地说："冻死也不可惜。"

日伪当局对被捕人员进行了灭绝人性的迫害。为了从他们嘴里得到地下党组织的秘密、抗联活动情况，对他们施遍了毒刑，如灌辣椒水、皮鞭抽、香火烧、上大挂、过电、皮口袋摔等。在关押期间受到残酷的虐待，日夜不让睡觉，隔几分钟就用木棒敲脑袋，吃饭不给松绑，用人喂，还有的监舍把高粱稀饭倒进一个木槽里，像喂猪一样让"犯人"用嘴拱着吃。整天不给摘黑帽子，很多人被捂瞎了眼睛，一顿饭只给一碗高粱米粥，使"犯人"饿得直打晃，个个骨瘦如柴，每天都有被刑讯至死的、病死的。

敌伪档案记载："巴木东"三县刑讯至死者60人，拘留死亡21人，判处死刑、无期徒刑三分之一以上。龙泉镇李俊生刑讯后被扔进地下水牢，伤口流脓淌血被蛆虫吱得满身道道。院内就是刑场，把人秘密绞死，偷偷地把尸体扔进荒郊野外，多数抗日志士尸骨无存。

第二章　巴彦抗日英雄谱

　　1931年的"九一八"事变，是中国人民抗日战争的起点，它揭开了世界反法西斯斗争的序幕。在那个血雨腥风的年代，抗击侵略、救亡图存成为中华民族的共同意志。中国人民经过十四年艰苦卓绝的浴血奋斗，打败了穷凶极恶的日本侵略者，赢得了近代以来中国反抗外敌入侵的第一次完全胜利。这一胜利将永载中华民族的史册。

　　在中国共产党的领导下，巴彦人民在自己的土地上与日本侵略者及汉奸走狗进行了艰苦卓绝不屈不挠的斗争。这其中有的背井离乡，从南国来到北疆，过着清贫的生活，忍着饥饿和病痛的煎熬，与强敌作着殊死的较量；有的骨肉离异，抛弃家庭爱情，荡尽家私，冒着坐牢杀头的危险与日伪势力进行殊死的抗争；有的正当而立之年，甚至二十几岁，就高唱战歌慷慨就义，为党和人民的革命事业献出宝贵的生命。他们视死如归，宁死不屈，抛头颅、洒热血，以身报国，谱写了一曲曲光耀千秋、永励后人的不朽颂歌。

第一节　民族英雄张甲洲

　　张甲洲，字震亚，号平洋，化名张进思。1907年5月生于巴

彦县镇东乡张家油坊屯一个地主家庭。他天资聪颖智力过人，3
岁父亲就教他背诵《三字经》《百家姓》《弟子规》；7岁时被
父亲送到离家10余里的龙泉街读私塾；12岁入县城读国民高小。

学生领袖

1923年，张甲洲以优异成绩考入黑龙江省甲种工业学校。
一个农村孩子，初进省城眼界大开，他雄心勃勃地要"学会数
理化走遍全天下"，立志当科学家。他学习刻苦门门功课优
秀，数学成绩突出，学校成立数学研究小组，同学们选他当组
长，称他为"张大甲子"。省城齐齐哈尔是中东铁路一个大
站，地处北疆。校长宋炳麟是一位有爱国思想进步的知识分
子。他向学生宣讲国际形势和俄国十月革命，使张甲洲初晓革
命道理。此时正处帝国主义勾结反动军阀妄图瓜分中国，中国
共产党领导人民反帝反封建时期，张甲洲关心国家的命运，便
积极投入到反帝反封建斗争中，在斗争中锻炼成秉公正义、刚
直不阿、不畏强暴的坚强性格。他敢想敢干，很有组织能力，
每次学潮都身先士卒，是公认的"学生领袖"。

革命先锋

1925年，上海发生五卅惨案。张甲洲闻讯便和于九公到一
中、师范、法专、农校找巴彦籍同学串联组织和领导了8所学校
2 000多学生上街示威游行，声讨日、英帝国主义和北洋军阀的
暴行，声援上海工人的罢工斗争。同时去商店查抄日货，扔到
大街上焚烧，使全市人民受到一次深刻的爱国主义教育。而反
动当局把他看成眼中钉肉中刺，所以省督军吴俊升在审批选送
公费留日学生时，把成绩第一名的张甲洲划掉，说他是赤色分
子。初出茅庐的张甲洲在省城崭露头角，同学们都对他刮目相
看十分崇拜，加之他口才好，能言善辩且门门功课优秀，公认
他为"龙江第一才子"。

1927年，张甲洲以旧世界之叛逆、新世界探索者的姿态，告别家乡走进北平，次年考入北京大学物理系。北京大学是五四运动的策源地，地下党活动非常活跃，他们传播革命思想，开展反帝反封建斗争。张甲洲如鱼得水，他主动参加世界语学会，积极参加革命活动，每次上街宣传，举行"飞行集会"时，党员不便公开露面，党组织委托他参与组织领导，并带头讲演宣传革命，成为反帝反封建的先锋。1929年经地下党喻德渊、文艺陶介绍，张甲洲参加了中国共产党，成为无产阶级先锋战士。同年5月28日，世界语学会在院礼堂举行第五次讲演辩论会，张甲洲这次讲演的题目是《我们的责任》，他那火热般的爱国热情、犀利而生动的语言，打动全场听众，不时报以热烈的掌声，最后他高亢而激昂地说："我们的责任就是砸烂一个旧世界，建立一个新世界。"顿时雷鸣般的掌声经久不息，从此他被称为"北大演说家"。

1930年4月20日，北平各大学和工人代表在米市口教堂筹备五一集会，被军警逮捕50多人，北大党组织召开后援会，设法营救被捕学生，张甲洲等人出面交涉，又被捕32名代表，张甲洲亦在其中。在狱中，张甲洲结识了清华党支部书记冯仲云，二人共同探讨了中国革命的问题，结下了深厚的友谊，成为志同道合的亲密战友。从此他放弃了当科学家的念头，服从革命需要丢掉北大三年学业，考入清华政治系，立下了改造中国的宏愿。入清华后他被选为学生会代表和级委会主席。

张甲洲在工作中十分重视群众工作，他以学生会社会部的名义，创办一所民校，请胡鼎新（胡乔木）任校长，于九公、唐明照、张立森、陶瀛孙为教师，招收校内工友、教职工家属、校外人力车夫，计40多人，每晚在一院一楼教室上课，教文化知识，讲革命故事启发阶级觉悟，还编印《民众教育》杂志发给学员及河北附近县的民校等地方。

张甲洲很重视媒体的作用，在政治系成立了"朝曦社"，出版政治性刊物，但屡遭官方查禁。他还参加了学生会《清华周刊》的编辑工作，负责《言论栏》编辑，他常用"火花""震亚"等笔名，发表针砭时弊的杂文，一期发表胡乔木的《中国赤祸问题》，借题贬义。实则介绍苏区发展，宣传革命斗争。当时流传清华两秀才，张甲洲能说，胡乔木能写。

1930年9月，北平市委恢复西郊区委，任命张甲洲为区委书记，胡乔木为团委书记，从此张甲洲在清华走上党的领导岗位。1931年，张甲洲调任市委宣传部部长，1931年夏，北平市委遭破坏，书记刘锡五、组织部长李烈飞被捕，张甲洲临危受命，代理市委书记职务。树大招风，张甲洲引起敌人的"关注"。暑假前夕的一天晚上，张甲洲正在给民校上课，外面来了两位不速之客，到收发室找"张申江"，原来两个特务误把黑名单上的"张甲洲"看成了"张申江"。胡乔木回忆说："张甲洲在学员的掩护下，化装从校墙越出，潜伏在北大教授杨丙辰家。"

从此张甲洲离开北平，根据满洲省委冯仲云安排，他去上海"劳大"找"姥姥"接头。上海"劳大"是党中央驻地，"姥姥"是从苏联回来的临时中央宣传部长洛甫（张闻天）。"姥姥"安排他参加国际特工队，回东北做国际情报工作。回到满洲省委，冯仲云介绍他去依兰和王一飞做国际情报工作。王一飞，黄埔二期毕业，在依兰以图书馆长为掩护在三江开展国际情报工作，张甲洲分管佳木斯地区国际情报。那里的车站码头、机关单位都潜伏国际特工人员，专门搜集日伪情报，执行各种爆破任务，打击日本侵略者。

"九一八"事变，震惊世界，在这民族危亡的时刻，张甲洲毅然回到哈尔滨请示满洲省委。据当时省委秘书长冯仲云回忆说，他要到北平号召一批东北同学，回巴彦组织抗日游击队。冯仲云同意了他的意见，又向中央代表作了汇报，中央代表也同意这样做。

张甲洲急匆匆地赶到北平，立即卷入北平学生赴南京请愿的浪潮。12月15日，北平各大院校组成"请愿""示威"两个团，赴南京敦促蒋介石出兵抗日。张甲洲是示威团领导成员，分管纠察队，任务是保卫游行队伍。当七八千北平学生赶到南京，不料南京《中央日报》却发出一篇歪曲事实欺骗群众的报道，说"一伙狂徒砸了党部"，把学生的正义斗争说成"扰乱社会治安的暴乱行为"。学生一怒之下，砸了"中央日报社"，蒋介石命军警镇压，双方对打起来。在混战中，张甲洲、张文藻、于九公把南京卫戍司令陈铭枢两位警卫员的手枪夺过来，是两支德国造20响大肚匣子。陈铭枢恼羞成怒，命令军警抓住北平学生，排成两队逐个搜查，结果一无所获。两支枪被张甲洲带走了。并乘机跑到上海向中央请示，党中央主要领导周恩来在百忙中接见他。听了张甲洲的汇报后，他说："张甲洲同志，我代表党中央支持你！星火可以燎原，日本帝国主义必然被中国人民打败！"

抗日英雄

回到北平后，张甲洲在北平市委组织部长林枫的协助下，奔走于各大专院校，动员黑龙江籍学生打回老家去！很快组织起30多人，组织决定分期潜回哈尔滨。先遣队共6人，张甲洲为领队，队员有：清华于九公（呼兰人）、北师大张文藻（汤原人）、法学院夏尚志（大赉人）、中国大学张清林（林甸人）、日本东京大学归来的郑炳文（拜泉人）。1932年4月下旬一天晚上，他们从北平乘车到天津，又在塘沽乘船到营口，从营口再乘车到哈尔滨。张甲洲立即向满洲省委报到，省军委书记胡士杰、组织部长何成湘安排张甲洲带张文藻、张清林、郑炳文回巴彦组织队伍。于九公任特派员，负责对外联络。夏尚志暂留省委，接待后续小分队。

当时巴彦已建起日伪政权，他们到巴彦就住在镇东乡张甲洲家，当天晚上就如何组织队伍与张甲洲的父亲张英研究了大半夜。第二天他们采取走亲访友的办法，宣传抗日救国。他们首先拜访本地七马架甲长、自卫团团长侯振邦，龙泉自卫团团长陈维新，二道岗自卫团团长米秀峰和附近的大户。侯振邦最积极，说："可把你们盼来了！"当时就交出20条大枪。他们又找到巴彦县保安团团长王家善在日本留学时认识的郑炳文。巴彦国高校长孔庆尧是老相识，答应回家乡组织人马，同意带队抗日。

1932年5月23日（农历四月十八），以张甲洲"结婚"为由，趁河西五云观庙会人来人往之机，起义队伍从四面八方集合到七马架、张家油坊。此外还来了李时雨、邵桂辛、邵桂丹、王国华、王吉云等20多名大学生。他们打出"东北抗日义勇军"的大旗，佩戴印有"抗日救国"字样的红袖标。上午9时许，队伍集中在张家井台前的广场上，张甲洲健步登上井台宣布"东北抗日义勇军"正式成立！台下响起雷鸣般的掌声，抗日口号声此起彼伏。接着他阐述了武装抗日的重大意义，宣布了军纪和编制：张甲洲任总指挥、王家善任副总指挥、孔庆尧任参谋长，各领队任中队长。最后张甲洲坚定地表示："我们宁可为抗日战斗而死，也决不当亡国奴。"巴彦游击队揭竿而起，打响了中国共产党领导的武装抗日的第一枪。

满洲省委派赵尚志来队任政委。张甲洲、赵尚志雄才大略，审时度势，深谋远虑。共同认为外敌入侵是民族矛盾，抗日是第一位的任务，不能再搞阶级斗争窝里斗。他们提出："国家兴亡、匹夫有责，各阶级、各民族联合起来共同抗日救国"的口号。成立了"抗日同盟会"组织，张甲洲亲自写了一首《反日大同盟歌》，教战士们传唱，宣传抗日救国，深得人心，队伍迅速发展壮大。起初只有200多人，不到两个月的时间发展到600余人的骑兵大队，秋季发展到800余人。经过整顿，改编为"东北义勇军江北独立师"，张甲洲任师长，赵尚志任政委，侯振邦任参谋长。他们主动改造附近的土匪武装，许多的山林队、报号的土匪前来投靠，主动接受领导。抗日义勇军先后攻打龙泉镇，联合友军攻占巴彦城，占领东兴县，一路所向披靡！可是省委巡视员吴福海来队视察时，很不满意，说："队伍成分复杂，还联合土匪走富农路线。"吴福海，上海人，刚从苏联军校回国，外号"蒋介石"。冯仲云回忆说："吴福海回省委告了巴彦游击队一状，省委听了'蒋介石'的话，批评了游击队。"

张甲洲、赵尚志认为：土匪是阶级社会的产物，他们大多数是穷人，为生存起来造反，烧杀抢掠是破坏生产力，但是可以加以改造、利用，使其改邪归正，成为抗日力量。不但肃清了匪患，还增加抗日力量，他们没有接受"钦差大臣"的意见。

初冬时节，队伍发展到1 000余人，按满洲省委指示开始西征，在呼兰境内队伍开始整顿，老弱病残者，把枪留下，马骑回去自谋生计，共精减了200余人。到达兰西境，吴福海二次来队传达中央"北方会议精神"和省委指示：一是把巴彦游击队改编为"中国工农红军第三十六军"，成立军委，张甲洲任军委主席、军长，赵尚志任第一政委，吴福海任第二政委，侯振邦任参谋长。暂为师的建制，称"江北骑兵独立师"，下设五个团：第一团团长张清林，第二团团长夏尚志，第三团团长高志鹏，第四团团长黎仇，少年团团长金永锡、副团长吴化民。警卫队改为纠察队，队长华久清，教导队不变，新编一个救护队，下设政治部，主任陈勋，宣传部长杨国兴，娱乐部范正惠。二是执行土地革命路线，打起"镰刀斧头"红旗。所到之处"打土豪、分田地、开仓放赈"。吴福海说："大小地主都要打，走到哪打到哪。"地主富农不再供应粮草，反称红军为"红胡子""大学生胡子"，并调动地主武装围攻游击队。张甲洲、赵尚志见形势不妙，下令"停止斗争"。并声称："我们要有兄弟阋于墙外御其侮的觉悟，不能为渊驱鱼，为丛逐雀。"反对窝里斗。

1933年1月，巴彦游击队没有实现与李海青、郑文会师的计划，省委又指示回师东归，到下江建立游击区。回师途中正逢数九隆冬天，部队连遭索伦营的追打，到克里苏大桥时遭庆城伪军的伏击，牺牲了49人。连赵尚志的警卫员白桂森也牺牲了，加之年关将近，天寒地冻，缺吃少穿，终于兵败西荒，成为王明"左"倾路线的牺牲品。1933年1月16日，部队回到姜家窑根据地，只剩70多人，各地日伪政权已完备，部队不得不宣布分散潜伏，以期东山再起。

血洒三江

巴彦游击队被迫潜伏后，张甲洲、赵尚志、吴福海等人在姜镇藩家休息一周，农历腊月三十回省委汇报。满洲省委把失败的责任归于个人，给张甲洲、赵尚志开除党籍处分。张甲洲虽被处分，但他没有放下抗日的旗帜。

1933年春，他化名张进思，潜入富锦中学，在下江开辟敌后工作。前一年富锦发大水淹了半个县城，走了好几位教师，原校长付德恩是留日学生，正给县公署日本参事官当翻译顾不上学校工作，张甲洲利用这个时机，被聘为教务主任代理校长工作。

开学时有40名考生不及格，还有12名学生交不起学费。张甲洲把不及格的都收进来，先办补习班，后升入初中班；把王明文、王鸿良、王善述、张燕卿等12名贫困生列为工读生，不雇工友，将其工资给工读生交学费、伙食费，每月还给发3元津贴。

他还为黎明女中代英语课。张甲洲在富锦中学树立了名声和威信，受到学生家长和社会各界一致赞扬。第二年他将于九公、陈勋、王文郁、曾兆芳、周西帆等几位巴彦游击队的战友调进来，解决师资不足的问题。于九公化名于树屏任教务主任，陈勋化名陈模管总务，其他战友当教师，张甲洲升任校长。

1936年初，冯仲云在汤原来信，叫张甲洲给弄一台无线电。为此张找到警察大队队长李景荫，他是张甲洲的朋友，18岁当兵，"九一八"事变后，依兰镇守使李杜把他们团编为新编第二混成旅，参加过保卫哈尔滨战斗，打过日本鬼子。经张甲洲沟通，李景荫以"修理"为名，把警察大队用的无线电台交给张甲洲，转交游击队。天长日久，鬼子觉得李景荫不可靠，将其降为骑兵中队长，又调到头道林子当警察署长，张甲洲借机策反了李景荫，去抗联三军独立师当参谋长，后任第一师师长。临走那天，他将头道林子警察自卫团全部缴械潜散，带走1挺轻机枪、60支步枪和2 000发子弹，作为见面礼送给独立师。

张甲洲根据地下工作需要，自学日语考上二等翻译，能和日本参事官横山安启对话。这个日本参事官对张甲洲印象很好，曾带他随佳木斯访问团到日本观光，回来后提升他任教育股长，于九公接任校长。张甲洲到县教育股后，因日军占中学校舍当兵营，他利用职权，向横山安启请示一笔教育经费，盖一所二层楼的中学校舍，能容纳16个教学班，解决了校舍不足的问题，他对师生说："日本人待不长，盖了校舍他们也拿不走。"

张甲洲对学生前途特别关心，每年毕业生中家贫的学生，帮他报考佳木斯师范，家有钱的引导进关到北平求学，离开敌占区。先后进关的有：孙士录（孙为）、张凤阳、田时雨、刘自国、王海凤等10多人，都参加了革命。解放后孙为曾任七机部军科五院党委书记，张凤阳曾任驻巴基斯坦商务参赞，田时雨任黑龙江省农业厅长，刘自国任沈阳铸造厂党委书记。

1936年6月28日，北满省委在汤原帽儿山召开会议，决定将独立师改编为抗联十一军，原师长祈致中任军长，调张甲洲任副军长。张甲洲接到命令后，根据"多带文化人"的指示，决定把于九公、陈勋、张乐然带出去。于九公化名于天放，陈勋化名陈森，张乐然化名张中孚。

1937年8月28日，独立师少先团教导员郭革一奉命按约定时间进城来接他们。以前郭革一来过两次，这回算"三顾茅庐"。第一次张甲洲说，他得准备几天，过10天来接；第二次来接张甲洲又说，家属还没迁走，还得等10天；这一次一切准备妥当。

这是一个星期天，学校没人，张甲洲安排郭革一带于九公、陈勋、张乐然从西门走。午休时张甲洲和值日学生王善述把学校的油印机、收音机还有350套大号学生服装上马车，出城后放在西南门外交通站刘希文家。张甲洲独自向南门走去。于九公等人已护送回师部，郭革一、副官薛华、参谋长李景荫等候张甲洲。傍黑时张甲洲从西长发屯过来，相遇时张甲洲和李景荫热烈拥抱，热泪盈眶，友谊之情难以言表。薛华牵过马，请他们上马，他们谁也没骑，说步行可以畅叙友情。不料，当他们走上一片豆地中的小道时，对面苞米地打来一排枪，原来是保卫团小队长刘金贵带十几个伪兵下乡收烟刀（大烟税）回城，发现他们打了几枪就跑了。不幸张甲洲小腹中弹，壮烈牺牲，一代英雄就这样走完他30年的奋斗历程，为抗日血洒三江，后人永世铭记。

几十年后，巴彦、富锦的老人们提起张甲洲，无不钦敬和惋惜。胡乔木说："张甲洲是我清华时的同学，当时他是党员，我是团员，为人非常正直，他对党十分忠诚，很有能力和魄力。对我教育很深，至今仍极为怀念。"冯仲云在所著的《东北抗联十四年苦斗史》里称张甲洲是"富有魄力和演说天才的江省知识分子领袖"。张甲洲是一位优秀的共产党员，是杰出的民族英雄。

第二节　威震敌胆赵尚志

赵尚志，1908年10月生于辽宁省朝阳县。1919年春，全家迁居哈尔滨，投奔在面粉厂当记账先生的父亲。1925年，入哈尔滨许公中学读书时参加革命。在声援上海工人"五卅"大罢工的斗争中光荣地加入中国共产党，是东北地区早期党员之一。同年末，受组织派遣，进入黄埔军校第四期学习。1926年夏，按党的指示回东北开展革命工作。1927年3月，赵尚志在长春被捕。1929年5月组织营救出狱，被派到北满特委做学运工作。1930年4月于沈阳再次被捕入狱。"九一八"事变后，经满洲省委营救出狱。1932年初任省委常委、军委书记。同年7月为加强对巴彦游击队的领导，赵尚志化名李育才，任巴彦抗日游击队政委。

张甲洲、赵尚志志同道合，审时度势，认为日军侵略是民族矛盾，共产党应有"兄弟阋于墙，外御其侮"的觉悟，不能窝里斗！所以他们提出："国家兴亡匹夫有责，各阶级、各民族联合起来，共同抗日救国"的口号，他们成立抗日同盟会，张甲洲亲自创作《反日大同盟歌》，教战士们传唱，宣传抗日大同盟。他们的同盟政策深得民心，附近的土匪深受影响，有的主动加入游击队，有的联合"拉顺线"共同抗日。巴彦游击队迅速发展，开始只有200多人，不到两个月的时间发展到600人的骑兵队，秋季发展到800多人。

赵尚志来队后，提出"建立中心队伍，培养部队骨干"的建议，张甲洲欣然接受。成立了教导队培训部队干部，教官陈海楼于东北讲武堂毕业，每期培训干部30人。张甲洲、赵尚志亲自到教导队上政治、军事课，提高基层干部的政治军事素质。赵尚志和战士们同样摸爬滚打，战士们亲切地叫他"小李先生"。

1932年8月30日，张甲洲、赵尚志联合友军、东北军"才团"（团长才鸿猷正驻扎在黑山后），"绿林好"拉顺线的土匪军，共同攻打巴彦城。鸡叫时战斗打响，游击队从南门攻入城里，"才团"从东北进攻打死守城伪军沈营长，商团落荒而逃。这是中国共产党领导的抗日武装第一次占领敌伪县城。10月29日，巴彦游击队又联合"绿林好"部再次攻下东兴县，给敌伪政权以沉重地打击，极大地鼓舞了东北人民的抗日热情。

初冬时节，巴彦抗日游击队根据满洲省委命令联合友军，攻打大城市，开始西征。部队到达兰西境内，省委巡视员吴福海第二次来队，传达中央"北方会议"精神和省委的指示。把巴彦游击队改编为"中国工农红军第三十六军"，张甲洲任军委会主席，赵尚志任第一政委，吴福海任第二政委，侯振邦任参谋长。从此开始打起"镰刀斧头"的红旗，开始打土豪、开仓放粮，大小地主都打了。没收的粮食分给了贫苦农民，受到群众的欢迎和拥护，但也引起了地主阶级的仇视和反抗。部队经常遭到地主武装和袭击，处境十分困难。张甲洲、赵尚志见形势不妙，便命令"停止斗争"。言称：不能"为渊驱鱼，为丛驱雀"，大同盟政策不能丢。引起了"钦差大臣"吴福海的不满。赵尚志外号"小机关枪"，他敢顶撞这个"钦差大臣"，批评他瞎指挥，叫他回省委去。满洲省委根据"北方会议"精神把失败的责任归于个人，开除了赵尚志的党籍。

1933年1月26日，中共驻共产国际代表团根据共产国际的精神，给满洲省委发来一封指示信，提出"建立抗日统一战线"的口号，张甲洲、赵尚志所主张的"抗日大同盟"实际就是统一战线。

1933年10月，赵尚志几经周折，在珠河三股流拉起一支20多人的队伍，他接受巴彦游击队的教训，到处讲统战，一年后队伍发展到500多人。1935年1月28日改编为"东北人民革命军第三军"，赵尚志恢复了党籍任军长，省委秘书长冯仲云任政委；1936年2月更名为东北抗日联军第三军，赵尚志任总司令。1937年，东北抗联发展到11个军，抗联第三军在赵尚志的指挥下，南征北战，驰骋疆场，横扫日伪军，所向披靡。日本侵略者惊叫："小小的满洲国，大大的赵尚志！"1942年2月12日，赵尚志在鹤北率领小队袭击驻防吕家菜园子的山林警察队时，突遭混进小分队的特务刘德山从背后打来的黑枪，赵尚志倒地回击将特务击毙。赵尚志重伤被俘后英勇不屈，壮烈牺牲。

一代名将，抗日英豪，走完他34岁光辉而悲壮的人生。

第三节　铁骨铮铮孔庆尧

孔庆尧，1907年生于巴彦洼兴镇孔大屯，本地的开荒占草户。他在洼兴读完小学，1922年考入绥化师范学校，毕业后回本县西集厂任教；1927年考入东省特区二中师范科。在校期间他积极参加反帝反封建斗争，表现出较高的组织能力。1928年在反对日寇"强行修建东北五条铁路"的斗争中，被推选为学生代表，领导二中学生参加全市学生示威游行，成为学生领袖。11月9日，当学生游行队伍到达道尹公署门前，遭到军警的阻拦。双方发生冲突，开始时徒手撑拒，继则拳脚相加，终则一方执枪柄，一方执童子军木棒大打出手。军警开了枪，重伤学生8人，轻伤14人，最后达到43人住院治疗。从此孔庆尧树立起革命人生观，积极投身到反帝反封建的斗争中。1929年毕业回县任国高学校教务长，翌年升任校长。当时全县师资缺乏，孔庆尧采取集资募捐的办法，开设了师资班，为本县培养一批合格的教师，为发展本县教育事业做出贡献。

1931年"九一八"事变后，孔庆尧组织学生进行军事训练，准备上前线打日军，可伪政府不发枪。第二年春，清华大学张甲洲回巴彦组织抗日游击队，他坚决支持和响应，立即回家乡组织了60多名青年参加了"七马架暴动"，被任命为参谋长，后被任命为政治部主任、宣传部长等职务。东兴战役后，组织安排他转入地下，重回国高任校长。他利用职权之便，教育学生不当亡国奴，要长中国人的志气、灭敌人的威风。1940年夏的一个晚上，西太平小学操场放映露天电影，由伪警察把门，国高学生去晚了，警察不让进门，三说两说双方发生冲突。当时场内国高学生还有青年训练班60多人，于是大家踹掉板凳腿，把警察打得头破血流、抱头鼠窜。

第二天早上，伪县长齐辉亲自打电话点名叫孔庆尧去交涉昨晚武斗之事。孔庆尧最看不起这些亲日派，本是中国人却改了个日本名"羽白三郎"，他在电话里顶撞道："你是三等荐任官，我也是荐任官三等，你没有资格叫我去，有事你到学校来吧！"县长碰了一鼻子灰，只好在电话中说："你们学生造反，打警察！"孔校长又顶了一句："你看见了吗？学生怎敢打皇帝陛下的警察官呢？竟瞎说！"孔庆尧不承认，齐辉一见惹不起，也只能不了了之。有校长撑腰，巴彦国高学生打警察的事时有发生，所以在当时巴彦警察怕国高学生，所言不虚，警察见学生就躲着走。

有一年冬天下大雪，日本副校长黑柳易男布置通勤的学生每人带三件工具，早上到校，黑男一查工具不够，便让带一两件的学生把双手插进雪堆，以示惩罚。孔庆尧一见，大为恼怒，当面骂黑柳"混蛋"，让翻译当面告诉他，黑柳吓得连声"哈伊哈伊"，点头道歉。

孔庆尧在校歌中写道："学校是劳动场，师生要平民化。"体现了他的革命思想。在工作中他特别关心穷学生，有个叫宋祥的穷学生，家里开了个草料饮子，生意不好，家中生活十分困难。一天驻巴彦省防军骑兵旅长王南平来学校打网球，孔庆尧指着宋祥说："这个学生最穷，给挂个名领空饷吧！"王南平说："有地方吃饭没有？没有就到营房去吃。"从此，宋祥每月去领6元军饷穿军衣上学。

孔庆尧结交的人也和一般人不同。那年他从吉林请来几位教师，后都被通缉而走，听说都是共产党人。他的朋友还有铃木贯太郎，日本人，日满协会事务长，学校举行毕业典礼，孔庆尧都请他参加。1940年，铃木来校，在黑板上写上一句话："孔门十哲颜渊，后来成为贤人。"他解释说："人要有信念抱负，无论经受多少挫折也要矢志不渝，只要百折不挠地奋斗下去，理想就能实现。"还说："资产阶级不管怎么猖狂，迟早要灭亡，无产阶级必定胜利。"他讲的都是革命道理。讲后他嘱咐大家："此话你知我知，存在心里，不要往外讲。"原来他是日本共产党，后被宪兵抄家，翻出不少日共文件、书籍，抓去哈尔滨，下落不明。

1942年2月，孔庆尧被调五常中学当校长，实际上是日军使的"调虎离山"计，不敢在巴彦抓他，怕学生造反。果然如此，同年6月，孔庆尧被日军抓捕关押在哈尔滨警察局特务分室地下监狱。孔庆尧大义凛然揭露日本人的罪行，被折磨而死，时年36岁。

第四节 黑山大侠王英超

王英超，曾用名王毓，祖籍山东文登。1910年12月，王英超出生在黑山郭王店屯，少年在家放牛，只读过一年私塾，粗通文字。老黑山是清代皇家围场，猎户很多，王英超少时就常跟着狩猎，学会了打枪，总想去当兵。他姨父陆春生在巴彦骑兵营当营长，所以他18岁就去巴彦在营部当勤务兵。1931年"九一八"事变后，部队调去海拉尔参加江桥抗战，他姨父没带他去，从此回家务农，冬季狩猎。

参加巴彦抗日游击队

在国难当头的危急时刻，东北各地义勇军风起云涌，不愿做亡国奴的人们纷纷拿起武器抗击日军的侵略。王英超深受鼓舞，他四处串联拉起一伙20多人的武装，他自任队长，称"巴彦民众义勇军"，在誓师会上，年仅20岁的王英超一身浩然正气地大声讲道："日本鬼子打到咱们家门口，我们要拿起武器，保卫家乡，誓死不当亡国奴！"他们活动在双鸭山、黑山地区，军用物资以抗日名义向地主征集，同时也得到人民群众的支持。

1932年5月，以张甲洲为首的20多个黑龙江籍的大学生，在七马架举行暴动，拉起一支200多人的抗日队伍。王英超认为：要抗日就跟共产党走，6月5日王英超毅然带着自己组织的义勇军投奔巴彦抗日游击队，受到热烈欢迎。张甲洲拍着他的肩伸出大拇指，说："黑山大侠有骨气是英雄！"晚上在七马架小学院内，召开"联欢欢迎会"，娱乐部表演了节目，王英超深受鼓舞，即席唱一首老军歌《抗战》，游击队合唱张甲洲作词的《反日大同盟歌》，会后王英超被任命为中队长。

8月30日，巴彦抗日游击队联合驻扎黑山后的东北军"才团""绿林好"的匪队，共同进攻巴彦。在攻城中打死巴彦警察队留守营长沈鸿斌，步兵营商团不战自溃，溜之大吉。游击队进城纪律严明，贴标语、撒传单，街头讲演宣传抗日救国。四天后撤出县城，来到城北黄牛群屯，又联合义军程志远骑兵团，袭击了伪军少将李子英部。在战斗中王英超左肩负伤，贯通性骨折，经联络以伪军身份住进绥化基督教医院，从此改名王英超。

枪毙日本相甫

1932年初，冬王英超出院回家养伤，巴彦游击队参谋长侯振邦前来慰问，并向他传达了总指挥张甲洲、政委赵尚志的指示：让他伤愈后，想法打入敌人内部，做策反伪军工作。侯振邦说："指挥部计划，如果你能策反300人，可分成10个游击区，在江北全面打击敌人。"任务艰巨，但王英超还是接受了任务。

1933年初，通过姨父陆春生，王英超来到巴彦警察大队二中队当小队长。不久他听到巴彦游击队兵败西荒的消息，一时迷惑不解，他抽空来到镇东七马架找到侯振邦，了解了原委，他接受巴彦游击队的教训，在伪军内部广交朋友。他通过炮手会屯交通员孙德福与驻黑山的原汤原游击队六师师长王德富取得联系，叫手下王忠信、徐武骑马给王德富送去3 000发子弹。

不料二中队队长张连举、队副耿云龙在活动中被于大队长发现并告密，二人被捕入狱。于大队长还怀疑到王英超，王英超急中生智，叫耿云龙的妻子在探狱时转告二人一定把于大队长咬进去。第二天日军审讯问谁是主谋，耿云龙一口咬定是于大队长，张连举从旁作证。找到于大队长，他毫无思想准备，张口结舌，又抗不住严刑拷打。王英超借日军的手把这个汉奸杀掉了，然而哗变没有成功。

1936年夏，日军发现警察大队"剿匪不利"，总打败仗枪炮损失不少，便将其改编，把王英超调到洼兴警察署当外勤监督主任。1937年，日军炮制《治字肃正三年计划》，要在山区实行归村并户，妄图割断抗联与群众的联系，王英超正主管此事。

1938年春，县警务科日本警长相甫两次来洼兴检查督促归村并户工作都被王英超搪塞过去。五月春暖花开相甫又来洼兴检查，见到王英超便皮笑肉不笑地问："王主任天的暖和了，地的化冻了，为什么还不归村并户？"说罢还"嘿嘿"冷笑两声。王英超也不示弱，一字一板地回道："现在正忙铲地，老百姓没工夫。"相甫闻听，凶相毕露拍案吼道："我的早知道，你的支吾搪塞，反满抗日的有！"说着转身去操墙上的电话机："龙泉日本军的说话。"王英超顿时一惊，心想："龙泉日本大营，距洼兴只有20公里，汽车半小时就到，这还了得！"他当机立断跨步上前，抓住相甫领子，一脚踹出门外，随即"叭叭"两枪，怕不死又补一枪，相甫一命呜呼。王英超麻利地拽下相甫的匣枪，又摘下一支大枪，大踏步走出东门。署长关庆山带人追了出来，被王英超打了回去。

组建民众义勇军

王英超回到黑山取出藏在李廷珍家的4支手枪和3 000发子弹，带着本地7个兄弟，直奔双鸭山。兴隆镇自卫团团长李志润接到通知，带领陈玉珠、樊信、李青海等9个弟兄哗变而来。抗联三军六支队政治部主任周庶泛得知王英超哗变的消息，派六师炮兵科长赵锡久找到王英超，到天成窑共商抗日大计，王英超按周主任的指示，回来后把"江北""双江""海乐子""东胜""黑手"等山林队组织起来，共100多人成立"巴彦民众义勇军"，王英超任司令，周庶泛派炮兵科长赵锡久、连长廉永胜来队协助工作。

巴彦民众义勇军密营设在双鸭山沟里，他们不断出击，破坏滨北铁路交通线，袭击伪警察署。刚开始地主武装也不接待，一家辛氏地主武装还开枪打中抗联廉永胜，王英超大怒打进辛家大院，打死辛家掌柜。烟孙沟地主韩老鹞子十分反动，一天晚上义勇队打进韩家大院，打伤韩老鹞子大腿，并将家丁缴械，拔掉这两根钉子震慑了这一带地主武装。王英超在群众大会上宣布：巴彦民众义勇军是抗日的队伍，不抢老百姓，不扰害乡邻，请乡亲们放心，支援我们打鬼子。义勇军纪律严明，双鸭山一带群众都热情接待，白天在山里休息，晚上进屯吃饭，伺机打日军。

1938年7月28日，王英超率队进驻双山堡村宫家窝棚屯，不料绥化铁路警护队打了过来，指挥是滨北护路司令岩凡君三郎。民众义勇军100多人设四道卡子，每个卡子20多人，大都是弹无虚发的射手，傍晚战斗打响，日军露头一个就打住一个，怎么也冲不上来，连续打退敌人四次进攻。岩凡大怒亲自到阵前指挥，王英超从炮台上爬出来钻进豆地，爬到阵前，一枪击中阵前挥刀的岩凡，敌人顿时乱作一团。绥化自卫队、呼兰自卫团增援上来了，日军组织敢死队，拼命冲锋到阵前抢走了岩凡的尸体。敌人往村里不断打炮，王英超负了伤，天黑下来，敌人停止了进攻，民众义勇军抬着伤员撤出了宫家窝棚。

此次战斗，敌人死伤100多人，义勇队死伤20人，回到双鸭山密营，王英超转移到庆城抗联三军四十八团野战医院疗伤，将民众义勇军由抗联赵锡久、廉永胜带领，交给李兆麟。

智取县公署

1940年，王英超因重伤不能随队撤往苏境远东，他化名王平在克东县三门宋家养伤。1941—1944年组织抗联潜伏人员秘密处决抗联叛徒日寇密侦小狼（即段兴龙）、常六等人，并组织民众抵制交出"荷粮"。

抗战胜利后，王英超带6名抗联潜伏人员返回巴彦，9月中旬与苏军驻绥化卫戍区副司令陈雷取得联系，派王英超回巴彦协助张祥、单立志组建人民自卫军，夺取敌伪武装，建立巴彦人民政权。王英超带着陈雷的亲笔信来到巴彦，张祥高兴地说："你来得正是时候，我们正在到处找你，夺取巴彦敌伪武装非你不可，抗战中你威震敌胆，这日伪残余都非常怕你。"当场任命他为新组建的八十八大队队长。

张祥、单立志、李福三位老抗联，借苏军之力进驻巴彦，日伪武装并未受到重创，只是表面上降顺，伪县公署摇身一变成了维持会，等待着国民党前来接收。特别是10月苏军撤往呼兰后形势更加危急，张祥抓起的人民自卫军八十八大队，只有80多人，主要是以国高学生为主，他们革命热情高，但缺乏军事常识更无作战经验。而守卫县公署有100多名警察，加上各地方警察共600余人，他们有机枪迫击炮，而自卫军没有重武器。

当时，巴彦维持会会长（伪县长）反共反人民气焰嚣张，不断给我方人员施加压力，公然宣布："只接受蒋委员长的领导，不听任何人指挥，谁不听就对谁不客气！"面对当时不利局面的张祥、王英超命令自卫军："人不离枪，枪不离手，随时准备战斗。"工作首先从分化瓦解敌人入手，找熟人拉关系，联系有进步思想的人，关键时刻听共产党指挥。

王英超秘密会见县公署警备队长孙文翰，当面说："你有进步思想，我们需要你，欢迎你站到我们这边来。"孙文翰说："你是抗日英雄，我佩服你。如果需用我，一定听你指挥。"

机会终于来了。10月中旬，10余名苏军从呼兰回巴彦购买猪羊等副食品，张祥认为这是夺取县公署武装的好时机，安排王英超集合队伍。张祥对苏军头目说："巴彦猪肉很贵，质量也差，要想买好的找宋县长。"张又说："我这有电话，打电话叫他来领你买。请你和宋县长多坐一会，我安排几个人协助你们。"苏军头目给宋县长打了电话，不一会宋县长带几个人来了，与苏军头目说话。张祥、王英超带队伍迅速奔向县公署，站岗的问："你们要干什么？"王英超答："宋县长通知开会。"就直接闯入大院。王英超指挥战士控制炮台和制高点，缴了敌人的枪，控制县署大院；然后带战士冲进大厅，王英超手持双枪，大喝一声："不许动，举起手来！"敌兵惊呆了，队长孙文翰站起来，王英超大声说："文翰传令交枪，从正门扔出来！"孙文翰大声说："不许乱动，把枪扔出去！"敌兵一个个把枪扔出去。王英超立即宣布："愿意当兵的留下，不愿当兵的不计以往。"大多数愿意当兵，王英超当场任命了正、副队长。

这时宋县长回来了，一进院觉得不对劲，问："发生了什么事？"王英超对他说："县公署已被我接管，从现在起我说了算，巴彦县归共产党领导！你现在不是县长了。"苏军头目也到了，问："你们是什么武装？"张祥答："共产党的武装是红军！"苏军头目说："我们不干涉内政。"宋县长一脸默然，无话可说。张祥、王英超领导人民自卫军控制了巴彦县城。

第二天王英超带队，收缴了西集敌人武装，并派邱连长、陆德林、马振风带接收令去兴隆镇接收，改编了那里的武装。至此，西集、兴隆、龙泉、洼兴、炮手会等地方维持会控制的武装，相继接受改编，没放一枪巴彦全境解放。

第五节　红色交通员赵春霖

抗日战争时期，巴彦东北骆驼砬子东峰玉皇庙，是抗联三军的交通站。庙里的道士赵春霖（俗称赵老修）是地下交通员，他为抗日救国做出重要贡献，在1943年"巴木东"大检举中被捕，壮烈牺牲。

清光绪十五年（1889年），赵春霖出生于安宁乡张家店一个贫农家庭，后来家迁华山乡五道岗屯，少年时他读过四年私塾，后因家贫辍学回家给地主扛活，在苏城衙门举行的科举考试中，考中生员，成为乡下少有的文化人。1920年，他抛下妻子儿女到骆驼峰出家修道，皈依庙门想脱离红尘，修炼成仙。他亲自凿通登上东峰顶的石梯；通过化缘筹集资金，把东峰顶上的小板庙改建成大砖庙，供俸玉皇大帝、王母娘娘的塑像，取名"月台石院"，百姓称"玉皇庙"。

"九一八"的炮声，惊醒了他修真养性得道成仙的迷梦。在如火如荼的抗日斗争中，他目睹了日寇奸淫烧杀残害中国人民的罪行，也看到巴彦人民在共产党的领导下拿起武器舍身救国浴血奋战的事实。他认识到：共产党才是救苦救难的菩萨，只有跟共产党走，才能推翻日伪统治，百姓才能过上好生活。他毅然参加抗联，是抗联三军十二支队的交通员，负责后勤工作。

平时他以化缘为名，身挎青布兜上，写"一台山慈善"五个字，走乡串户，为抗联筹集粮食，搜集日伪情报，购买生活物资，动员人们起来抗日救国。他还通过给百姓写书信、写对联，串联一些有救国心的人参加抗日救国会，支援抗联打鬼子。在山里烧炭的侯殿云、炮手陈秉权、王老客、在山里种地的李廷祥、李长富、张玉青、刘振权，在赵春霖的教育下参加了抗日救国会。东兴县伪国兵王福田、小学校长隋郎轩，受赵春霖的启发，到玉皇庙出家，秘密从事抗日救国活动。

赵春霖活动的主要区域是木兰蒙古山一带，东兴西部地区，驼峰北姜家窑、姜家窝棚、山西王乡屯、李佰顺屯、龙泉街、华山乡一带。主要联系人有：姜家窑龙泉救国会会长姜镇藩，王乡屯大户王魁，王乡屯小学校长王吉云、陈维新，李佰顺屯李廷祥，龙泉街李家馆子李俊生等。抗联所需粮草物资都事先由赵春霖直接通知姜镇藩、王魁、李廷祥、李俊生，按要求的时间送到指定地点，不与来人接触，抗联战士与赵老修接关系的暗语是：

问：道长，这里有山丁子吗？

答：施主，这里有山里红，没有山丁子。

对上了暗号，赵春霖才能告诉取东西的地方。现有据可查，姜家窑为抗联送粮送物资的有：姜镇斌、冯震、吴宪廷、徐德荣、陈炳全、王廷清、苏万江等救国会会员；李佰顺屯李廷祥、李长富父子俩、王魁家为抗联运送物资还专门拴一个二马车，冬天用马爬犁给抗联送粮。龙泉李家馆子专门烤饼干、大饼子定期由王魁、姜镇藩派车去取。1936年以后，赵尚志率三军驻扎蒙古山密营，主要领导人赵尚志、张瑞林、朴吉松、于天放、张光迪、黎仇等多次到姜家窑的姜家、王乡屯的王魁家和小学校留宿，每次来都安排救国会会员站岗放哨，特别安全。

王乡屯王魁家是抗联存粮的地方，有时赵春霖化缘的粮食暂存在王家，由王家派车定期去送。冬天赵老修也常住在王魁家，有时住小学校，或姜家窝棚韩永生家。王乡屯小学是赵老修经常落脚的地方，校长王吉云、陈维新都是爱国知识分子，学校挂着孔子、关公、岳飞画像，他们都参加了抗日救国会，平时注意搜集敌伪情报，购买紧俏的生活物资。在"巴木东"大检举中均被捕，连日本人都声言："王魁家是抗联粮仓"，"小学是抗联情报站"。

龙泉街李家馆子也是赵老修常去的地方，掌柜李俊生，以饭店为掩护，有意结交敌伪人员，把获取的情报及时转给姜镇藩和赵春霖。他家大车店后特意盖四间偏房，常年烤饼干、大饼子，但不外卖，都是赵春霖派王魁、姜镇藩家车往山里捎运，对外说"庙上用"。1942年夏，王乡屯自卫团团长冷振江领一个外地朋友来吃饭，被李掌柜劝酒灌醉。从冷振江口得知，他是县里陆警佐派到王乡屯"蹲坑"的特务。李俊生马上把信息传给姜镇藩，救国会马上发出"防奸防特"通知。

赵春霖的抗日活动，还是被王乡屯"蹲坑"特务赵洪生侦悉，在半年的时间里，特务通过收买"特务腿子"，把姜镇藩、王魁、王吉云、李俊生、李廷祥等人都列入黑名单。在"巴木东"大检举中龙泉有18人被捕，被判死刑和刑讯至死15人，只有3人光复后被放回。赵春霖本来在王乡屯逃过一劫，从陈家后院跳出，钻进柳条丛，他后来到姜家窝棚韩永生家躲避。巴彦县陆警佐派"嘱托"算命先生石玉田侦察到，专门派车抓捕的。赵春霖来不及躲避，紧急中告诉韩永生，把藏在骆驼峰石洞中的粮食、豆油、食盐想法送交抗联。

赵春霖被直接押送到哈尔滨上号监狱，每次审讯，他一问三不知，只供一句："我是出家人，不管人间事。"受尽毒刑拷打，鬼子无可奈何，赵春霖最终被折磨死在狱中。

据敌伪档案记载："赵春霖，55岁，道士，参加抗联十二支队，判刑15年。"他没有留下任何遗物，只是在关押他的囚室墙壁上刻下一首诗："人间善恶终有报，魔爪伸长必挨刀。行善积德神保佑，作恶害人天不饶。"

1983年8月15日，黑龙江省政府追认赵春霖为革命烈士，向家属颁发了"革命烈士证书"，以示悼念。

第六节　抗日志士姜镇藩

龙泉抗日救国会会长姜镇藩，原籍呼兰管家沟。民国十六年家迁巴彦，在龙泉东山边买陈永的土地山林40垧，以农为业。

家业兴盛后盖起了四合院套，四角筑有炮台，有家丁持枪镇守。这里三面靠山，距骆驼砬子只有4公里，南有陈炮岭，东有石头岭、羊路岭，北靠傅大山，是易守难攻的战略要地，当地人称姜家窑。姜镇藩，号卫东，1901年生于呼兰县，呼兰优级师范毕业，手笔相应，27岁搬来巴彦开始掌管家业，他为人忠厚，中上等身材，瓜子脸，浓眉大眼，在家教私塾，人称"姜大先生"，惧于姜大先生的声望，附近土匪不敢来骚扰。

1932年5月27日，巴彦抗日游击队打退巴彦200多伪警察的"追剿"，进驻姜家窑，受到姜家的热烈欢迎。总指挥张甲洲与姜镇藩磕头结义称兄弟，张甲洲认姜父为义父。姜家把张甲洲的爱人孩子接来，加以保护，姜家窑成为巴彦游击队的根据地，司令部就设在姜家。

姜镇藩为抗日救国倾注了全部心血，做出卓越的贡献。他实际上是巴彦游击队的后勤部长，负责为部队筹集粮草，安排食宿。为此他主动与沿山区各屯大户"磕大帮头"，结义兄弟，共同为抗日救国出力。他们是王吉有屯王吉有、王乡屯王魁、李佰顺屯李廷祥、杜家岗屯董景方。这样几百人的抗日队伍，粮草问题就得以解决有了保障。

巴彦游击队刚建立，武器不够。姜家一次拿出大盖枪3支，还有连珠枪、马匣子、手枪各1支，还有一簸箕子弹。东兴战斗失利，姜家成了临时战地医院，请来本地黑红伤郎中刘咸廷、高洪生、金德武为20多名伤员治伤。后为安全起见，把处理好的伤员大多转移到可靠的老乡家，姜家只留赵尚志、夏尚志、张炳男、闫福4名伤员，住在东炮台养伤，姜镇藩的爱人范魁平当护理，整天忙着煎汤药，洗衣送饭，照顾得无微不至，实在忙不过来就找家里人帮助，伤员们十分感动。

在第二次西征途中，满洲省委又派吴福海来队，把巴彦游击队编成中国工农红军三十六军，强迫执行临时中央制定的"打土豪、分田地、建立苏维埃"的"左"倾路线，破坏了张甲洲、赵尚志制定的"抗日大同盟"路线，受到敌伪武装、地主武装联合追打，又不能与原来的义勇军会合，结果兵败西荒。1933年1月16日回到姜家窑根据地时一支千余人的队伍只剩70多人，当时地方伪政权已经建立，为保存实力，师部决定分散潜伏。1月18日农历腊月二十三在屯南大榆树下举行散师会，安排分散潜伏事宜，准备东山再起。总指挥张甲洲壮志未酬，他安排侯振邦为总联络，最后他说："任何时候我们都要当精忠报国的岳飞，不能当投降派秦桧骂名千载。"会后张甲洲、赵尚志、吴福海等在腊月三十离开姜家，集体回哈尔滨向满洲省委汇报。

1933年农历正月十一，伪县长程绍濂带领警察抄了姜镇藩的家，逮捕了姜镇藩，搜出游击队留下的枪支弹药。并扬言："姜家窑是胡子窝，没好人！"姜镇藩被关进巴彦监狱，每次过堂他都大义凛然地说："中国人支援抗日救国没有罪，有罪的是帮虎吃食的汉奸！"鬼子又气又恨，只能严刑拷打，姜镇藩坚贞不屈。1934年3月，在关东军的操纵下溥仪登基称帝，实行大赦，姜镇藩得以出狱。

1936年夏，抗联三军西征到蒙古山建密营，赵尚志特意带少年连到姜家窑看望当年的老房东，一见面他紧紧握住姜镇藩的手动情地说："大哥呀，今后有我赵尚志就有你们老姜家。"言外之意，对姜家全力支持抗日救国终生不忘。从此姜家窑又成为抗联三军的后勤基地，后来姜镇藩当上龙泉抗日救国会会长。

抗联三军在蒙古山一带活动时，赵尚志、朴吉松、于天放、张瑞麟、黎仇等领导经常来姜家，时常住下，姜镇藩都安排救国会会员站岗放哨，抗联所需粮食生活物资，都是通过赵老修提前亲自安排，姜镇藩派人乘夜深人静时送到指定地点。

　　1939年夏，姜镇藩派姜镇斌去蒙古山给十二支队朴吉松主任送去300粒子弹。这年秋又让他妹夫冯震把一口袋子弹送到城志沟门大桦树下。姜家哪来这么多子弹呢？是通过龙泉李家馆子李俊生从龙泉警察詹警尉、姜大个子那用大烟换来的事，他俩好抽大烟，没钱就用子弹去换。给抗联送粮是经常的事。1940年，姜镇斌、冯震送过六七次。1941年，姜镇斌、冯震、徐德荣、吴宪廷给抗联送过5次小米、3次白面。腊月里还送过猪肉、粉条、豆包等年货，每次送粮都起大早，天亮前回来，地点有：石头岭卧牛石旁、大泉眼西红柳树下、董大砬子、城志沟门，有时送到骆驼砬子后边。

　　每次抗联来人晚上敲大门铁带，不打门板，这是暗号，听到铁带声，知道队上来人，马上开门。白天抗联和姜家联系，主要靠他爱人，暗号是屯东石头山包那棵大榆树上倒挂个树枝，范魁平每天上地，看到倒挂树枝就前去联系。问："这里有山丁子吗？"答："有山里红。"对上了暗号知道是自己人，就可接头办事。

　　姜镇藩的抗日活动，被王乡屯的"赵半拉子"（日本人收买的特务）侦悉，列入了黑名单。1943年春"巴木东"大检举被捕。那是农历二月初十（3月15日）半夜，一汽车鬼子、警察直开到姜家，砸开大门直扑东屋，把姜镇藩打倒在地，戴上手铐，扣上黑帽子，同时把姜家翻个底朝天，搜出赵尚志、李兆麟的来信。当时一齐被捕的还有徐德荣、王廷清、陈炳全、苏万江共5人，直接把他们送到哈尔滨监狱。据后来放回的苏万江介绍："姜大先生和我一个牢房，他始终不承认自己有罪，还怒骂汉奸走狗，被打断一只胳膊，判死刑。"他通过一个老狱警送出一件棉大衣，兜里装一封信，上写："为反满抗日，参加救国，判死刑。教子成人，快搬家。"

1943年秋，日军把姜镇藩绞死狱中，他为抗日救国献出了宝贵生命，时年43岁。

1948年，龙泉区政府韩秘书，来到姜家窑，在群众大会上宣布：姜镇藩是革命烈士，民主政府发给家属抚恤金60万元（东北流通券）。

第七节　百战英豪朴吉松

朴吉松，号周元，1917年出生于朝鲜咸镜北道稳城。1927年家迁中国吉林汪清县大甸子，同年加入中国国籍。

英雄出少年

"九一八"事变后，汪清县建立了抗日游击队，朴吉松第一个加入儿童团。1932年4月，他参加了反帝大同盟，一个15岁的少年便投身到抗日斗争中。1933年6月，朴吉松加入共青团负责汪清县五区西沟儿童团工作。8月在反"讨伐"作战中负伤。1934年6月被派到罗子沟负责共青团工作，11月任汪清县儿童局局长。1935年任汪清县四区共青团书记。1936年初在宁安东京城加入珲春游击队，3月在宁安二道河子参加抗联五军，4月加入中国共产党，8月任班长，10月调抗联三军一师任少年排排长。1937年7月任三军三师政治部组织科科长。1938年，日本关东军在伪三江省加紧"讨伐"和"肃整"活动，抗联三军缩编为四个师一个警卫团，朴吉松任警卫团政治部主任。

东征西讨，日军胆寒

1938年9月6日，朴吉松随三军政治部主任金策率三师100多骑兵，从宝清渡松花江到达萝北梧桐河畔的老等山，与抗联六军三师师长王明贵会合。他们每人只带4穗苞米和少许粮食，在连绵的阴雨中踏上西征路。在渡梧桐河时，他凭借多年摆渡的经验，用唯一的一艘破旧小船，往返几十次，把300多人的部队渡过河去。9月12日，部队到达石场沟，突遭汤原汉奸廉仲平率200多骑兵的袭击，朴吉松指挥部队沉着应战，击退敌人骑兵队，毙伤敌30人，而西征部队无伤亡。到达汤旺河东岸，分兵两路而行，朴吉松同三师侯启刚向铁力庆城进军，西征部队跋山涉水、忍饥挨饿，穿越小兴安岭原始森林，11月到达铁力北关山嘴子，与金策先期活动的三军参谋长许亨植会合。

　　1939年初，集结在海伦、绥棱、庆城、铁力的三、六、九、十一军抗联部队，临时编成四个支队和两个独立师，朴吉松任独立师政治部主任。初夏，他和师长马光德率部袭击铁力北关门咀子警防所，打死日军2名、伪警察10余人，缴获步枪13支、子弹1 200发、粮食3石多。11月，朴吉松率30多名战士在铁力北依吉密山中，与200多日伪"讨伐"队（其中日本小队60多人）遭遇，经几天周旋，把敌人引进深山老林，歼其大部，日本小队无一生还。

　　1940年2月9日，朴吉松、高继贤率部在铁力鱼眼泡袭击日本青年义勇队开拓团防所，战斗中朴吉松一只眼睛被打伤失明，他不顾伤痛坚持战斗。2月12日在北依吉密河岸，夜袭日军守备队和伪军联合部，毙伤日伪军70多人，缴获轻机枪1挺、步枪15支。2月15日又在此地重创日伪"讨伐"部队，毙日军20多人、伪军30多人。不久朴吉松抓住时机，带领30名战士夜袭正在兴建中铁力西南横泰开拓团，缴获刚从内蒙古买来的20匹马，烧毁了油库和大批建筑物资。4月，抗联三军进行整编，编为第三、第六、第九、第十二支队，朴吉松任六支队十七大队指导员。年末，由于日伪军加紧对山区"讨伐"，六支队不断遭到袭击而大量减员，活动异常困难，支队长张光迪和朴吉松率队转移到庆城铁力交界的凌云山一带。

　　1941年元月，抗联十二支队从三肇转移到庆城铁力山里，两个支队合并，取消党委改为党支部，由朴吉松任党支部书记。1941年7月，朴吉松任十二支队队长，他率十二支队秘密转移到巴彦东北老黑山的密营。兴隆镇东北10里的四间庙，村里设有警察署分所、村公所和自卫团，此处又是抗联兴隆三合木场的交通站，是通向老黑山密营运送物资的必经哨卡，必须拔掉这根钉子。

农历七月二十一黄昏，朴吉松和大队长鉏景芳带2挺轻机枪率20多名"双枪将"，奔出老黑山到四间庙东南高粱地隐蔽，队里的闫继哲家住四间庙东屯，熟悉地形。队里派小队长郭万才前去侦察，队员们吃过屯救国会送来的晚饭，已经夜深，由闫继哲带路，爬过城壕，摸进警察所和自卫团部，敌人正在酣睡，战士们向屋里投了两颗手榴弹，顿时一片鬼哭狼嚎声，还没弄清咋回事，就当了俘虏，战士们收好枪，朴吉松对俘虏进行了思想教育，带着枪支弹药战利品撤出四间庙，隐蔽在黄河屯高粱地修整。第二天，敌人调集滨江警备旅、呼兰自卫团、巴彦山林队，还有大批鬼子兵共1 000余人来"围剿"。他们还强迫老百姓"拉大网"，逐块地搜查。这一招（拉大网）确实厉害，朴吉松命令战士们撤到一块高坡的坟地中，将机枪架到坟包上，敌人从三面涌上来，当敌人靠近，抗联战士2挺机枪、20支长短枪一齐开火，敌人霎时被撂倒一大片，不知抗联有多少人，一个个抱头鼠窜，溃退下去，十二支队撤离。

1942年9月12日，朴吉松率队袭击了木兰县的大贵镇，将10几名警察、七八名自卫团兵全部缴械，捣毁了烟管所。9月18日又率队袭击了紧靠巴彦的石河镇。当时镇内空虚，警察大多被派到大贵"讨伐"抗联，朴队长从农民那里了解了敌情，晚上分两组出击，将伪警察署长、自卫团兵全部缴械。之后又迅速转战到庆城，又取得袭击大罗镇的胜利。

同年11月，六支队政委于天放带六、九、十二支队主力过境入苏联远东整训，留下朴吉松带小股部队在滨北继续活动。在群众支持下，朴吉松小队先后袭击了铁路王扬站、铁力站，还袭击了铁力东军用机场，搅得敌人不得安宁，闻风丧胆。

为抗日而生、为抗日而死

1942年农历冬月二十六日早晨，朴吉松队长带领唐春生、张廷贞两名警卫员走出燕窝山密营，天黑时来到庆安福合屯交通站，交通员侯德发把他们安排到姐姐褚大娘家，紧靠屯城壕，比较僻静。

过了两天，朴吉松派两名警卫进城去侦察敌情。不料两人进城后即被捕，暴露了朴吉松的行踪。当天晚上，警务科科长小松贵三率24名警察乘车扑来，包围了褚大娘家。伪警察平海泉、赵全胜闯进屋来叫喊道："老褚婆子，你们家来的那个人呢？"此时褚大娘用筐箩把朴吉松挡在水缸后面，当两个警察来搜时，朴吉松猛然起身开枪，警察还击，褚大娘中弹倒下，朴吉松双枪连发，打倒了两个警察，击毙了院中的翻译姜国昌，杀出一条血路跳墙冲出来，当他跑到牌长李殿臣家院子时，被追来警察开枪打倒后被捕。

朴吉松被捕后，关押在北安特务分室2号牢房。日军妄图"宣抚"，给他治伤，可是朴吉松软硬不吃，日军感到"利用朴吉松有困难"，便于1943年8月12日将他判处死刑。9月的一天，朴吉松被监狱里的日军田崎凡三郎用战刀砍死，时年27岁。

一代英豪朴吉松，人民的优秀儿女，他为抗日而生，为抗日而死，虽死犹荣。他年少即投身抗战，南征北讨，出生入死，令鬼子汉奸闻风丧胆。在敌人的屠刀面前他视死如归，表现出血战到底的英雄气概，实在令人钦佩，永志难忘。

第八节　智勇双全侯振邦

　　侯振邦（1896—1948年），原籍河北乐亭县，因黄河水患随父闯关东来到镇东七马架屯。父亲是位老中医，在本屯开诊所，靠看病卖药维持生活。侯振邦姐弟四人，他为长兄，从小读过四年私塾，算是屯里的文化人，15岁辍学回家种地，供弟弟妹妹读书。

　　侯振邦读过四书五经，从小崇拜岳飞、文天祥、郑成功等民族英雄。长大后养成仗义疏财、广交广为的性格，所以在黑白两道、私官两厢都吃得开。1932年初被地方推荐出任七马架村甲长兼自卫团团长。七马架是个大村，是镇东乡所在地。这年4月末，张甲洲受满洲省委派遣，带领从北平"打回家乡去"的黑龙江籍大学生张清林、夏尚志、张文藻、郑炳文回家乡组织抗日队伍，张家油坊紧挨七马架，论屯亲关系张甲洲称侯振邦"姑父"。开始张甲洲以走亲访友的办法宣传抗日，首先倚重的是侯振邦，巴彦党史记载，侯振邦最积极，当场交出20支大枪。靠侯振邦在地方上的人际关系，他们先后拜会了龙泉自卫团团长陈维新、二道岗（现华山乡）自卫团团长米秀峰，都答应组织队伍抗日救国。在侯振邦的陪同下，张甲洲又拜会了龙泉姜家窑教书先生姜镇藩、王乡屯大户王魁、李佰顺屯大户李廷祥、龙泉李家馆子李俊生，几人都表示：抗日救国，义不容辞，有人出人，有枪出枪，有粮出粮。为组织起义队伍，侯振邦做出了贡献。

　　张甲洲、郑炳文又去巴彦拜会国高校长孔庆尧。1930年张甲洲、李时雨等大学生回巴彦开展"驱翟"斗争，曾得到孔庆尧大力支持，才取得"驱翟"斗争的胜利，孔庆尧当即表示回老家组织人马。县警卫团团长王家善，在日本东京留学时与郑炳文相识，经动员同意带队参加抗日救国。

1932年5月23日（农历四月十八），起义队伍从四面八方汇集到七马架屯、张家油坊屯。王家善、孔庆尧各带来60多人，侯振邦带30多人枪，陈维新、米秀峰各带来20多人马，张甲洲妹夫陈勋从呼兰带来12人，并请炮手高志鹏任队长。上午9时，起义军打出"东北人民抗日义勇军"的大旗，每人佩戴上印有"抗日救国"字样的红袖标，集合在张家油坊河边广场上，张甲洲宣布"东北人民抗日义勇军"正式成立，张甲洲任总指挥，王家善任副总指挥，孔庆尧任参谋长，各领队任中队长。接着他讲了抗日救国的重大意义，宣布了军队纪律，队伍驻在七马架小学，指挥部设在自卫团团部，第二天部队开到洼兴整训。

"七马架暴动"立即轰动巴彦城，伪县长程绍濂主张"围剿"，王知津（王家善父亲作过黑龙江统带）从中调停。游击队内部出现"主和"与"主战"的分歧，张甲洲毅然带领侯振邦、陈维新、米秀峰、高志鹏中队100余人冲出洼兴向龙泉转移。洼兴自卫团毕团总奉命率部追击，在王家店南山头，张甲洲伏击洼兴自卫团，打退追兵，把队伍带到龙泉东屯陈维新家暂住。第二天清晨，巴彦200多名警察到龙泉追剿，张甲洲、侯振邦、陈维新决定向骆驼砬子撤退，当游击队撤到西片砬子时，张甲洲决定伏击追兵，借着居高临下的有利地势，作好战前准备，当敌兵气喘吁吁地来到石壁下，张甲洲一声令下，长短枪一齐开火，一下打倒五六个警察，紧急中警察的机枪哑火，敌人落荒而逃，起义军初战告捷，又得了五六支枪，把部队带到骆驼砬子北姜家窑驻扎，进行整训，因孔庆尧与王家善在洼兴，侯振邦升任参谋长。

当时七马架东大烟沟新拉起一伙队伍，30多人，领头姓苏报号"绿林好"，曾与侯振邦相识。张甲洲、侯振邦主动前去联系，商讨共同抗日大计，经协商，"绿林好"不同意改编，提出"拉顺线"的意思（即联合之意），平时单住、单走，作战时联合，张甲洲也不勉强，双方答成联合协议，后来打巴彦、东兴时"绿林好"按约参加了战斗。

7月中旬阴雨连绵，游击队活动在东山边陈魁屯，东南8里有个王四窝棚，对游击队的抗日宣传置若罔闻，不接待游击队。王四本人除种自家地外，还给县城大财主秦广仁管事，收缴秦家有百余垧地租，仗着后台有钱有势，称爷报号，是个死硬户。这天雨过天晴，张甲洲带着警卫员华久清5人前去拜访"王四爷"，进院后，王四不但不接待，反而命令家丁王大愣把张甲洲捆绑起来，门外警卫掏枪要打，张甲洲使个眼色，警卫会意调转马头回去报信。指挥部闻讯大惊，有人主张马上去打，被政委李育才（赵尚志）拦住："张指挥被扣，打有危险，不能出兵，得想办法。"最后决定：联合"绿林好"，先把王四窝棚围起来，派人去说和，请地方绅士黄盛廷出面。黄去而复返说："王四不肯放人，要把张甲洲送县治罪。"参谋长侯振邦大怒，亲自冒险前去交涉，不料也被王四扣在院里，并声称："要放侯振邦得用五支匣枪往外抽。""绿林好"还算义气，拿出五支匣枪把侯振邦抽了出来。当晚张甲洲说服看押他的护勇张兴，把他送回指挥部化险为夷。张兴要求入伍，张甲洲派他去模范队当队副，并报号"战东洋"。

第二天游击队打进王四窝棚，开仓放粮，然后一把火把王四窝棚烧了，王四早溜了。侯振邦自当了参谋长，非常善于学习，经常向政委赵尚志和上过军校的领导请教，不断从《孙子兵法》和《三国演义》中吸敢智慧来提高自已，他亲自抓教导队的培训，指导模范队的学习和训练。在打龙泉、打巴彦、打东兴战役前，派出侦察，掌握敌情，制定作战方案，交张甲洲、赵尚志首长定夺。

9月游击队撤出巴彦县城后，在与伪军李子英部作战中，中队长王英超负伤，进绥化基督教院疗伤，出院后回家养伤。侯振邦参谋长代表张甲洲、赵尚志首长前去慰问，并安排他打入伪军内部做哗变工作，他对王说："指挥部计划，如果你能策反300伪军哗变，就可分成10个战斗组，在滨北作战，那对我们是十分有利的。"王英超感到困难很大，但还是服从组织安排，打入了敌人内部。

西征途中，满洲省委代表吴福海二次来队，强迫推行王明"左"倾路线，并在部队内部"开展批判张甲洲的斗争"，作为参谋长的侯振邦始终站在张甲洲、赵尚志一边，抵制吴福海的"左"倾教条主义，维护部队的正常秩序。

1933年1月16日农历腊月二十一，队伍回到姜家窑只剩70余人。1月18日在屯南大榆树下举行散师会，安排分散潜伏，任命侯振邦为总联络员，准备东山再起。

1934年，巴彦县城的伪军奉命到东山一带"剿匪"，王英超（已打入伪军内部）率第二中队第二小队进驻七马架屯一带。听到有人反映："二侯"（侯振邦、侯振宇兄弟）常去江南，不知干什么？炮手会的黄汉民（伪军）比较了解此事，向王英超反映，被他压下。意思是侯振邦去江南与赵尚志的哈东支队有联系。侯振邦后来任镇东兴农会会长，他表面积极应付官差，背地里告诉群众采取"拖"的办法，抗捐抗出荷粮，尽量减少群众的损失。

1945年11月，巴彦人民自卫军八十八大队，在张祥、王英超的指挥下，利用苏军回巴彦采购副食的机会，设计调出巴彦维持会长（伪县长）宋殿才，出其不意占领县公署，缴了100多警察的枪，保证了11月13日李林、王兴华顺利接收巴彦政权。为巩固新生政权，县政府发出征兵动员令，在县城设两个征兵站，侯振邦接到王英超的通知发挥自己的社会影响，动员七马架一带的青年踊跃参军，保卫新生政权，并亲自带领100多名新兵到巴彦找到张祥、王英超，编入人民自卫军。镇东乡史志记载：侯振邦给张祥送去一营兵，使巴彦人民自卫军迅速发展到1 200多人。

1946年7月，蒋介石调集40万大军进驻东北，妄图北进黑龙江。东北局发出号召：解放区的人民要保卫胜利果实，痛击国民党的进攻。地处战略后方的巴彦，主要任务：保证兵员，保证民工担架、车马粮草、军需物资。侯振邦带头动员青年农民参军参战。1946年冬，他带领镇东乡100多名新兵开到松江省宾县参加新兵集训，并以连级干部身份参加了军政干部培训班。1947年初，侯振邦的老伴带着孩子去宾县探望，并向部队首长反映家庭情况：家中上有老下有小，车店无人经营，老人年迈种地有困难。经部队首长研究，批准侯振邦离队回乡。

第九节　红幌飘荡李俊生

伪满时期，骆驼砬子山下龙泉正街路北，有一家挂两个红幌的饭店带大车店，人称"李家馆子"。掌柜李俊生，30多岁中等身材，一对炯炯有神的大眼睛，给人以精明强干的印象。他总是笑眯眯的，不知为什么伪军警来吃饭，他格外关照，给不给钱都行，所以日伪军对他都很好。这些伪军在他们说话中有意无意泄露的秘密就像长了翅膀，马上飞到山里，钻到抗联的耳朵里。

1932年农历四月十八，巴彦游击队在七马架举行起义，李俊生也前去参加誓师会，总指挥张甲洲与李俊生是在龙泉读私塾时的同学，安排李俊生在地方做后勤保障工作。7月抗日游击队第一次西征前，张甲洲派人来找李俊生，安排他为战士准备干粮。他发动亲戚朋友连夜烙大饼蒸馒头，忙了一天一夜，保证了300人的部队够吃三天的干粮，张甲洲知道他家是小本经营，让后勤部付给他10袋面钱。

1939年，抗联三军六支队政委于天放、十二支队政治部主任朴吉松率队来"巴木东"地区打游击，联系上了李俊生，并吸收赵春霖参加十二支队，委托他俩做后勤工作。当时李家馆子积累了一些资金，开了个杂货铺、一个磨房，买四头大牤牛，日夜磨面，做糕点出售。令人奇怪的是，面案上的田凤山、李青禄师傅加工了许多饼干，却不外卖，也不给小孩吃，都让赵春霖用王魁家马爬犁拉走了，说是庙上用，后来才知道全部送给抗联。夏天姜家窑来车，往山里捎运，都是油盐、火柴、药品、饼干大饼一类生活物资。

1939年夏，交通员赵春霖来找李俊生，交给他一包大烟土，叫他换子弹。当时龙泉警察署詹警尉和姜大个子好抽大烟，常来馆子吃饭，这天他俩来饭馆，李俊生出面用大烟换了300粒子弹，交给了姜镇藩，这种的交易作了三次。姜镇藩让弟弟、妹夫送给了驻蒙古山的朴吉松。

1942年夏，王乡屯自卫团团长冷振江领一位外地朋友来吃饭。这人一身农民打扮，但不像庄稼人。冷振江是有车有马的大粮户，酒过三巡，李掌柜过来劝酒，不一会来人醉了，伙计把他扶到后屋休息。李俊生起身给冷振江点上烟，问："他是干啥的？"冷振江神秘而又小声说："是陆警佐派来王乡屯蹲坑的，叫赵洪生。"陆警佐是巴彦有名的特务头子，李俊生立刻明白了，当天就把信息传给救国会会长姜镇藩，救国会马上发出通知：王乡屯来了特务，注意防奸。

赵洪生到王乡屯后，对外说是来扛活的，但不下地干活，人送外号"赵半拉子"。他整天东窜西走，到各屯收买特务腿子，秘密打听赵老修、姜镇藩、王魁的活动。半年的时间里，把赵春霖、姜镇藩、王魁、李俊生、陈维新、王吉云等都列入黑名单。

在1943年大检举中，李俊生和姜镇藩是第一批被捕的。3月15日晚上，李俊生刚和龙泉警察喝完酒，没有回后院，就在前院柜上躺下了，刚入睡，县里来了一汽车日伪军，闯进屋二话没说，就给李俊生戴上手铐，套上黑帽子扔上汽车拉走了。在哈市上号监狱李俊生拒不承认参加抗日活动，被打得遍体鳞伤，然后关进地下水牢，水里的蛆虫把他受伤的皮肤咬得满身是脓血道子，最终于折磨死在狱中，尸骨无存。

敌伪档案记载：李俊生，商人，35岁，给抗联送粮。1943年8月19日刑讯至死。

第十节　牢门脱险于天放

于天放是东北著名的抗日将领，张甲洲清华同学和亲密战友。他横刀跃马驰骋疆场，在黑龙江大地与日军进行了殊死的搏斗，为抗日救国立下不朽的功勋，被誉为抗日民族英雄。

一个不安分的学生

于天放原名于九公，化名于树屏、王文礼，1908年4月9日出生于呼兰白奎乡三道沟子屯。祖籍山东登州府，清末闯关东来到呼兰河东部跑马占荒，经过几代人辛苦劳作，开垦出100多垧良田，由逃荒户变成了大地主。父辈三人，共生下7个男孩，他姐弟排行在九，故起名于九公。他自幼聪明，老哥仨决定供他读书，将来支撑门户。可他却违背父辈的意愿，走上了革命道路，老师们称他为"不安分的学生"。

1923年，他考入省城甲种工业学校采矿科，听了校长宋炳麟讲过十月革命的故事，知道了列宁、斯大林、布尔什维克、苏维埃。从此接受了革命思想，似乎在黑暗中见到曙光，便自觉投入到爱国学生运动，积极参加反帝反封建斗争。1925年上海发生"五卅"惨案，消息传到齐齐哈尔，各界群众异常愤慨，于天放更是义愤填膺，他和巴彦籍的张甲洲、魏祖舜到一中、师范、法专、农校去串联，组织和领导了全市8所院校学生游行示威，抗议日本资本家枪杀中国工人的暴行，声援上海工人的反帝斗争。浩浩荡荡的队伍在日本领事馆前被军警驱散后，他们又转到昭和祥等大商场查抄日货，扔到大街上焚烧，同时高呼"打倒日本帝国主义"的口号。这次爱国学生运动被省督军吴俊生认为是：赤化分子阴谋捣乱，并把带头的张甲洲、于天放抓起来扣押三天。在各界群众学校师生的一再强烈要求下，才把他们释放出来。宋炳麟校长比较开明，能够保护学生，才使张甲洲、于天放、魏祖舜免遭开除学籍处分。

1927年暑假，于天放、张甲洲结伴进京赶考，先在弘达学校补习一段时间，第二年于天放考入清华大学经济系，张甲洲考入北大物理系，都如愿以偿进入全国著名高等学府。进入清华后，他仍不"安分"，加入了反帝大同盟，积极参加反帝反封建斗争。1929年9月张甲洲在北京大学加入中国共产党后，根据革命需要，放弃2年学业，1930年考入清华政治系。1931年5月，张甲洲介绍于天放加入中国共产党，从此他更不"安分"，经常与张甲洲一起开展革命活动。后来张甲洲任北平西效区委书记，于天放任清华党支部书记，成为学生领袖。

"九一八"事变，蒋介石实行"攘外必先安内"的不抵抗政策，丢掉东北大好河山。张甲洲、于天放再次领导学生赴南京请愿，敦促蒋出兵抗日。可南京《中央日报》造谣生事，诬蔑学生请愿是"暴乱行为"。因此北平学生怒砸中央日报社，并与前来镇压的军警对打起来，卫戍司令陈铭枢出来解围，于天放掩护张甲洲、张文藻把两名警卫的手枪夺下来，是两支德国造20响大肚匣枪，于天放挡住警察，他俩迅速钻进人群。

打回老家去

张甲洲、于天放认为：抗日不能单靠请愿和游行，要组织民众，开展武装斗争。他们响应"打回老家去"的号召，组织30多名黑龙江籍的大学生，编成5个小队，分期分批回家乡组织抗日队伍，开展游击战争。1932年4月末，张甲洲带第一支小分队起程，队员有：清华于九公、法学院夏尚志、中国大学张清林、北师大的张文藻、日本东京工大的郑炳文共6人。到达哈尔滨，满洲省委组织部长小李（何成湘）、军委书记老季（胡士杰）分配张甲洲、张清林、张文藻、郑炳文去巴彦组织游击队。夏尚志留在省委接待后续小分队，于天放任巴彦游击队特派员，负责对外联络，联系各地武装队伍。

1932年5月23日，巴彦游击队在七马架宣布起义，群众称"大学生队"。不料中共满洲省委盲目执行"中央北方会议"精神，脱离东北被日寇占领的实际，把巴彦抗日游击队改编为"红军"，强迫执行土地革命政策，破坏了张甲洲、赵尚志创造的"反日大同盟"政策，犯了"左"倾路线错误，使这支发展到1 000余人的抗日武装折戟沉沙，兵败西荒。

巴彦游击队解体后，省委派张甲洲去下江开辟敌后工作，调于天放到齐齐哈尔发展地下党组织。1933年3月，于天放来到省城齐齐哈尔，甲工校长宋炳麟已调到省教育厅任督学，他对于天放印象很好，经联系，他介绍于天放到师范学校任英语教师。这时师范、一中、法专、农校都有北平回来的大学生任教，他们大多是共产党员，于天放组织大家成立了党支部，称"龙江特别支部", 于天放任书记, 支部成员有宫洗尘、刘永年、毕耀中、王文郁、王振玉。"特支"下设"教师、学生、士兵"三个支部, 任务是"在知识分子和士兵中发展党员, 开展抗日救国活动"。在活动中, 被日专校长于敬修告密, 警特机关把于天放列为"要视察人", 被学校停止工作。

1933年暑假, 于天放、王文郁接到张甲洲的来信, 叫他俩去富锦中学。他把"特支"工作交给毕耀中和宫洗尘, 来到富锦中学, 于天放任教务主任, 王文郁教史地课, 张甲洲任校长。接着, 巴彦游击队的陈勋、曾兆芳夫妇、周西帆夫妇先后来到富锦中学, 使富锦中学成为满洲省委设在下江的交通站。

于天放在富锦中学工作五年, 后张甲洲调县任教育股长, 于天放升任校长。他非常注重学生的素质教育, 通过举办讲演会、辩论会、出墙报等办法, 潜移默化对学生进行爱国主义教育, 向学生灌输革命思想。有条件的毕业生动员到北平求学。进关的学生后来都参加了革命, 成为中国革命和新中国建设的人才。

重返疆场

1937年6月28日, 北满临时省委在帽儿山召开执委扩大会议, 决定将抗联三军独立师, 改编为抗联十一军, 祈致中任军长, 调张甲洲任副军长。

独立师原为桦川驼腰子金矿工人起义组织起来的山林队, 投靠抗联后省委派金正国任政治部主任, 使之成为抗日的队伍, 所以要求张甲洲上任时"多带几个文化人"。为此8月28日独立师少先队指导员郭革一来接甲张甲洲上任带出了于天放、张乐然、陈勋。不料途中遇敌开火, 张甲洲中弹牺牲。于天放到十一军后任教育部长, 主管部队政治教育工作。这支部队原有一股匪气, 经过于天放的教育, 消除了匪气, 成为一支遵守群众纪律的队伍。

　　1938年11月中旬，在北满抗联总政治部主任李兆麟、十一军一师长李景荫、政治部主任于天放的带领下，从三江地区起程西征，他们穿山越岭，艰苦跋涉转移到松嫩平原，在铁力老金沟安营。从此，北满抗联三、六、九、十一军改编为抗联三军，成立四个支队，于天放任第三支队政委，与支队长王明贵率队在海伦、绥棱、通北、"巴木东"地区活动。他们机动灵活到处袭击敌人，使日伪军惶惶不可终日，称这里是"治安癌症区"。日寇采取坚壁清野，烧毁村庄，归村并户设自卫团防守，妄图割断抗联与人民群众的联系。于天放针对敌人的"三光政策"，在小兴安岭多地驻军屯垦、开荒种地，粉碎了敌人的经济封锁。

　　1941年冬，抗联大部队去苏联远东伯力整训，周保中、李兆麟、冯仲云率800人先走，于天放率200人跟进，在伯力统一编为远东红旗军八十八旅，穿苏联军装，分驻南北两地野营，简称抗联教导旅，周保中任旅长。

　　1942年4月，于天放奉命任东北抗联总指挥部特派员，返回北满接替省委书记金策，负责北满党政军工作。在远离抗联主力的极端困难条件下，率留守部队活动在海伦、铁力、绥化、"巴木东"地区，建立救国会和农民武装，广泛发动群众，到处袭击敌据点，使日伪不得安宁。

　　1944年12月19日，于天放第二次来到绥棱县宋万金屯开展群众工作，住在小学校，教师王明德掩护他。不料被日军收买的猎户于山东子告密，伪庆安县警务科长田自伦带领警察在叛徒夏振华的指引下，逮捕了于天放。他是日寇悬赏的抗联重要人物，所以直接押解到北安省警务厅。在关押期间，许多日本高官来探望，先是百般劝其归顺，均无效，后又严刑逼降，于天放视死如归，坚贞不屈，使日军无计可施，无可奈何！

　　1945年夏，抗联二军赵忠良在克山被捕，带来了"希特勒败亡"的好消息，于天放大为振奋，于是二人商定越狱计划。北安监狱虽然看管很严，但一天之中也有空子可钻。看守每天日夜三班每班三人，半夜只留一人，两个监室合用一个铁炉子，炉门可卸下当武器。

6月上旬的一天，伪警务厅特务科科长水井和翻译拿张小兴安岭地图来找于天放，请他标上苏联出兵时进攻路线，这是个越狱的机会，于天放暗自高兴。

7月11日半夜，看守石凡问于天放为何还不标图，于天放称监室内灯光暗看不清，得到走廊里，而且需要赵忠良帮忙。看守石凡不知是计，就把他领到走廊，于天放手拿铁炉门，在走廊与赵忠良会合，乘其不备狠狠砸向石凡脑袋，不料一下没打死，三人滚在一起，于天放怕他喊出声来，灵机一动便将左手伸进石凡的嘴里，右手狠狠地掐住他的脖子，赵忠良按住石凡的双腿，使他不能动弹，不一会石凡一命呜呼。

事不迟疑，于天放掏出石凡兜里的狱门钥匙，接连打开二道铁门，可是第三道门怎么也打不开。没办法，他和赵忠良从窗户跳了出去。好在狱墙是板杖子，没有电网，他俩登着横木顺利地翻越出去，消失在夜幕中……

于天放在越狱前，曾草成一首古体诗，留在监狱内："中日世仇不共天，十载抗战破万难。行动失慎遭逮捕，中国男儿入牢监。威迫利诱逼降策，救亡信念铁石坚。囹圄铁窗寒冬尽，草木葱茏虎归山。中共党员抗联三路军特派员：于天放。1945年7月12日"

抗战胜利后，于天放历任中长铁路护路总监、东北民主联军司令员、黑龙江省参议会会长、黑龙江省法院院长、中国人民解放军东北军区黑龙江军事部长、黑龙江军区副政委、黑龙江省人民政府副主席、黑龙江省人民委员会副省长兼哈尔滨师范学院院长、中共牡丹江地委第二书记兼专员公署专员、黑龙江政协副主席兼黑龙江大学校长等职。1967年5月3日，在"文化大革命"期间遭受残酷迫害，含冤去世，时年59岁。

第十一节　爱国教师陈维新

陈维新原名陈祥，1901年生于巴彦县龙泉前三马架屯。他幼年开始在龙泉街读私塾，后考入省城齐齐哈尔（时称"卜奎"）高等师范学校，在学校他接触了进步思想，参加了反对帝制推翻满清王朝的民主革命。毕业后回巴彦第八小学任教师，此时他接触了中国共产党，秘密加入党组织，积极完成党组织交给的工作任务。1932年受满洲省委派遣，从事巴彦建党工作。此时他又被委任龙泉村自卫团团长，他以"合法身份"，从事秘密建党工作。

1932年4月下旬，张甲洲受党的派遣回家乡组织队伍抗日，陈维新积极响应，他以"国家兴亡、匹夫有责"相号召，动员手下20多名自卫团兵参加抗日队伍。5月23日龙泉自卫团在陈维新的率领下，骑着马、挎着枪，赶到七马架参加"抗日誓师大会"。陈维新是巴彦游击队组织者之一，开始被任命为中队长，6月份开始任副大队长，遂改名陈维新。

在巴彦游击队里，陈维新具体负责宣传工作，他先后参加了攻打龙泉、占领巴彦、攻占东兴的战斗，在战斗中与张甲洲、赵尚志结下深厚的友谊。陈维新是张甲洲信任的地方实力派，姜家窑归龙泉管辖，陈维新家在龙泉人际关系面广，对地方情况熟，龙泉大户支援抗日游击队粮草，经常由陈维新前去交涉，事情就好办。

西征失败后，陈维新作为一名老党员，始终站在张甲洲、赵尚志一边，抵制省委"钦差大臣"吴福海的瞎指挥，把损失减少到最低限度，他们度过了那段"火烤胸前暖风吹背后寒"的艰苦岁月。

巴彦游击队解体后，陈维新接受组织安排到洼兴桥任校长，他以教书为掩护秘密从事抗日救国活动。1936年6月，赵尚志率抗联三军进驻蒙古山开辟"巴木东"根据地，特意请回陈维新到部队做宣传工作。1937年根据工作需要，把陈维新派回地方，从事地下情报工作。他先后在龙泉小学、王乡屯小学任校长，搜集日伪情报，购买生活物资支援抗联。1941年3月，伪县公署把他调到七马架小学任校长，他一如既往从事抗日救国活动。1943年3月，全县教师到西集开会，西集警察以找他接电话的名义，把陈维新从会场调到西集警察署，秘密逮捕，用汽车送到巴彦港上船，押解到哈尔滨上号监狱。任凭敌人毒刑拷打，陈维新坚贞不屈，不透露组织秘密。1943年6月，陈维新被刑讯至死。

1981年省民政厅为陈维新颁发了"革命烈士证书"，以示悼念。

第十二节　忠贞报国王吉云

日伪时期，王乡屯道南的小河旁，有一栋五间草房，就是王乡屯小学。有两个复式班，1—4年级，王吉云一直在这里任教，任校长。他曾参加巴彦抗日游击队，在指挥部任副官。后来他回到王乡屯小学秘密参加抗日救国会，为抗联搜集情报，购买生活物资。在1943年"五月大检举"中被捕，押送到哈尔滨上号监狱，刑讯至死，壮烈牺牲。

王吉云，字之岫，1894年生于龙泉镇王吉有屯，黑龙江政法大学毕业。1932年5月，他和陈维新一道骑着自家的马，挎着匣子枪，参加"七马架暴动"。在游击队里，王吉云和陈维新具体负责宣传工作，因为他是大学生，所以深受张甲洲、赵尚志的信任。他参加了攻打龙泉、占领巴彦、攻占东兴县城的战斗，得到张甲洲、赵尚志的器重。

王吉云在王乡屯创办具有民族特色的平民学校。当时伪县公署教育股，要求全面开设日语课，王吉云却说："日本话不用学，过了三年用不着。"他在学堂正门上挂孔子像，两边挂"岳飞、关公"像，学生每天都朝拜。教育部门要求学生到校开课前，到外面向天皇朝拜，诵读天皇诏书，然后面向西南向满洲皇帝朝拜，在这里全免了。

王吉云在学生中教唱岳飞的《满江红》《苏武牧羊》《渔光曲》等具有民族特色的爱国歌曲，教育学生："我们是中国人，是炎黄子孙，应爱我们自己的祖国。"

抗联十二支队交通员赵春霖常住在学校里，特别是冬天，赵春霖还把他的孩子送到小学读书，王吉云安排赵春霖住到办公室火炕上。据王吉云之子王乃昌回忆："我读书时亲眼见赵老修身体强壮、黑红脸膛、大眼睛、个头不高，炕上放一个小桌，摆上香炉，口里念叨什么我听不懂，大约一个月能来一趟，后来他侄儿赵冬玉来校读书，在学校吃住都是我父亲安排的。我俩一个班，相处很好，放学了一起玩。9岁那年（1937年）父亲叫我俩去东山找他伯父下山，我手拿鞭子，他拿根木棒上骆驼砬子山把赵老修找来了。我知道赵老修背走的盐、火柴等物品，都是我父亲托人从龙泉买来的，那时这些都是配给品，不随便卖。"

王吉云是被特务赵洪生检举的，赵洪生住在自卫团团长冷振江家，他利用苑德盯着王吉云，被捕前几天，苑德来到王家问："王校长到哪去了？什么时间回来？"王吉云是第二批被捕的，据王吉云之子王乃昌回忆："父亲是'巴木东'大检举被抓的，记得是农历三月的一天夜里，一群特务警察闯进我家，我当时只有14岁，恐怖害怕，听见洋刀声、汽车声、恐吓声，手电光乱照，满屋子警察特务，翻箱倒柜，把书扔了一地，给我父亲戴手铐、黑帽子，拥上汽车拉走了。到了1945年春天，雪化冰消，父亲的遗体被运回李佰顺屯，是老舅李廷贵，打长工的王福赶马爬犁走江套子，到道里监狱认领尸体运回。母亲给父亲洗脸，穿上毛哔叽长衫，怕别人盗墓，浇上豆油，用马爬犁拉到老屯，安葬在东山脚下。"

第十三节　"抗联粮仓"王魁

王魁是抗日救国会会员，他为支援抗联抗日救国做了大量的后勤工作，在"巴木东"大检举中被捕遇害，日本鬼子扬言："王魁家是抗联粮仓。"

1896年，王魁生于龙泉镇王乡屯。原籍河北昌黎县大王庄，咸丰年间祖辈"闯关东"来这里开荒占草。王魁少年时读过几年私塾，手笔相应写得一手好字。为人仗义，对亲戚朋友穷人都很关照，人称"王大善人"。

1932年5月，张甲洲率20多名黑龙江籍的北平大学生，回家乡镇东七马架组织抗日队伍。事前就到了王家告知王魁，王家和张家是老表亲，张甲洲的奶奶是王魁的姑奶，自然亲密。游击队开到姜家窑整训，乡亲们捐款买了两口肥猪，王久明将猪宰杀后，王魁派汪三爷和王彤前去慰问。王彤是王魁叔兄弟，吉林大学毕业，开始在巴彦省防军警备旅骑兵营当参谋。1931年11月同叔父王久丰营长、王久怀连长一同参加江桥抗战，他们都是王乡屯人。从姜家窑慰问回来，王彤决定带二弟王信、侄子王兴仁一同参加抗日游击队，临走时每人骑一匹好马，带一支匣枪、100发子弹去了姜家窑入伍，王彤在指挥部当参谋，王信当小队长，王兴仁当通讯员。在游击队里、政委李育才（即赵尚志）与王彤关系特好，两人谈得来。后来赵尚志几次到王魁家，住在老宅院，晚来早走，王魁自然热情接待。

1936年夏，赵尚志率第三军进驻蒙古山，派人找王魁给筹集子弹，王魁找二弟王志想办法，王志在辽阳屯当自卫团团长，他找附近村自卫团团长商量，每个团丁抽5发，共筹集2 400发子弹，送到骆驼砬子北沟指定地点。

山上玉皇庙是抗联三军交通站，交通员赵春霖经常与王魁联系，有时在屯里化缘的粮食也放到王家。王家种地上百垧，家有余粮，王家特意拴一个二马车，冬天二马爬犁给抗联送粮，群众都说："王家是抗联粮仓。"抗联用粮都经过赵老修前来通知，告诉用什么米，何时送到何地。王魁与抗联联系的暗语是："软粒""硬粒"，"软粒"是粮米油盐，"硬粒"是枪弹。每次给抗联送粮，王魁都让四弟王瑞赶车送去指定地点，不和来人见面。平时送小米、大碴子、豆油和食盐。腊月门子送白面、豆包、猪肉、粉条。粮食装小袋，豆油用小桶，粉条打小把，猪肉砍小块，半夜送到，鸡叫前回来。

1942年腊月里的一天，王魁准备了两袋白面、一袋大米、两角猪肉、20斤豆油、一袋黄米面、一袋豆包，分装后让王瑞赶车送到老地方，不料在回来的路上，碰上苑德、苑奎哥俩。他们在特务赵洪生的指使下，起早上山砍柴白天到龙泉市场去卖。他俩回来后把起早看见王老板子的事报告给"赵半拉子"。

"赵半拉子"即赵洪生，他潜伏在自卫团团长冷振江家，是巴彦陆警佐派来"蹲坑"的特务。在不到一年的时间里，赵特务到处收买"腿子"把龙泉山区一带20多名抗日救国会会员列入黑名单。

1943年5月25日，王乡屯开来一辆汽车，上面站满了日军和伪警察，直接包围了王家老宅，抓走了王魁，日伪军还扬言："王家是抗联粮仓。"当天在王乡屯同时被捕的还有小学校长王吉云，救国会会员侯殿云。

据敌伪档案记载："王魁，农民，给抗联送粮，1943年5月25日逮捕，同年6月28日死哈监。"据后来出来的人讲："王魁胳膊被打断了。"

第十四节 九死一生闫继哲

闫继哲是八路军驻天津办事处派遣黑龙江的地下情报员，后任龙南指挥部的特派员，再后参加了抗联三军十二支队，为抗日救国南征北战，九死一生，立下了不朽功勋。

建立情报站

闫继哲，1912年生于巴彦德祥乡万兴永屯。1931年在绥化师范学校毕业，分回巴彦兴让小学当教师。逐渐产生了反满抗日的思想，为此他广交朋友，在兴隆镇有不少磕头弟兄，其中有警察署的冯九德、徐德濂，三合木场的王梦久，街公所的范传恒、赵广文，甜菜公司的张维志，铁路的黄炳哲等。虽然职业不同，但都有一颗爱国心。

1939年经李时雨介绍，闫继哲与八路军驻天津办事处主任孟述先接上关系，正式参加情报工作。孟述先给他换上衣服，买件羔羊皮袄，化装成皮货商，单线与他联系。闫继哲受组织派遣回巴彦，在兴隆三合木场建立情报站，任站长，秘密搜集敌伪情报，并与抗联三军取得联系，为抗联密营运送粮食和军用物资。

1940年12月的一天晚上，兴隆警察王文斌给他送信说警察署要抓他，他连夜跑到绥化上火车来到天津，向办事处汇报，请求转移工作地点。可是孟述先说："组织决定还得回东北，不能离开敌战区。"闫继哲又回到黑龙江，住在克东表姐家。1941年夏，与抗联三军12支队接上关系，直接参加了抗联，活动在"巴木东"地区。

夜袭四间庙

1941年7月，抗联12支队决定：攻打四间庙，拔掉通往黑山密营的"钉子"。队长朴吉松率领20多名"双枪将"和两挺轻机枪走出密营，闫继哲家住四间庙东屯万兴永，地况熟悉，由他当向导。

四间庙是村公所驻地，设有警察署分所、自卫团，共有五六十条枪。晚11时找来一位群众叫赵文龙，他提供了一些详细情况，支队摸清了敌情，制定了行动计划。在闫继哲的带领下，分组越过了城壕，直奔警察所、自卫团院内。摸掉岗哨，敌人正在熟睡，战士们每屋只扔进两颗手榴弹，屋内顿时鬼哭狼嚎，战士们冲进屋里，警察和自卫团兵束手被擒。卸掉枪栓，朴吉松开始训话，叫他们看清形势，鬼子长不了，不要死心塌地给鬼子卖命，要支持抗联打鬼子，不要忘了自己是中国人。临走时把伪所长冯子明带到村外，教育一番放了回去。

十二支队来黄海屯吃完饭，隐藏在苞米地里。伪滨江省和巴彦的敌人闻讯十分震惊，急忙调集兵力前来"围剿"，在敌众我寡的情况下，支队丢下一些生活用品轻装撤退。当支队撤到一个高坡茔地时，日伪军从三面围上来，朴吉松命令把机枪架在坟包上，等敌人靠近再打。当距敌30米左右，两挺机枪、20多支长短枪一齐扫射，日伪军顿时倒下一片，其余的掉头往回跑。朴吉松说："走吧，敌人不会再追了。"支队从容撤走。

开辟敌后工作

1941年9月，经朴吉松介绍，闫继哲加入中国共产党，成为无产阶级先锋战士。北满抗联西征到海伦后，需要开辟敌后工作，建立交通站，为山里密营提供粮食等物资。第六、十二支队派于天放、闫继哲、李全、靳国峰等人，到各地发动群众，深入敌后支援抗联。闫继哲经过老黑山回到家乡，恢复了兴隆三合木场抗联交通站，联系人王梦久、冯九德。主要任务是大车进山拉木材时，给抗联密营捎运粮食、生活用品、军用物资。

从山里密营到交通站，路途艰难，又很危险。有一次，闫继哲从山里回来，日夜行走180里，路上没吃的就采野菜充饥，到呼兰石人城老冯家时已筋疲力尽。冯家是抗联交通站，冯九德侄子冯铭凯很可靠。闫继哲此行是与周云峰接关系，周云峰是老抗联，在洼兴地区活动，闫继哲把兴隆三合木场交通站移交给他。不料，周云峰到康金井被警察当"嫌疑犯"抓去了，闫继哲闻讯，找冯铭凯想办法，冯铭凯托叔伯哥哥冯名玺（冯名玺在康金当校长，家开杂货铺），冯校长用杂货铺的印章，打个"图书保"，将周云峰保释出来。

血染青松岭

1942年6月，十二支队转移到庆安青峰岭，三军参谋长许亨植要回地方去，想把工作安排一下。这天晚上，大家围坐在火堆旁开会，许亨植拿出一个小本子，把闫继哲、张瑞麟的地方关系都记了下去，闫继哲、张瑞麟觉得这样不好，说："许参谋长是不是用脑子记，不要往本上写。"许笑着说："连我你们还信不着吗？"许亨植当时是龙南指挥部负责人，北满省委委员，怎么能信不着呢！第三天朴吉松派王兆庆、陈祥护送。当晚许参谋长他们在少陵河宿营，第二天清晨，他们生火做饭时，敌人发现了炊烟，庆安警察大队国长有率一队伪军来袭击。战斗打响后，陈祥跑回来报告，朴吉松大惊，立即率队赶到现场，发现许亨植、王兆庆已经牺牲，许亨植的脑袋没了，他使用的大鱼眼匣枪、背包和那个小本子也不见了，肯定是被敌人搜去了。朴吉松急派交通员把许亨植牺牲的情况向抗联三军政委金策报告。金策急忙赶来，把六支队和十二支队全体指战员召集到东兴山里开会，决定把以前的地方关系全部放掉，不能再联系，因为关系名册已落到敌人手里。

同年10月，金策又作了新的部署：一部分由于天放率领转战庆安、铁力地区；一部分由张瑞麟率领在木兰、东兴一带活动；朴吉松带一部分武装在巴彦、庆安山区活动。闫继哲、周云峰潜入地方在哈北一带发动群众。联系的办法：周云峰把工作情况报给闫继哲，闫继哲再转告朴吉松，朴吉松再汇报给金策。闫继哲潜伏地只有朴吉松、金策知道。临行前金策打开一个小包袱说："这有点资金，是打肇源小城子缴获的，就这么点了，你们拿去用吧！"大概有七八个金镏子、2副金镯子，还有400多份大烟，就是闫继哲、周云峰二人的活动经费。

被捕入狱

初冬时节，闫继哲走出老黑山，刚走到白明贵屯附近，迎面走来两个巡逻的伪军，说啥也不让过，非要到团部检查。这时天色已晚，在死逼无奈情况，闫继哲掏出手枪"啪啪"两枪把这两个伪兵打倒，然后迅速跑进谷地，趁夜脱身了。

泥河车站附近李碗铺屯，是抗联交通站，甲长李彦荣以伪职员身份为掩护为抗联做交通工作。闫继哲来后，化名姜有贵，潜伏在兴隆、绥化一带开展活动。此时局势很紧张，白色恐怖日益严重，李景荫来了，要去长春做国际情况工作，闫继哲派交通员白光久护送他。白光久60多岁，当过巴彦女高校长，解放后闫继哲在绥化当县长，特请他去当教育科长。他把李景荫安全送到新京，但没接上关系，又把他带回李碗铺。

1943年农历正月二十，周云峰通过弟弟闫子良找到闫继哲，说李玉廷安排他在哈尔滨道外开个豆腐坊，如果这里待不了，可到那里去。当时闫继哲没有觉察到，认为周云峰是老抗联不会变节，所以上了当。晚上周云峰说豆腐坊缺资金，经济上有困难，闫继哲发了善心，说这还有点金子，你拿去吧，没想到这点经费让叛徒骗去了。第二天周云峰回哈尔滨特务机关领赏去了，特务机关立即派人来抓捕。中午时，屯里来了两辆马车，车上人穿杂牌服装，说来催出荷粮的。闫继哲一见不妙，便想从屋里溜出，可叛徒倪景阳、张玉峰认识他，刚到院子里就被抓住，问他姓啥。闫说姓姜来借东西的，倪景阳说："你不姓闫吗？"说着把他拉到碾房戴上手铐。李全在屋也被抓住，倪景阳又问："李景荫呢？"闫继哲闻听此言，忽然脑袋清醒了，知道出了叛徒，并联想到周云峰。李景荫很幸运，早饭后去西屯办事去了，在西屯听许三说："李甲长家来了二车抓走人了。"他便钻进草垛藏起来。下午特务们把闫继哲、李全带到万发火车站，押送到哈尔滨警察局特务分局，关在地下室。第二天放风时，闫继哲在过道见到周云峰，他穿的衣服很像样，闫继哲踢他一脚，他不好意思地丢一眼闫继哲，浮现一种羞愧的神情，闫继哲明白了，是周云峰出卖了他。

闫继哲在狱中想了很多：一是周云峰叛变，二是许亨植带的地下人员名单落入敌手，日军掌握情况很多，不好对付。第二天开始审讯，日军没露面，而是利用周云峰、倪景阳进行诱降，开始劝说："老闫，只要你答应两个条件，我们向日本人说情，你就可以自由了。一是把你下山时带的那支手枪交出来；二是写份自省书。"闫继哲回答："枪呢，我藏起来了，你们想要，就自己去取，我告诉你们地方，自省材料我不写。"看似闫继哲答应了一个条件，他认定，交枪就是投降。邢家店交通员孙连发死了，老闫说把枪交给他了。鬼子去了几次当然无法找到，人死无对证，为此日军对他严刑拷打，都无济于事。过了几天，换了一个叫重见筹一的日本法官，来施软招，请闫继哲说话，劝其投降，说："周云峰、李全都出去了，就剩你了。"软磨了一个礼拜，啥也没得到。又使一招："放了你，金策能不能找你接关系？"闫继哲回道："放了我可以，金策的关系我不知道。"又问其他抗联领导人在哪，闫继哲当然不能说。敌人又把闫继哲的弟弟闫子良、内弟邓少忠抓来也没问出啥。最后把闫继哲的妻子抓来，还抱着小孩，妄图用夫妻情施攻心战术，也没有得逞。闫继哲啥也不说，啥也不写，最后干脆拒绝，敌人无计可施。

监狱里的生活最苦，每天两顿饭，每顿是一碗高粱米粥加一块咸菜条子，吃不饱也饿不死，每隔一两个月换一次监室。1944年秋，把闫继哲换到孔庆尧隔壁监室，闫继哲把间墙抠个洞，他俩能说话，商定越狱，"反正是个死，和敌人拼了。"那天放风，闫继哲拧下一个水龙头，当时没水，半夜哗哗地跑水了，气坏了看守，他们挨屋搜查也没找到，叫他塞到地板缝里了。

当年10月，因"巴木东"大检举，大批抓人。日军把一般"政治犯"处理了，有的判刑，有的释放。闫继哲等要犯，送到道里监狱，又派来奸细劝说："你现在写自首书还赶趟，等到法院就晚了。"闫继哲早把生死置之度外，没有理他，终于送到法院，1945年4月30日，闫继哲被判处死刑。

道里监狱位于道里江沿，刑场就在院里，执行时间是下午2时至4时半，处决方法叫"犯人"坐在装有滑车的木桩前，把绳锁套在脖子上，摇滑车，逐渐勒紧，窒息而死，非常残忍。闫继哲和赵明武被关在12号监室。8月9日，苏联对日宣战，在南岗扔下几颗炸弹，吓坏了日军。8月14日，日军要把所有的"政治犯"全部处死。这天下午2时，就"收科"了（收科是要处决犯人，把所有的散乱杂人关在一个大屋，不让别人看）。不一会儿来了几个持枪的日本兵，关所长喊了一声："孙国栋！你的官司打喜兴了！"这是白话，意思是说：你的官司输了，送你上刑场。

孙国栋当然明白，答应一声："好，你等着。"他穿着衣服，走出监室郑重向战友宣布：

"我是抗联三军大队长孙国栋！"接着又讲了几句："小鬼子快完蛋了，你们要坚持下去。"接着喊出："打倒日本帝国主义！中国共产党万岁！"的口号，泰然地走上刑场，他告诉日军："你们的末日就要到了！"

下一个该执刑的就是闫继哲。他做好准备不能装熊，要像孙国栋一样。不料到刑场后，刽子手郭天宝"罢工"了，他看清了形势，日本侵略者真要完蛋了，得考虑后果。勒死一个人，日军给他5元钱。他说："我勒了多少年人了，今天不勒了，给多少钱也不干。"日军急了，用刀背砍他。孙国栋说："你勒吧，这不是你的问题，但有一条，你不能让我遭罪。"意思是让他快点，别零遭罪。郭天保这才执行。因郭天保"罢工"，耽误了时间，处死孙国栋后，时间到了4点，再没往下执刑，闫继哲捡了条命。

第二天是日本无条件投降，中午12点监狱里的中国人挂上了青天白日旗——日本投降了，可是日军不放人，满街的中国人都在欢庆胜利，鞭炮齐鸣，日军吓坏了，一直拖到下午4点，检察院送来个字条，让监狱放人。看守说："有啥东西都带着，释放你们。"闫继哲说："没啥，有啥也不要了。"不料当他们走了监狱大门，又把他们押回来，关进一个大号里，说字条无效，就一个人钻进人群跑了。原来是检察官开的，日本人不知道。16日晚9时多，来一群持枪的日军，可能要集体屠杀他们。但日军监狱长不给开门，说谁来了也不让进，言称要把这些"政治犯"交给中国人，意思是他要主动赎罪。

17日10时来了个检察长在会议室开会，他说："我姓张，南岗检察院检察长，亲自放你们出去。你们都是有功人员啦！出狱后有什么困难可以提出来。"

闫继哲提出要安葬孙国栋，找他的尸体，但没有找到。出狱后，闫继哲、于兰阁、杜希刚、赵文武、李景山、刘文祥6人谁都不回家，组成一个抗联小队，选闫继哲当党小组长，去道外第四宪兵队，要来2支手枪、60发子弹。19日，苏联红军进驻哈尔滨，市民夹道欢迎，鲜花把坦克都盖上了。

这时延安工作队到达哈尔滨，闫继哲主动联系，认识了工作队的高云梯，他后来任省文化局长。从此，他们找到了组织，参加了接收伪政权工作，后来组织派闫继哲去绥化当县长，开始了新的革命生涯。

第十五节　骗敌解围于贵水

于贵水是黑山后山北村交通站交通员。1876年生于黑山后，于贵水自小身强体壮，胆大心细而且敢想敢干。有一年冬天，一只老虎钻进牛棚咬老牛，吓得老牛"哞哞"乱叫。于贵水听到牛叫声，拎着铡刀冲上去，砍跑了老虎，救了老牛。人们听说，称他胆大"愣实"，并送外号"于老彪子"。

1942年7月21日，抗联十二支队在队长朴吉松的率领下，袭击了四间庙村的警察署分所和自卫团。第二天撤到山北村时，被来自绥化、巴彦警备队、自卫团1 000多敌人包围。敌人又组织群众"拉大网"挨片地搜查，还有棒子队占道，几米远一人，看来十二支队插翅难逃。

抗联二十支队只有20多人，每人一支大枪、一支手枪，还有两挺轻机枪，装备不错，但敌众我寡。队长朴吉松和大队长鈕景芳商量出一个退敌办法，叫闫继哲进村找甲长商量，大家隐蔽在于老彪子家苞米地里。

闫继哲是本地人，熟悉情况。此时碰巧董粉坊李广贵家老牛倌进地割草，闫继哲请牛倌带路找甲长吕丰年。吕丰年家住张家臣屯，闫继哲言称："抗联要在这里同鬼子打仗，周围的张家臣屯、董粉坊、于老彪子屯都要毁掉，要想避免这场战斗，甲长必须出面向鬼子保证，说这里没有红军，骗走敌人。"这是关系民众生死存亡的大事，吕甲长不敢作主，得找董粉坊有威望的李广贵、于老彪子商量。三人到齐后，听明白了闫继哲的来意。于老彪子胆大气粗地说："不用怕，先叫伙计给隐藏在地里抗联战士送去半口袋豆包和一大壶水，然后商量退敌之策。"三个屯子的老百姓联名写保证书，称他们没有搜到红军，以后发现一定及时报告，并发誓用脑袋担保。这个办法还真奏效，果然把敌人骗走了。

敌人撤走后，于贵水打开杂货铺，给抗联拿了许多衣物、食品，人人有份。夜里于贵水派侄子于文明、于文忠给抗联带路，把十二支队送到回黑山口的杨立平屯。于贵水支援抗联，日军有所觉察，曾把他抓起来两次，任凭敌人毒刑拷打，他死不承认，后经疏通花钱赎了出来。

1943年4月13日，在"巴木东"大检举中，于贵水再次被捕，直接关押到哈尔滨上号监狱。敌伪档案记载："于贵水，67岁，农民武装队中队长，捐现款，1943年5月判刑，死在哈尔滨监狱。"

2005年，哈尔滨市政府追认于贵水为革命烈士，向家属颁发了"革命烈士证书"，以表怀念之情。

第十六节　舍家纾难李廷祥

李廷祥，生于1896年，自幼聪明，性格倔强，父母送到龙泉街读了四年私塾，不到20岁就帮父亲管理家业，李家家族兴旺，土地越来越多，民国初年又开了个酒坊，光雇长工每年20多人，农忙时再添短工，家拴四辆马车、20多头耕牛，建起四合院。

1932年4月，张甲洲回家乡组织抗日队伍，张家油坊距李佰顺只隔6里，邻村相望。当张甲洲和七马架侯振邦来家宣传抗日救国，李廷祥受到很大震动。张甲洲在北平念大书，前途无量，能豁出命来抗日救国，都是中国人怎能甘心当亡国奴。他表示："孩子还小，家离不开，我可以出钱、出力、出粮，支持你们打鬼子，赶走了小日本才有好日子过。"

5月末，巴彦抗日游击队驻扎在姜家窑，姜镇藩负责为部队筹集粮草，李廷祥与姜镇藩是磕头弟兄，只要姜镇藩有话，李廷祥言听计从。李廷祥多次带长子李长富往姜家窑送粮食马草，整个部队粮草全靠山边几个屯大户供给，除姜家外，还有王吉有屯王吉有、李佰顺屯李廷祥、王乡屯王魁、杜家岗屯董景芳等。

1932年7月，巴彦抗日游击队第一次西征，正逢少陵河涨大水，河对岸有自卫团把守。李廷祥组织李氏家族的兄弟子侄和袁家屯的老百姓连夜钉了十几个木头筏子，半夜时分战马泅渡，战士乘木筏，冲过河去打垮了自卫团，七八天后西征归来，全部变成了马队，部队也由300多人发展到600多人，李廷祥摆宴席庆祝西征凯旋的将士。

1932年10月末，巴彦游击队发展到800多人。指挥部联合"绿林好"匪队要去打东兴县，部队提前一天开到李佰顺屯。

李廷祥全村总动员，帮助部队安排食宿，年青子侄们帮助铡草喂马，妇女们为战士们准备饭食，一直忙到半夜。第二天早上部队提前用饭，冒着小雪骑上战马向东兴开拔。

1936年以后，李廷祥率子侄到东山里开荒种地，接触了抗联三军地下交通员在骆驼砬子出家的"赵老修"（即赵春霖），通过赵老修的引导，他和长子长富秘密参加了以姜镇藩为会长的抗日救国会，并负责在双山村发展救国会会员，建立农民武装。挂锄后他回到村里，秘密动员钱小山屯的索子臣（绰号"索炮"，曾参加巴彦游击队），袁家屯的袁海山，五间房的刘振才，冯大晃屯刘和，冯有屯的张玉清，本屯的杨春荣、于富参加救国会，加入农民武装队，秘密为抗联送粮、送情报，参加抗日救国活动。

每次赵老修来家，李廷祥都让儿子在大门外放哨，把东屋关得严严实实的。有一次赵老修又来了，外面下起雨来，李廷祥告诉老伴做饭，三人（包括长子长富）一直在东屋谈着，饭好了，老伴开门招呼吃饭，看到李廷祥一拳砸向桌面吼道："不把小日本打出去，我誓不为人！"老伴吓坏了。晚上老伴劝道："这可是掉脑袋的事呀！你们爷俩要有个好歹，这个家怎么办？"李廷祥平静地回答："国都没了，哪还有家呀！等赶跑了小日本，咱再重建家园。"

为了给抗联准备足够的粮食，购买药品和生活物资，他还想办法购买枪支弹药送给抗联。李廷祥给抗联送粮多次，每年都送，只要姜镇藩来信，他一定想办法送到，从不耽误。购买药品和生活物资需用现金，李廷祥先后卖掉部分土地、车马，把家中值钱的东西先后卖掉，为抗联购买枪支弹药，通过赵老修交送抗联部队。由于李廷祥、李长富一门心思从事抗日救国活动，李家的家业逐步衰落，大家只得分了。分家后李廷祥父子仍坚持参加抗日活动，到了土改，李家已沦落成贫农，李家好一点的是中农，为了抗日救国，李廷祥把家业都舍弃了。

1943年春节过后，李廷祥、李长富父子用二马爬犁给抗联送去两袋小米、一口袋豆包，送到老爷岭卧牛石旁就回来了。当天晚上刚要躺下听到有汽车声，他呼地爬起来，告诉二儿子长弼，如果我出事，把北大沟泉眼下边有些粮食想办法送给抗联。这时一群伪警察在甲长徐国富的指认下闯进屋来，给李廷祥、李长富戴上手铐，戴上黑帽子，推上汽车拉走了，再也没有回来。

据敌伪档案记载：李廷祥，47岁，组织救国会、义勇军，判无期。

第十七节　伤员救星初少年

初少年，1908年生于巴彦山后乡山北村，是北平读书的大学生。1932年5月响应中国共产党"打回老家去"的号召，参加张甲洲组织的巴彦抗日游击队。1933年1月，巴彦抗日游击队解散队伍，分散潜伏，转入地下，从事情报工作。

1941年10月，三军六支队政委于天放和十二支队队长朴吉松率队联合袭击庆安大罗镇后，进入巴彦老黑山，在山后山北村高什长屯休整3天。于天放和机枪班夜宿在初少年家，他和初少年、高希文曾一同在齐齐哈尔读中学，后一同去北平读大学，又一同回老家抗日救国，是同学加战友，一见面分外亲热，有说不完的话。临别前于天放交给初少年不少缴获的伪币，要他为抗联购买药品。从此初少年多次为老金沟野战医院送药，十天半月不回家。

老金沟野战医院，位于铁力东北部的深山老林里，这里山高林密，河流纵横，是晚清民国初期流民采金、种大烟的地方，也是土匪老窝，到处都有"饸子"（窝棚），遗弃的撂荒地。1940年，抗联三军从下江西征到达海伦地区，就在老金沟安营扎寨，驻兵屯垦生产粮食和蔬菜。那时老金沟是北满抗日指挥中心，省委机关和西北指挥部的所在地。野战医院和被服厂设在一起，女战士既是战斗员和是护理员，又是被服厂工人。房屋很简陋，有3间的、5间的，南面有窗户，都是房山开门。

被服厂的设备也很简单，只有3台苏制手摇缝纫机，女战士有李兆麟将军夫人金伯文、朴吉松的夫人金立顺、隋团长妻子金玉坤，还有朴英善、邢德范、李淑珍、李桂芝。医院院长侯启刚，医生刘善魁、董长山、老王头。伤员有20多人，年龄最小的17岁叫卢连峰，是隋团长的警卫员。

初少年每次进山送药都要步行走两天，中途在四块石的山洞里住一宿，第二天才能走到野战医院。医院经常是缺医少药，有时病号多了，医院和伤员都盼望着早日收到治伤的药品，送到的药品能解生命之危。所以初少年每次送药来非常受大家的欢迎，看见他一脸的疲惫，背着几十斤的药品，都迎上前去连声说："可把你盼来了！"医生刘德善是通河凤山人，称初少年是"老乡"，并称赞他是伤员的"救星"。因为这项任务辛苦不说，一路上真要让敌人查到还能活命吗？

1943年5月，日军制造一起骇人听闻的"巴木东事件"，初少年在这次检举中被捕，本村被捕的还有农民武装中队长于贵水，抗日救国会副会长王根海，会员吴凤春、李成祥，都关押在哈尔滨上号监狱，无一生还。

敌伪档案记载：初少年，35岁，农民，巴彦人抗联6支队队员，1943年4月30日逮捕，判处死刑。

第十八节　地下交通唐惠民

　　唐惠民，同鑫浴池交通站交通员。他先后在呼兰和兴隆以开浴池作掩护搜集敌伪情报，购买药品送给抗联野战医院，接待抗联过往人员，为抗日救国立下不朽功勋。

　　唐惠民又名唐治邦，1895年生，理发员出身，原籍河北宝坻县大唐庄。日伪时期，他在呼兰合资开"同海泉浴池"。原抗联三军野战医院院长张险涛，转入地下在呼兰城内，以开健康中医诊所为名，开展地下活动。他的康健诊所与同海泉浴池隔道对门，张险涛时常邀请唐惠民过去打牌，真实意图是培养他参加抗日救国活动。天长日久，二人成为朋友，唐家看病不花钱，张家洗澡也免费。张险涛介绍唐惠民参加抗日救国会，后又发展他加入中国共产党。

　　伪警察署马署长常来同海泉洗澡，唐惠民不但不收费，还常买烧鸡加一瓶二锅头，与之饮酒畅谈，久而久之两人成为朋友，无话不说。后来呼兰抗日救国会成立一支"打狗队"，专门收拾汉奸走狗。开始打狗队缺少武器，唐惠民回老家，卖掉10亩地，买回10多支枪，将"打狗队"武装起来。1937年4月的一天，呼兰警务科4个特务，在家同一天被杀，警察署也闯进一伙人，把值班警察全部缴械，并加以教训，言称："秋后算账，谁再帮虎吃食欺压百姓，定杀不饶！""打狗队"为民除害，到"同海泉"以洗澡为名庆贺胜利，警察狗子到饭店大吃大喝，庆幸拣了一条狗命。1937年在"四一五"事件中，中共哈尔滨市委和呼兰、双城、阿城与呼海路的党组织同时遭到破坏，许多人被捕，唐惠民也在其中，他被关进哈尔滨警务厅监狱10多天，后来马署长去找日本人，说唐惠民是他的好朋友，大大良民，他敢用脑袋担保，保了出去化险为夷。

唐惠民出狱后，举家迁移，回到巴彦兴隆镇，仍以开浴池为业，维持生计。后来与抗联三军特派员闫继哲接上关系，在兴隆镇从事抗日救国活动。浴池起名"同鑫浴池"，谐"同心协力，共同抗日"之意。

1943年3月，在"巴木东"事件中，唐惠民、冯九德先后被捕，关押在哈尔滨上号监狱，刑讯至重伤绝食而死，为抗日救国献出宝贵生命。2005年，哈尔滨市人民政府追认他为革命烈士，向家属颁发了"革命烈士证书"以示悼念。

血沃兴安肥劲草，寒凝黑土蕴春华。

英雄的巴彦儿女，在十四年的抗日斗争中，为拯救中华民族的危亡，面对穷凶极恶的日本帝国主义，挺身而出，紧紧跟着中国共产党抗日救国。他们舍生忘死，支援抗战，前赴后继，参加战斗。经过艰苦卓绝的斗争，付出了巨大的牺牲，用生命和热血谱写了中华民族反抗外寇侵略史上的壮丽篇章。终于迎来了日本侵略者无条件投降，让我们和子孙后代永远铭记"1945年8月15日"中国抗日战争取得全面胜利的这一天！它向全世界宣告：具有敢于斗争、不怕牺牲的中华民族和光荣革命斗争传统的中国人民是永远不可战胜的。

第四编 ★ 解放战争中建立巩固根据地

第一章　建立民主政权

第一节　抗日战争胜利后的新形势

1945年8月15日，日本天皇宣布无条件投降。中国人民艰苦卓绝的抗日战争取得了最后的胜利，沦陷十四年的东北地区回到了祖国的怀抱，同时也宣告了由日本扶植起来的伪满洲国的垮台，巴彦人民和东北人民一道欢庆胜利。大好的形势并没有让中国共产党冲昏头脑，中国共产党清醒地认识到，虽然日本军国主义宣布了无条件投降，十四年的侵略迫害、奴役，饱受战争灾难的革命老区，残留的敌伪势力仍很猖獗。国民党反动派利用伪满的残渣余孽与地方土匪武装，以封官晋爵等手段，为其接收东北政权服务。中国共产党代表着广大人民群众的根本利益，必须保持清醒的头脑，坚持坚定的目标，为中国革命在全国胜利和人民的彻底解放，使东北人民再不受战争戕害，必须同国民党反动派进行坚决的斗争。巴彦革命老区的党组织和广大人民群众，根据党中央决定的建立巩固东北根据地、"向北发展，向南防御"、"发展东北我之力量并争取控制东北"的方针，建立一个由中国共产党领导的、以马克思主义为指导的、人民大众当家作主的新民主主义国家，确定了中国人民应选择的正确道路。随之党的大批干部和八路军、新四军指战员挺进东北根据地，巴彦革命老区党组织根据党中央和东北局的指示要求，面对两种命运的选择、两个前途的尖锐复杂斗争，老区人民必须在中国共产党的领导下同国民党反动派进行一场殊死的搏斗，争取东北斗争的胜利，这是关系到中国革命斗争胜负的关键，也是两种命运的决战。

为了保卫胜利果实，巴彦党组织坚决贯彻东北局提出的方针，为巩固新生政权，巩固扩大东北根据地，深入群众发动群众，组织参加党的地方武装，消灭敌伪残余势力。进行土地改革，恢复发展经济，开展大生产运动，建设家园。各级政府积极组织人力、物力、财力支援解放战争。广大翻身农民踊跃参军参战，积极参加解放战争前线的战勤工作，组织群众开展拥军优属，鼓励前方战士英勇杀敌，荣立战功。在后方，全县广大妇女做军鞋、晒干菜、缝棉衣，用实际行动支援解放战争。

第二节　同国民党敌伪特务汉奸匪霸的斗争

巴彦县人民政府刚刚成立，国民党和蒋家王朝的死党迫不及待地网罗日伪残余同我党争夺政权。因当时抗日联军、八路军、新四军已先期进入东北地区，对于保卫新生的人民政权，起着决定性的作用。所以国民党特务组织派遣了许多"中统""军统"特工人员到处建立活动据点，散布谣言，组织暴动，策划暗杀，破坏社会治安，巴彦县人民政府经受着血与火的考验。情况复杂斗争激烈，但是这一切难不倒新生的人民政权，要想使政权得到巩固、人民大众的利益不受侵害、稳定社会局势，消灭日伪残余、国民党特务、汉奸匪霸的斗争迅速展开。

依法处决大汉奸迟克勋

新生的政权刚刚诞生，敌我双方的力量处于对峙态势，但党和人民政府牢牢地把握着斗争的主动权，依靠群众，发动群众，一次次有效地打击了敌人，挫败了敌人妄图夺取政权气势。当时臭名昭著的日伪大汉奸迟克勋，罪恶累累，民愤极大。1932年，迟克勋担任日伪协和会会长时，利用手中的权力，伙同日本"讨伐"队，伪清乡队下乡"扫荡"，搜集情报，攻打抗日联军，抓捕反满抗日爱国人士，死心塌地效忠日本侵略者。宣传"王道乐土""日满亲善"，还参与了日本特务机关制造的骇人听闻的"巴木东惨案"。他以协和会的名义，组织各方绅商在县公园为日本参事官石井贯一树立"德政碑"。解放后，他还组织成立了"地方治安维持会"，并任副会长，趁机抢夺敌伪政权遗留下来的大量物资，中饱私囊。新政权建立后，他伙同一些反动分子散布国民党中央军要打过来的谣言恐吓群众。这样一个祸国殃民的铁杆汉奸，不杀难平民愤。1945年11月，在公安机关掌握了迟克勋大量罪证材料后，在县政府东侧，原女子国民高等学校体育场，召开上万人参加的审判大会，王兴华县长当场宣布判处大汉奸迟克勋死刑的决定。迟克勋被处决，威慑打击了与人民为敌的反动势力，大快人心，激发了全县人民掌握政权、巩固保卫政权的决心和热情，社会局势得以稳定。

粉碎"五月反革命暴动"

粉碎五月反革命暴动是建立和巩固东北根据地的一场较量。巴彦人民在共产党的领导下，团结战斗，取得了争夺与反争夺斗争的最后胜利，充分证明由共产党组织的人民武装不可战胜。

1946年春，四平、长春的国民党军队，在东北保安司令杜聿明的指挥下，进犯陶赖昭以北地带，并将北渡松花江，直逼哈尔滨，形势十分严峻。为保证党组织的安全，保存斗争实力，采取了紧急措施，进行战略转移，将哈北专员公署、哈北军区司令部全部移至巴彦县城。当时潜伏在哈尔滨的国民党军统特务，陆军新编第二十七军军长姜鹏飞，为配合东北保安司令部的行动，指挥军统特务新编二十七军八十师师长刘景山，潜伏在巴彦县西集镇西韩家沟子屯，作为地下建军的秘密据点，又在县城、松花江、永发、龙泉、西集等地，暗中筹集人马，发展队伍，扩充实力，开始了"地下建军"。刘景山手持"责任状"、拉拢委托伪满巴彦警察署长、"治安维持会"的治安队长关庆山，以及反动的地主武装100多人，作为武装暴动的军事力量。还拉拢打入新生政权内部的伪满留用人员沈绍起、于华文，国民党员韩玉峰、王玺权等9人做内应。搜集人民政府政治、经济、军事情报，密谋发动反革命暴乱，成立暴动组织，偷绘巴彦县人民政府内部地图、标志、县党政领导办公、食宿地点、集会场所，窃听机密，偷取文件以及监视领导干部。这伙反动分子，不仅密谋策划了详细的暴动方案，而且还从县政府内盗走步枪、子弹、手榴弹等武器，还规定用"天、地、神、人"为行动口令和暗号。他们的目的就是暗杀党政领导、攻打公安局和独立营新兵连，摧毁新生的人民政权，打垮人民武装。这个反动组织密谋于5月19日深夜为发起暴动时间，史称"五月反革命暴动"。正当反革命分子积极策划时，他们的行动早已被人民政府侦悉。为了不打草惊蛇，时任公安局长的李福采取了三项果断措施，一是确定专人秘密监视军统特务，随时掌握他们的动向；二是对可能参加暴动的伪职人员分别由县政府党员干部率领下乡做战勤工作；三是县政府明文布告，宣布国民党是非法组织。三项措施有效地打击了反动势力，鼓舞了广大群众的斗志。巴彦县这次镇压反革命暴动，是巴彦建立和巩固新生政权后取得的关键性、决定性的胜利，不仅肃清了敌伪残余，镇压了反革命势力，抵御了国民党的进攻，而且对整个哈北地区产生了积极的影响。广大干部和群众在斗争中深刻地认识到，只有在共产党的领导下，建立人民自己的政权，发展自己的武装力量，才能壮大自己，打击敌人，巩固政权。

第三节　民主政权的建设

1945年11月6日，新的巴彦县人民政府正式宣告成立，王兴华任首任县长，张英任副县长，政府各工作机构充实加强了力量。人民政府成立后，第一张布告很快与全县人民见面，郑重地宣布了党和政府的施政纲领，提出党和政府的干部要全心全意为人民服务的主张，巴彦县人民政府的成立，人民欢欣鼓舞，真正盼来了代表劳苦大众利益的新政权，巴彦从此开始步入一个新的历史时期。

为了搞好这次民主建政工作，巴彦县委经过试点后，抽调了大批干部，组成了民建工作队，集中学习领会民主建政文件精神，明确建政工作的意义和方法，经过短期培训后，奔赴农村进行全面的建政工作。在统一思想认识的基础上，群众确定公民权，村干部由公民选举产生，实行广泛的民主，保证人民选举权利。农村以村屯、城镇以街道为确定公民权的基层单位。凡是年满18周岁的男女健康人，经个人自报、群众评论、组织批准、授予公民权，并张榜公布，凡是获得公民权的群众都有权参加选举。当时全县够公民权条件的人数为181 036人，其中妇女82 744人，占全县总人数的45.7%；授予公民权的人数168 786人，其中妇女76 850人，占够条件人数的44.9%，占全县总人口数的42.4%。公民权确定以后，以原土改时农会为单位拟定村（街）政府干部候选人，组织有公民权的群众参加选举。

巴彦县由于认真贯彻党的群众路线，在民主建政中充分发动群众，广泛地实行民主政治，使这次有史以来民主建政工作得到了圆满成功，真正体现了人民群众参政议政的伟大历史意义。这次建政全县包括革命老区乡镇在内共建立村级政权129个，街19个。建政后的广大农村到处呈现生机勃勃的新气象。广大农民当家做了主人，他们在党和政府的领导下，认真贯彻发展农业的方针，执行"自愿互利"的换工原则，组织各种形式的互助组，掀起轰轰烈烈的农业大生产运动。农村经济逐渐得以恢复和发展，农民的生活得到了相应的改善，农村的民、财、建、教等各项工作，也在民主建政后得到很大的发展。

第四节　扩大人民武装　全面开展剿匪斗争

一、巴彦人民自卫军的建立

抗日战争胜利后，我党在摧毁敌伪政权与国民党争夺东北的斗争中，党中央先后派大批干部进入东北地区，在建党建政的同时，抓住有利时机，发展人民武装力量，这是党开展工作保卫和巩固政权的主要手段。巴彦人民在解放初期动荡的政治斗争中，逐步认识到，只有建立人民自己的武装，才能保卫新生的人民政权。

解放后巴彦县人民武装的建立工作，是由随苏联红军一起来巴彦开辟工作的单立志、张祥、李福等抗联干部，于1945年10月下旬，组织和发动以青年学生及手工业工人为主体的人民武装力量，成立了人民自卫军。

二、五次战斗

1.收复石河镇

木兰县的石河镇（屯名石头河子，位于巴彦、木兰两县的交界处），是敌人进犯巴彦县城的前沿阵地，他们在这里积极布阵，因是冬季把城墙都泼上了井水，使之成为冰墙很难攀登，妄图阻止人民军队接收。

1945年11月下旬，哈北军分区调集了呼兰人民自卫军第四团、巴彦五团、朝鲜大队、军分区警卫营和炮兵连，组成战斗部队。指挥员有军分区参谋长王正平、四团长谢学楼、五团长张祥、政委单立志以及营长陶登甫、王必恩等。指挥所设在石河镇背后的高地上，重武器有迫击炮2门、九二式重机枪1挺。四团从南、东两面突击，五团从西、北两面进攻，原定在拂晓前突破敌阵，全歼守城之敌。可是发起突击之后，因是"冰城"，冲不上去，当时部队新组建大多是新兵没有战斗经验，所以首次战斗受挫。天亮时战斗更加艰苦，冲不上去，又撤不下来，被敌人的火力压住，坚持打了一个白天，有的战士冻伤了，有的负伤了，但没有人下火线。当天下午3时左右，从东门出来一个敌兵跑向木兰求救兵，黄昏后敌人突围逃跑了，我军也撤出了阵地。

战斗结束后，王正平认为我方主要犯了轻敌错误。是在没有充分准备的情况下，就认为胜利在握，因而盲目上阵，结果不但没有消灭敌人，反而使自己的伤亡很大。特别是几名关内来的老干部和战士牺牲了，令人痛心。

正在此时被巴彦新收编的原洼兴伪满警察署长、地方维持会保安队队长关庆山率队叛变。1946年1月12日，经过短时间的休整后，战斗部队集中500多人的兵力，在三五九旅的配合下，第二次攻打石头河子。拂晓战斗打响，在强大火力的攻击下，敌人弃城仓皇逃命，纷纷退到柳河和木兰县城，第二次攻打石头河子取得胜利。

2.攻打洼兴桥消灭土匪关庆山

土匪关庆山在石头河子战败后，便集合残部进攻巴彦东北小镇洼兴桥，司令员张祥接到洼兴桥方面的情报，立即带领自卫军攻打洼兴桥，在强大火力的攻击下，内外夹击，打的关庆山一伙走投无路，举手投降。

3.收复木兰县城

石头河子战斗后，一部分残匪逃到木兰县城据守。李华堂的骑兵500多人，通河县的高铭山匪帮90多人也到木兰增援。土匪们在木兰城壕上架设三道铁丝网，并强迫老百姓日夜不停地往外城壕上浇水，城壕上冻成厚厚的冰，修成坚固的工事，企图负隅顽抗。1946年1月25日，我军集中三五九旅一部、独立二师一团、从宾县调来的七团及巴彦人民自卫军五团的全部兵力，在收复柳石和吴家岗后，将部队集结到木兰城西和城北，包围了木兰县城。夜半时分发起总攻，猛烈的炮火把冰冻的城墙打开缺口，战士们奋勇攻城，经过3个小时的激战，收复了木兰县城。

4.元宝岗子阻击战

木兰收复后，这伙残匪不甘心自己的失败，还要做最后的垂死挣扎，伪五县联合保安司令高铭三派人化装潜入哈尔滨，向准备接收合江省政府主席的关汉涛请命，企图占据哈尔滨。我方获悉后，立即以呼兰为前沿阵地，增兵设卡，把巴彦人民自卫军五团驻扎在呼兰城北35里远的主要道口，哈北办事处警卫大队两个排的兵力驻守呼兰东北元宝岗子，呼兰人民军四团驻守呼兰河口。2月16日，高铭三纠集巴彦、木兰、东兴、铁力等地土匪千余人准备进攻哈尔滨，当走到呼兰东北元宝岗子时遭到我军伏击，巴彦人民自卫军五团、呼兰人民军四团前来支援，拂晓前在我军前后夹击下，敌人损失惨重，伤亡110多人，余者仓皇逃散。

5.袭击五家户

高铭三纠集的五县联合保安大队，从元宝岗子溃散逃回东兴以后，只剩下300多人，他们盘踞在木兰县临山的屯子五家户，并在南北西布下伏兵，准备诱歼我军。7月12日，驻巴彦的哈北军分区接到敌人送来的假信，说五家户来了40多名土匪，要军分区派民主联军去攻打，军分区司令员谭友林分析信的内容，识破了敌人的阴谋，决定将计就计，打乱敌人的部署，于是谭友林命令近郊的龙泉镇独立二师七团的一个连火速进剿，同时命令驻巴彦城内的三五九旅八团随后增援。匪徒们没料到我军神速前往，以迅雷不及掩耳之势包围了这伙残匪，激战数小时，终于将这最后一伙残匪消灭，取得剿匪斗争的最后胜利。

第二章　实行土地改革

第一节　反奸清算斗争

1946年5月4日，中共中央发布了《关于清算减租及土地问题的指示》（即"五四指示"），决定把抗日战争时期的减租减息政策，改变为没收地主土地分配给农民的政策，实现"耕者有其田"。并指出："解决解放区的土地问题是我党目前最基本的历史任务，是目前一切工作的最基本环节。"中央号召全党必须以最大的决心与努力，放手发动与领导群众完成土地改革的历史任务。为贯彻"五四指示"，东北局也于同年7月7日召开扩大会议，作出了《关于形势和任务的决议》（即"七七决议"）。决议明确提出，要把发动群众、创建根据地摆到一切工作的第一位，认清阶级矛盾变成主要矛盾，国民党反动派是我们主要的敌人。并号召共产党员走出城市，换上农民衣服，深入农村广泛发动群众，深入开展土地改革运动。

7月15日，巴彦县委、县人民政府为贯彻"五四指示""七七决议"精神，在县城召开土地改革运动动员大会。结合巴彦县的具体情况，决定立即开展清算斗争，以大地主恶霸为斗争的主要对象，把清算的方向和内容与解决土地问题结合起来，用清算的方法达到土地还家的目的。工作队采取了访贫问苦的办法，分别深入到贫困农户，帮助他们推碾子、送粪、锄草、干家务活和农民交朋友做知心人，宣传解释党的土地改革政策，进行"谁养活谁？""地主为什么富？穷人为什么穷？""地主不劳动他们的粮食是哪里来的？"等方面的启发教育。

当时在广大贫苦农民中人人都会唱的一首歌，唤醒了农民的阶级觉悟，激发他们对地主阶级的仇恨。歌的名字叫《谁养活谁》。

　　谁养活谁呀，大家看一看——
　　没人劳动，粮食不能往外钻；
　　耕种锄割，全是我们下力干。
　　五更起，半夜眠，一粒粮食一粒汗；
　　地主不劳动，粮食堆成山。

　　谁养活谁呀，大家瞧一瞧——
　　没有劳动，棉花不能结成桃；
　　纺纱织布，没有我们做不了。
　　新衣服，大棉袄，全是我们血汗造；
　　地主不劳动，新衣穿成套。

　　谁养活谁呀，大家谈一谈——
　　没有人劳动，哪里会有瓦和砖；
　　打墙盖房，哪样不是依靠咱。
　　住人家屋，一间半，还有一半露着天；
　　地主不劳动，房大高又宽。

　　谁养活谁呀，大家想一想——
　　地主吃穿生活，全都靠着咱；
　　吃穿用具，生活不能少一样。
　　没咱种粮食，地主早就饿断肠，

到底谁养活谁，不用仔细想……

歌声唤醒了农民的阶级觉悟的同时，发动依靠赤贫（雇农，占农村人口的50%左右），联络贫农（占农村人口的25%左右）。通过试点的带动，全县许多区、村、屯采取开诉苦大会，挖穷根、算细账、划阶级等形式开展工作。

全县的分地清算斗争，有力地打击了封建势力，初步满足了农民占有土地的要求，为"耕者有其田"，全面进行土地改革打下了基础。

第二节　平分土地

1947年10月10日，中共中央公布了《中国土地法大纲》，并发表了《关于土地法大纲的决议》。11月，中共中央东北局在哈尔滨召开了北满省委书记联席会议，要求各级党委按照《中国土地法大纲》，贯彻贫雇农路线，彻底废除封建土地制度平分土地。巴彦县委、县政府于11月20日召开区村干部会议，传达贯彻省委提出的"贯彻贫雇农路线，开展群众运动，彻底平分土地"的指导思想。会议还确定"先进行试点取得经验后全面推广"的方法，力争年前完成任务，由于县委指导思想明确，方法步骤稳妥，使全县平分土地的工作顺利开展。

巴彦县土地革命运动，彻底消灭了封建土地所有制，改变了农村的生产关系，实现了"耕者有其田"。翻身后的广大农民生产积极性不断高涨，他们在党的领导下，组织起来，插锄换工，开展生产自救和大生产运动，生产力不断发展，农村革命根据地得到巩固。

第三章　发展经济支援解放战争

第一节　发展生产建设家园

土改后中共中央东北局及时指出："今后农村经济发展的方向，在一方面应该鼓励农民生产发家，勤劳致富，使绝大多数农民上升为丰衣足食的农民；另一方面，又必须使绝大多数农民由个体逐步向着集体方向发展。"这是土地改革之后农村经济发展的客观规律和必然趋势。巴彦县委在上级党委的领导下，采取积极措施，因势利导，大力发展生产，鼓励人民发家致富，不断改善人民生活。

一、大力发展农业生产

土地重新分配以后，一部分干部和农民群众对于农村经济发展的方向还不够明确。主要表现有平均主义思想倾向，害怕经济发展，出现两极分化；少数地方强行划一，违反群众自愿的原则，采取命令主义的手段硬性组织互助合作。针对上述问题，县委认真贯彻中共中央东北局关于："这些错误思想的基本根源是空想的农村社会主义思想在农业生产中的反映，必须坚决克服才能正确地实现毛主席所指出的新民主主义经济发展方向。"从这一基本方针出发，县委提出了一系列的具体政策。一是巩固农村

175

各阶层财产的私有权。二是实行生产奖励政策。三是改进耕作方法。四是县委决定在全县成立"生产委员会"，帮助农民解决生产困难。仅1948年就发放农业贷款、水利贷款上千万元（东北流通券），借贷粮种、稻种1 600石，及时帮助了那些积极从事农业生产而又存在缺乏畜力、种子等困难的贫雇农，以及那些生产成绩显著的互助组。由于落实了一系列政策规定，有力抵御了自然灾害，夺取农业丰收。1948年夏，全县农村普遍遭受黏虫灾害，有260 970亩庄稼受害，其中被黏虫吃光杆的有69 225亩，广大农村干部奋力组织农民抗灾夺丰收。1949年夏，全县连续两个月干旱，县乡区三级干部亲自带队下乡抗旱，领导农民挖井浇地，大大减轻了灾情，这一年全县粮豆薯播种面积2 510 150亩，总产达35 014万斤，平均亩产139斤。

二、发展副业，增加收入

1948年冬，松江省委曾指示各县要重视对副业生产的领导，要求各地，因地因人，因时制宜，发展副业生产，增加农民收入。县委、县政府本着在发展农业的同时，必须发展养殖、种植等副业生产。据统计到1949年末，全县大牲畜发展到63 833头，生猪年存栏72 963头，畜牧业生产值618万元，占农业总产值的17.9%，副业生产的发展增加了农民的收入，农民用副业收入买牲畜、购粮食、添农具，为农业的发展和改善人民生活打下了物质基础。

三、恢复和发展工业生产

扶持私营工业。"九一八"事变后，在日本帝国主义的殖民统治下，全县私营工业遭到严重破坏，城乡仅剩制油、酿酒、白铁、铁匠炉等为数不多的私营企业。

东北解放后，党和政府在发展国营工业的同时，对私人工业实行了扶持和保护政策，采取多项措施促进发展。仅在巴彦、兴隆、西集、洼兴、龙泉五个城镇中的私营工业就有：大车业18家、铧炉业47家、皮革业35家，从业人员378名，资金为24.36亿元（旧币），由于实行了正确的方针政策，得到了劳资双方的拥护，促进了私营工业的恢复与发展，对改善人民生活，进行经济建设起到了补充作用。

第二节　文化教育事业的发展

一、文化事业迅速发展

1945年冬，县政府宣教科组织小学教师和社会上的文艺爱好者15人，组成一个业余剧团，在新年、春节、五一、五四、七一等重要纪念日演出相声、双簧、独唱、合唱等文艺节目。1946年还排演了话剧《松花江畔》等。同年6月，由巴彦城区小学教师联合会发起，组织一个小学教联业余剧团，有45名教师参加，主要在暑期开展活动，唱革命歌曲、扭秧歌、街头演出"活报剧"，也排演了一些大型剧目。11月，呼兰县召开工农积极分子翻身大会，巴彦小学教联业余剧团慰问演出一些有教育意义的剧目。在人民政府明令取缔反动会道门时，演出了《一贯害人道》，在宣传英雄人物时，演出《刘胡兰》《复仇》等，深受群众的欢迎。随着形势的发展，1949年4月，县成立了文化馆，内设阅览室、俱乐部，办理图书借阅、购书等业务，每天来馆阅览者达130多人，多为机关干部和在校学生。县文化馆还设立了机关干部学校、工人夜校、妇女识字班、剧社，成为县城文化活动中心。1946年，县城建立了一处书店，由哈北专员公署主办。1947

年，县城建立第一所电影院，放映的对象主要是城镇职工群众和街道居民、学生，农村广大群众仍然看不到电影。当时放映的有《八千里路云和月》《一江春水向东流》《十字街头》《马路天使》等国产片，进口片有《斯大林格勒大血战》《夏伯阳》《保卫察里津》，以及国产纪录片《民主东北》等。这些影片为当时的土改、参军支前、大生产运动服务，发挥宣传教育人民群众的作用。

二、教育事业得到较快的恢复和发展

解放后广大农民在政治上、经济上翻了身，但也强烈地要求学习文化知识。许多村纷纷利用斗争果实设立学校，送子女上学，县委、县政府采取积极而稳妥的措施努力发展和恢复教育事业。一是通过培训充实了教师队伍；二是通过整顿纯洁了教师队伍；三是教育事业沿着正确的轨道发展，学生入学率不断提高，并采取各种形式办学，拓宽了办学渠道；四是大力开展勤工俭学活动，解决教师工资和办学经费。这些做法受到了东北人民政府的重视，并在《东北日报》连载了巴彦民权小学的办学经验。

中学教育也有所发展。1946年把男女伪国高合并一处成立哈北一中，由哈北专员公署领导。1947年改为松江省立第二中学，设8个教学班。开设语文、数学、政治等9个学科，有学生142名。中学教育有序发展。

在逐步发展学校正规化教育的同时，积极进行成人补习教育。"土改"以后，广大人民群众在政治上、经济上翻了身，普遍要求文化翻身，学习文化知识。1948年冬，全县在城镇和农村着手建立冬学、夜校、识字班、读报组，把群众组织起来学习文化知识、提高文化水平和政治觉悟。还建立一处军政学校，1946年暑假已有100多人毕业，培养了一批建设人才。同时县总工会、工厂等基层单位纷纷举办夜校，提高职工的文化知识水平，经过普遍的业余学习教育，提高了广大干部职工和群众的思想觉悟，增长了文化知识，扫除了一部分文盲，也培养训练了一大批有素质的干部队伍。

第三节　解放战争时期老区人民的贡献

一、翻身农民踊跃参军

1946年6月26日，国民党蒋介石不顾全国人民的反对，挑起了中国历史上空前规模的内战，仅东北战场就调集了40多万军队，妄想北进黑龙江占领全东北。为痛击国民党的进攻，保卫抗战胜利果实，党中央号召东北党、政、军在放手发动群众肃清日伪及国民党土匪武装，发动全体人民创建革命根据地的同时，要积极参军参战，支援前线，配合正规部队，控制东北。根据中共中央和东北局的战略部署，地处战略后方的巴彦县也是战争的总后勤，主要任务是保证前线兵员、民工、担架、马车及粮食、被服和军需供给。为此，巴彦县委、县政府号召广大干部群众，认清形势动员起来，完成扩兵支前任务。保卫胜利果实，粉碎国民党进攻。在党和政府的动员下，在"参军复仇保家乡"的口号下，翻身农民积极要求参军。一周之内报名参军者多达3 000人。原计划动员2 500人，到1947年底已突破了4 000人，在参军运动中，县、区、村、屯干部积极带头，给群众做出榜样，特别是民兵干部主动参军，保证了全县随时需要的兵员。

革命老区龙泉区，中队长汤永泉主动带领30名中队战士直接参军，双山村独生子窦希民、革命烈士陈维新、王吉云之子陈德生、王乃昌（只有十六七岁）不够参军条件，也积极报名参了军。王乡屯农会主任汪荣、保安村武装队长陈德江带头报名参军。王乡屯国高学生刘坤（独生子）主动报名参军（现为师级退休干部）。辽阳村杜家岗屯农民李荣兄弟三人，大哥是农会干部，李荣带着17岁的弟弟李才参加了"老四团"。从德惠打到海南，李荣立特等功一次、大功三次，获军功章30多枚，被授予"独胆英雄"称号。弟弟李才广在西剿匪时任连长。农会干部丁喜荣送弟丁喜山、丁喜林参军，解放后丁喜山是湖南地方干部，丁喜林在云南部队任师长。

革命老区洼兴区，原兴华村李廷珍屯仅有20户人家，有10多名青壮年报名参军，最后有6名被批准入伍。雇农孙绍丰13岁时父逝，靠母亲把他们养大，扩兵时孙老太太主动给大儿子孙绍丰报名参了军，随后又把二儿子孙绍荣送去参加了抗美援朝。庆丰村郭家屯苗成田把独生子苗福春送去当兵，儿子当时正要娶媳妇，苗福春牺牲在朝鲜战场上。华淑芳刚结婚一年对丈夫李珍要去参军不扯后腿，丈夫参军后她带着刚出生两个月的孩子，领着小叔子（11岁）、残痴的公公艰难度日，等到的是1953年丈夫牺牲在朝鲜战场的消息。

革命老区天增区，三山村民兵队长刘井礼带领本屯6名骨干民兵参军。耕读村老孙家，叔叔孙学明、侄子孙德宽在全家人的支持下参军。贫农景玉林、景玉普是亲兄弟，少年时父逝，母亲做佣人，做零工养活他俩。在征兵动员会上，景老太太说："我们能过上好日子，这是共产党给的，决不能让国民党反动派重新骑在我们头上，我给两个儿子报名参军，跟共产党走，打倒蒋介石。"二龙村张臣屯张敬荣1946年参军，当时结婚只有一周时间，为了保卫胜利果实，毅然地舍弃了小家。福兴村村长带头给儿子报名。12名青壮年积极应征入伍，合胜村民兵连长带头参军，随后1名青年入伍，二龙村妇女会主任动员丈夫和三名妇女会会员动员自己的丈夫参军。

巴彦县老区人民为保卫胜利果实，用他们自己的实际行动，书写了支援解放战争可歌可泣的感人故事，是巴彦人民的骄傲，是宁死不屈的东北人民的骄傲，是党和国家的骄傲。解放战争中，出生在龙泉区谷家油坊屯翻身农民赵连才，1946年参军，在第四野战军十纵二十七师任班长，参加大小战斗20余次，多次立功。蟠龙山战役中，用机枪掩护部队连夺敌军5个山头阵地，打垮敌人两次进攻，取得了胜利。赵连才获"战斗英雄称号"，受到师部嘉奖。1947年冬季攻势开始后，一次战斗中他一马当先攻占敌人山头阵地，用两颗手榴弹，缴获机枪两挺，俘虏5名敌人。1948年1月，在辽宁法库桑木林子战斗中，他率领全班战士冲上山头，在炸毁敌指挥所时光荣牺牲，年仅29岁。师部嘉奖并将赵连才所在班命名为"赵连才班"，获毛泽东奖章，全军战报上报道他杀敌立功光荣牺牲的事迹。（现巴彦西郊"烈士陵园"有巴彦县人民政府为赵连才烈士立碑纪念）

唐惠君（1916—1951年）巴彦龙庙区荣守和屯人，青年时期家境贫寒，靠扛活维持生计。1944年参加革命工作，1946年加入中国共产党，1947年党组织安排他到阿城党校学习，他是解放战争中我省第一批党校学员，结业后回本区任土改工作队长，对党忠诚，工作积极热情，动员家属参加革命工作。1947年主动为自己的弟弟唐惠枕（17岁）报名参军。1948年在"二打四平"战斗中牺牲。（现长春市烈士陵园，烈士纪念馆有记载）。由于工作需要，1949年唐惠君调任本县龙庙区任区长。抗美援朝时期，上级要求各区副区长带担架队赴朝，因副区长有病，作为区长他主动请缨于1950年10月带担架队赴朝，1951年3月30日牺牲在朝鲜十三里防空洞，时任二十七军后勤团团长。牺牲后家属收到由毛

泽东主席签发的印有"人民英雄永垂不朽"的烈士证书。（现丹东抗美援朝纪念馆有关于烈士唐惠君的记载）

二、做好战勤工作积极支援前线

巴彦县广大人民群众，在党和人民政府的领导下，积极踊跃地参加支前运动。县、区纷纷动员民兵组织担架队、大车队，迅速奔赴前线。老区乡镇虽仍处困难时期，但为保卫胜利果实、保卫家园倾尽全力参加支前运动。1947年4月5日，由县长吴俊如率领近3 000名支前民工，300副担架、96台大车、430匹马随主力部队渡过松花江南下，挺进怀德、公主岭、开原诸城，积极转运伤员，运送弹药。在四平18天的攻坚战中，和战士一起挖战壕、修工事、送饭。不论白天黑夜，冒着枪林弹雨，匍匐往来于三公里长的流弹组成的封锁网之间，不顾自己安危抢背伤员，不惧敌机的轰炸，用自己的身体掩护伤员。风雨之中民工用自己的大衣盖在伤员身上快速送往后方，把伤员当作自己的亲人体贴爱护。一些伤员们感动地说："你们和我们真像一个娘生的，我死也不忘巴彦老乡。"

龙泉区中队指导员宋时珍带领支前民工280人、担架30副、大车12台、马40匹，随部队过松花江向南挺进，在支前中3人牺牲，12人被俘后送沈阳训导（劳动教养）。在一次伐木收工时，宋时珍、钱恩厚乘混乱之机，跳进河里拼命游向对岸，敌人从后面开枪射击，侥幸死里逃生回到家乡。1947年8月，县支前民工代表会上，龙泉区有8人被评为参战模范、支前功臣，得到政府的表彰奖励。

这次支前，从火线上抢救伤员1 591人，运送伤员3 758人，运送弹药5 265箱，破坏敌占铁路100里、桥梁8座，缴获机枪2挺，捉俘虏25名。巴彦民工英勇顽强的支前事迹受到了前方部队的赞誉，特给哈北军分区来信赞扬，并赠予美式步枪8支、子弹800粒。在多次支前民工中有8人壮烈牺牲，56人光荣负伤，44人在部队记大功。1947年8月29日，巴彦县召开全县支前民工代表大会，迎接自前线归来的参战模范、英雄和功臣。会议通过各区民工大队长报告工作，评议成绩论功授奖。共评出单淇昌、康振东、王洪福等17名功臣，各奖励一匹马。郝山、赵发等30位英雄，各奖励猪一口、棉衣一件。黄明、高勤等35名模范，每人奖励棉衣两件。其余103民工积极分子代表分别奖给棉衣、单衣、铁铧、锄头等。大会并以沉痛的心情郑重追认光荣牺牲的王和、胡宗和为"人民功臣"，修玉川、尹庆福、何国珠等为"不朽英雄"。

1948年2月3日，巴彦县委奉松江省委命令又组织一大批战勤人员前往西满前线支前。广大贫雇农都以参加战勤为荣，积极要求上前线。松江省委给巴彦县支前名额人数为1 000人，自愿报名达3 000人，最后按上级要求，出支前民工1 017人、大车62辆、马262匹、担架180副。共编成6个大队，12个中队，于2月9日在西集区集合，经过短暂整训，11日乘车出发南下郑家屯，经司令部介绍去康平第三兵站做战勤工作。到达康平后，111人，48辆大车，198匹马，参加围困长春战斗。由于巴彦民工不怕苦不怕累，积极支前，受到了前方部队的表扬，第二批担架队中有11人立大功，10人立功，36人立小功，为解放战争的胜利做出了贡献。

巴彦县革命老区在两次大的支援前线的战勤工作中共组织民工4 017人，担架480余副，马车158辆，马692匹。据1948年5月《松江省烈士统计表》中记载，巴彦县参军人数中在前线牺牲的有247人，后方牺牲的有31人，这些牺牲的烈士用他们的鲜血和生命表达了忠于党一心跟党干革命的决心不变；保卫胜利果实，为国为家舍生赴义的民族气节不变；舍小家为大家敢爱敢恨的民族大义不变；炎黄子孙抵御列强匡扶正义的民族精神不变，他们的功绩将永垂史册。

三、开展拥军优属活动

为保证前方战士和支前民工吃饱穿暖以充沛的精力投入革命斗争，全县广大翻身农民响应政府号召，努力生产多打粮食，多交粮交好粮，积极完成军粮任务，保证军粮需要。同时广大妇女组织起来晒干菜、做军鞋、做棉衣，保证部队需要。1948年，全县完成支前粗粮21 601斤，细粮15 410斤，干菜16万斤，菜金近2亿元（东北流通券），马草27 800斤，马料21 765斤，还有棉衣、军鞋、猪肉等物资。这些物资源源不断地运往前线，有力地支援了东北地区的解放战争。在一切活动服务于支援前线的思想指导下，广大人民群众把做好拥军优属工作为支援前线的重要内容。对烈军属的优待和帮助，以群众自发活动为主，以政府适当救济为辅。分斗争果实时优先优待烈军属，帮助烈军属代耕土地，组织烈军属参加力所能及的劳动；主动安排好烈军属生活，在社会公益事业中烈军属优先，烈军属子女免收学费，生活困难的烈军属免费医病等。各区村逢年过节组织群众学生给烈军属送礼品，开展节日慰问。1947年春节，全县广泛开展拥军爱民运动，广大群众积极捐献物资，优待慰问烈军属。共收到肥猪103口、鸡1 350只、慰问金42万元，以及白面、大米、毛巾等慰问品。胜利油厂从红利中每人拿出40元劳军。洼兴区委开展："一斤肉、一斤面、一碗油、一抱柴"的活动，为了提高烈军属的社会地位和参军光荣感，西集区、富裕区、龙庙区、洼兴区等都为军属家挂"光荣"牌。元旦春节期间由各村组织慰问秧歌队，携带慰问品到烈军属家拜年。前线立功喜报回来时，区村组织群众和学生敲锣打鼓送到家，宣传功臣事迹，增强烈军属的光荣感。许多村的少年儿童为烈军属担水、扫院子、拣粪、打柴。拥军活动广泛开展，使烈军属生产生活得到保证和改善，前后方思想融通，前方战士安心打仗，成为取得解放战争胜利的重要保证。

第五编 ★ 革命老区发展变化与前景展望

第一章　老区的发展变化

第一节　进入新民主主义建设和基本完成社会主义改造

（1949年10月—1978年12月）

一、建立人民代表会议制度

按照东北人民政府《关于建立县区人民代表会议或人民代表大会及村人民代表大会制度》的指示，依据《共同纲领》的规定，中共巴彦县委、县政府联系巴彦实际，为了保卫巴彦人民革命斗争的胜利果实，巩固人民民主政权，密切党和政府与人民群众的联系，改变工作作风，充分调动广大人民群众参政议政、当家作主的积极性，对建立县、区、村人民代表会议制度进行了规划和部署。1949年1月，在华山区清平村进行了试点工作。工作的重点：一是对全村人口阶级状况进行了全面调查。二是有针对性地对党员干部和各阶层群众开展宣传教育工作。三是掌握政策认真做好选民资格审查和选民登记工作。四是代表提交议案，对县、区、村工作存在的问题提出批评，对做好党和政府工作提出建议。五是开好选民大会，选举人民代表和政府委员。

革命老区清平村进行选举试点。全村达到公民年龄的村民

1 590人，没有选举权的33人，占选民数的2.1%，（其中：地主成分19人，富农成分8人，中农成分1人，贫农3人，雇农2人）不给予选举权的人包括剥夺公民权利的地主富农分子、坏分子、贫雇农中的精神病和智障人员，全村直接参加选举人数1 254人，选出代表50人（其中男39人，女11人），选出村政府委员11人，村政府正、副主席各1人。

在试点的基础上县委、县政府组织召开了全县村（街）人民代表会议，认真宣讲《县村选举条例》，贯彻依靠贫雇农、团结中农、妇女参政议政等有关政策。选举产生了119个村、19个街道的行政机构。1950年1月7日至8日召开了11个区人民代表会议，选举产生了出席县人民代表会议的代表及区的领导机构。

1954年3月27日至30日，巴彦县第一届人民代表大会在县城召开。会议听取了王希太所作的政府工作报告。讨论通过了《关于进一步宣传总路线，进一步开展互助合作与技术改革相结合的群众爱国增产节约运动的决议》。会议决定将巴彦县人民政府改称为巴彦县人民委员会，会议选举产生巴彦县人民政府委员17人，王希太当选为县长，邹俭发、李文玉当选为副县长。

人民代表大会的召开，使人民代表正式履行了人民代表大会的职权，通过民主选举的方式，正式产生了人民政府，产生了人民代表，实行了民主集中制，为党和人民政府加强国家民主政治建设提供了重要保证。

第二节　恢复和发展经济

一、农村互助合作运动

虽然全县经济有所发展，但因老区乡镇在县城的东北部的半山地区，加之解放前少畜缺犋的农户较多，解放后虽分得了牲畜和土地，但由于天灾人祸又产生了新的困难户，生产生活有困难，农业生产受到一定的影响，1949年，县委、县政府根据老区的实际情况，提出了组织全县开展建立互助组，本着"自愿互利"的原则，深受广大农民的欢迎，老区人民也和全县人民一道，以"常年""三大季节"等多种形式的互助组，解决了生产难的问题。

实践证明，互助合作运动必须认真贯彻党的各项方针政策，用政策引导农民自觉战胜自发势力，把农民引导到走组织起来的道路，通过互助合作，发展生产，走共同富裕的道路。由于县委的正确引导，全县的互助合作运动健康平稳发展，一直持续到实现农业合作化。

二、农业基础建设

农村经济的发展关键是农业的基础建设，县委根据毛泽东1951年2月，在中共中央政治局扩大会上提出的"三年准备，十年经济建设"的思想，着眼当前，立足长远，把加强农业基础建设作为恢复和发展巴彦经济的关键所在。

搞好农田基本建设。新中国成立初期土地贫瘠，粗放经营。县委针对这一实际情况，重点在改良土壤、增加地力、使用优良品种、改进耕作技术、改革和使用新式农具上下功夫。据《巴彦县志》记载：1950年开垦荒地58 770亩，占荒地面积的29.7%，是垦荒最多的年份。

新式农具和机械农具的使用。农业生产进入互助阶段，大力推广新式马拉农具。到1954年发展到2 806台，是1952年的3.6倍。从1954年开始使用拖拉机，在兴隆镇建立了国营拖拉机站，有"热特25K"拖拉机5台。老区乡镇仍然是使用双铧犁、播种机、脱谷机、水田洋犁等。

道路交通建设。为了推动发展人民出行的方便，修好道路，畅通物流，县委、县政府十分重视道路交通建设。新中国成立前巴彦的交通极为落后，基本上是土路，高低不平，泥泞难行。新中国成立后人民政府把公路建设和养护纳入日程摆上位置，利用农闲时间，组织人力物力突击修整。随着经济的发展，政府不断地拨专款，开辟新路，改善旧道，加固路基，加宽路面，减少弯度和坡度，提高道路质量，达到四通八达。1954年9月，在省专家和技术人员的负责指导下，相继修成巴彦港段（14公里），西集镇段（20公里），西集至兴隆镇段（35公里）砂石路面。

在以女民工为主要劳动力修建的巴彦县城至老区洼兴镇公路时（35公里），曾经三次受到毛泽东主席和周恩来总理接见的全国劳动模范和三八红旗手，松花江乡永常村时任党支部书记的张淑范担任修路民工营营长，她带领全乡340名妇女，抢工期，争速度，计划100天的劳动任务，提前20天就胜利告捷，张淑范被命名为"筑路英雄"，这条路命名为"三八"路。

三、副业生产

新中国成立初期，人民的生活比较困难，恢复发展经济，提高人民生活水平是摆在各级党的组织、政府面前的艰巨任务。为了使人民的生活水平有所提高、尽快好转，广开财源发展副业生产，成为当时发展经济的又一途径。

巴彦县自然条件优越，特别是东北部半山区的老区乡镇，物产丰富，有副业生产的传统，县委、县政府在此项工作中主要抓住农闲、夏季挂锄期开展种植和养殖业。秋收前开展小秋收和采山货、打柴草。利用冬闲时节和春耕前进行采伐、狩猎、编织、开豆腐坊等。为了把老区乡镇副业生产搞起来，县委组织干部深入老区开展宣传教育，讲副业生产对恢复经济的好处，用典型事例通过对比、算细账，激发老区农民的积极性，在工作中县委、县政府根据老区乡镇的不同情况，充分利用有利条件，多渠道，多形式，充分发挥农民的技术特长，广开财路，发展副业生产。

建国初期，龙泉、黑山、山后、洼兴等革命老区乡镇，利用靠近山边的优势，组织农民上山采蘑菇、山丁子、山葡萄、榛子，打猎，烧木炭，拉木材，拉脚等多项副业生产。年副业总收入9 678万元，基本解决了生产生活中的困难。

四、工商业的发展

工业生产。巴彦县解放前工业生产非常落后，革命老区只有手工作坊，生产犁、铧、锄镰等简单的生产工具和制油、制酒、磨米、轧面等简单的农产品加工。新中国成立后，县委、县政府在积极发展国营工业的基础上，大力扶持私营工业，兴办集体工业。

据巴彦、兴隆、西集、洼兴、龙泉五个小城镇的统计，私营手工业包括大车制造业18家、铧炉业3家、锅炉业47家、皮革业35家，从业人员378人，年产值24.36万。到1955年末，全县私人手工企业29家，632户，从业人员1 334人，比新中国成立初期增加71.6%。

五、人民生活的深刻变化

人民政权的建设和巩固，使巴彦人民在政治上获得翻身解放，极大地调动了群众恢复发展经济的积极性。经过新中国成立后三年的努力，1952年农业大丰收，耕地面积2 945 295亩，粮食产量2.355亿公斤，比1951年增加10%。农业收入1 952.9万元，全县农村人口302 055人，人均收入64.5元，告别缺吃少穿的苦日子。教育事业从总目标出发，贯彻"教育向工农开门，为生产建设服务"的总方针。1952年全县小学教师851人，比1949年增加了38%。到1953年，全县小学校达到294所，班级537个，在校学生34 936名，90%以上的学龄儿童上学读书。文化体育事业得到发展，各种设施不断完善，城乡有了电影院，一些乡村有了电影放映队。文化馆、剧团、图书馆、博物馆、展览馆、新华书店等相继在县城建立。1952年1月，巴彦县有线广播开始试播。1953年3月1日，巴彦县文化馆新闻收音站改称为巴彦人民有线广播站。县城里9条街道架设13条30华里长的广播干线。1955年1月，县广播站开始进行利用电话线输送广播试验。革命老区优先安排：龙泉镇福乡村、洼兴镇镇东村、洼兴村、天增镇天增村、二跑子屯、山后乡等6个村屯安上了12个0.5瓦的舌簧式广播喇叭，在除夕（1955年1月23日）晚7点向农村输送广播信号，使广大农民开天辟地头一次听到广播。1954年县体委成立后，有组织有系统地抓了城乡群众的体育活动，城镇机关、企事业单位每逢五一劳动节、国庆节、农村挂锄期都分别开展各种体育活动，文化事业的发展，使翻身后的巴彦人民精神文化生活日益丰富。

第三节　支援抗美援朝战争

一、踊跃参军赴朝作战

1950年12月，县委在翻身农民中动员2 000余人，组成中国人民志愿军第二十七团，经过3个月的集中整训，于1951年2月赴朝作战。

1950年11月19日，巴彦县委作出了《关于参军运动的指示》。各区村、县直各单位，认真贯彻《关于参军的指示》精神，全县掀起了参军热潮。据1952年12月18日巴彦县委《关于参军运动的总结》记载，从1950年12月1日至15日，全县参军运动形成高潮。老区洼兴镇在1952年12月6日报送县委的《在参军运动中的各种典型人物》记载，全区党团员带头参军的8人，为儿子、弟弟、内弟、外甥报名参军的12人，朋友之间动员报名参军的16人，3名妇女为丈夫报名参军，普通群众报名参军的7人，荣兴村77岁的老孟头等两位老爷爷为孙子报名参军。

为了支援抗美援朝前线，认真做好战勤工作，中共巴彦县委按照黑龙江省政府下达的《动员基干担架队的命令》，全县动员包括老区乡镇基干担架160副，1 000余人，长期随军行动。在朝鲜战场上全县共有173名优秀儿女，为了中朝友谊、世界和平血洒疆场。

二、开展拥军优属活动

巴彦县拥军优属工作有着优良传统。新中国成立后，特别是抗美援朝期间，此项工作形成了制度化、经常化。农村特别是老区乡镇对烈军属实行土地代耕、包耕、包日制度。抗美援朝其间，全县有烈军属、担架队、战勤民工8 036户，43 650口人，有土地413 220亩。1951年，全县为烈军属代耕土地125 640亩（代耕者自带畜力和农具），代耕互助组400个，代耕户4 000余户。代耕互助组为烈军属71 715亩耕地全部送满粪肥。对那些无劳力的烈军属中除了在吃米烧柴上给予照顾外，1951年挂锄其间为军烈属积肥70 000多车，扒炕1 000余铺，修理和新盖了500多间房子，城镇军烈属则按家庭经济状况分三等在物资上进行补助。

巴彦县抗美援朝抚恤金发放统计表

单位：元

年份＼项目	抚恤事业费	烈、军属、复员、退伍军人补贴	残疾人员抚恤金	牺牲病故人员抚恤金	其他
1952	23 235	22 000	1 235		
1953	91831	14 631	62 200	15 000	
1954	90 000	20 000	50 000	10 000	10 000
合计	200 066	56 631	113 435	25 000	10 000

对于政绩突出者，被评为劳动模范给予表彰奖励。对政治表现好、思想进步有文化和有一定工作能力的同志可参政议政。在烈军属中，全县人民代表会议代表304人。其中行政村代表234人，区代表49人，县直机关代表18人，有3名省代表，参加行政工作的行政村委员155人，区县助理以上干部33人，经群众评选，烈军属中区劳模22人，县劳模9人，省劳模1人。1951年5月28日，县政府下发了《关于端午节期间开展拥军优属活动的指示》。1951年12月20日，县政府下发了《新年春节期间开展拥军优属的指示》，使拥军优属活动得到更加深入的开展。

三、捐钱捐物支援前线

全县人民积极响应党中央和县委的号召，积极筹措钱款和物资支援抗美援朝前线。中共巴彦县委1951年1月29日《3个月来（1950年11月至1951年1月）在抗美援朝战争中战勤动员与战争宣传工作的总结报告》中记载：慰问品有猪354口，白面2 614斤，大米1 560斤，各类水果898斤，纸烟770盒，瓜子400斤，花生472斤，白糖40斤，鸡蛋700个，鸡341只，皮帽341顶，棉鞋341双，牙具等日用品380套。另外，为伤病员拆洗棉衣209件，慰问伤员52次16 000元。《巴彦县志》记载，1951年全县开展为抗美援朝捐献飞机大炮活动，共捐款（东北流通券）15.6亿元。

《巴彦县1952年农业爱国增产运动初步总结》中记载，1951年中供给国防猪肉964 000公斤，牛肉723 000公斤。五区（现龙泉镇）清平村共有500户人家，全村为志愿军捐款7 625 000元（东北流通券），为巴彦驻军二十七团捐款，原计划1 700 000元（流通券），结果群众捐了2 160 000元（流通券），多捐了460 000元（流通券），比原计划增加3.21%，全村共捐款9 785 000元（流通券）。

四、加工运送支前物资

1951年5月28日，巴彦县人民政府下发了《组织被服人员来县集中加工紧急军需物资的通知》，把巴彦县所有被服厂和私营被服厂的生产者组织到县城集中加工被服。工人们不分昼夜奋战，为前线加工了大量的军需物资。其中，棉服1 300套，大衣1 460件，棉被1 500床，手闷子960副，子弹袋、背包1 300个，手榴弹袋1 500个。保证运管人员不少于200人，保证做好县驻军二十七团的生活，训练所需要人工和车马的调集。

按照县委的要求，县直机关单位和各区政府积极进行军需物品的运送工作及伤员的接送。全县用人工4 770人次，车辆1 111台次，支付运费8.2亿元（流通券）。运送军需物资包括除慰问品和县内驻军的肉、蛋、禽、服装、鞋帽等生活用品外，运送粮食750 000公斤，砖190 000块，茅草50 000捆，煤280吨。三次共接送伤病员337人。通过战勤人员的共同努力，顺利地完成了省委、省政府下达的运送军需物资和接送伤病员的任务。

第二章 生产资料私有制的社会主义改造

第一节 农业的社会主义改造

一、试办农业生产合作社

1952年5月，中共巴彦县委在十一区团结村胜山屯彭殿军模范互助组试办胜利农业合作社的基础上，又在三区永常村榆树屯试办五一农业合作社。五一农业生产合作社是由松江省一等劳动模范高桐所领导的大型互助组为核心办起来的。全社有21户，107口人，土地1 213亩，劳力、畜力、技术力量、土地比较集中，五一农业生产合作社办社第一年，由于深耕、施肥、选种、改进耕作方法等方面狠下功夫，粮食产量比互助组时提高了一倍。

在农业生产合作社迅猛发展的同时，暴露出一些问题，个别区村思想工作不够深入，特别是1954年秋粮食统购统销开始实行，粮食收购计划偏高，口粮和大牲畜饲料不足引起一些农民不满。个别地方出现杀猪宰牛、拉马退社现象。面对这一情况县委按照中央《关于整顿和巩固农业生产合作社的通知》精神，全面分析了全县农业合作化运动的形势和问题，采取措施，认真做好合作社的整顿和巩固工作。

一是坚持贯彻"积极领导，稳步前进"的方针，坚持办社条件，稳妥地掌握发展速度，适当控制建、扩社的规模，保证建、扩社质量。二是全面贯彻党在农村的阶级路线，贯彻党的阶级政策。三是巩固提高农业生产合作社，整顿提高互助组，全面推进合作化。四是在领导整个运动中，必须贯彻书记动手，全力以赴，党支部加强领导，发动群众自己办社，稳中求进，巩固老社，发展新社，成熟一个发展一个。

二、社会主义高级农业生产合作社

1955年10月，扩大的中央七届六中全会要求，有条件的地方有重点地试办高级社，并为以后的并社升级创造条件，实现半社会主义的初级社向完全的社会主义高级农业生产合作社转变。按照中共黑龙江省委1955年7月召开的农村工作会议要求，县委积极组织初级社向高级社的转变，巴彦县农村基本实现农业合作化后，广大农民纷纷要求小社养大社，初级社变高级社，普遍开展了申请办高级社的运动。到1956年2月，全县建成高级社300个（包括菜社、畜牧社、渔业社），入社农民达到57 799户，占全县农户的99.94%，至此巴彦县全部实现了社会主义的农业合作化，胜利地完成了农业社会主义改造的历史任务。

为了适应高级合作社新形势的需要，对此县委在下列方面加强了管理。

一是因地制宜，实事求是，按时制定长年、季节、小段生产计划和各项工作计划。

二是加强财务管理和分配。高级农业生产合作社总收入扣除各项开支外，公益金的提留不超过8%，60%—70%的纯收入作为社员的分配资金，保证90%的社员都能增加收入。

三是加强牲畜管理。挑选有养畜经验、群众威信高的社员当饲养员、使役员、畜牧防疫员。

四是加强思想政治工作。根据《细则》规定对社员进行思想政治教育，提高社员的社会主义觉悟。发挥党员的先锋模范作用，对全体社员进行党的路线、方针、政策教育，了解国内外大事，树立爱社如家，爱护公共财物，努力生产，遵守劳动纪律，树立集体主义思想，组织开展劳动竞赛。有计划定期开展文化娱乐体育活动，建立图书室、文艺宣传队、文化活动室、组织文艺演出等，活跃农村文化生活，提高社员的文化素质。

第二节　手工业社会主义改造

一、全县手工业发展情况

新中国成立初期，全县手工业企业比较薄弱，革命老区的手工业寥寥无几，仅有的也是生产项目单一，只生产农业所需的简单工具和一般生活用品。1950年，巴彦、西集、兴隆、洼兴、龙泉等5个小城镇有手工业企业103家。其中大车业18家、铧炉业3家、铁炉业43家、皮革业39家。从业人员378名，资金243 633元。

手工业的互助合作运动是1951年既已开始。东北行政委员会姚东斌等3人来巴彦指导互助合作运动。据1956年11月4日《巴彦县人民委员会工作报告》记载，在农业社会主义改造胜利完成时，实现了手工业的合作化。全县有个体手工业企业550个，1 096人，其中参加合作化的企业338户，占企业总数的61%，参加人数786人，占总人数的73.5%，参加各种小组的95户，占手工业总数的17.3%，参加人数197人，占总人数的18.4%。同时全县的胶轮车、平板车、斗子车等也分别实现了合作化，在自愿的情况下，私人经营的6辆汽车实现了公私合营，这对于统一城乡运输力量、畅通城乡物资交流发挥了重要的积极作用。

二、在社会主义改造中实现手工业合作化

手工业改造的范围。包括个体手工业，农民兼营的商品性的手工业，资本家经营的小型工厂，技术性较强，并以此为主要生活来源的服务性行业（如洗染、织补、理发、照相、刻字、油漆），日用品修理行业（如钟表、自行车、修鞋业），饮食服务业、建筑行业、渔业、盐业、运输业、采伐、屠宰等行业。这些行业都由专管和分管部门负责实施组织改造。在改造中贯彻党的政策，坚持自愿互利的原则，在加强教育的基础上使手工业者自愿加入合作社。

手工业社会主义改造的组织形式。在组织形式上应当是手工业供销生产小组，手工业供销生产社，手工业生产合作社等。在步骤上应由小到大，由低到高。其经营方式主要是从供销入手，先与供销社、消费合作社、国营商业挂钩，切断了与资本家经营的联系，使之易于社会主义改造。手工业的社会主义改造的三种组织形式，体现了手工业的社会主义改造，从低到高，从分散到集中，从完全手工生产到半机械化、机械化生产的全过程。

第三节　资本主义工商业的社会主义改造

一、对资本主义工商业改造的目标和措施

1955年11月23日，中共巴彦县委召开了关于工商业改造会

议。报告中指出：在今后对资本主义工商业的社会主义改造中要继续贯彻"统筹兼顾，全面安排，积极改造"的方针和"一面安排，一面改造，安排一行，改造一行"的办法。并根据国家第一个五年计划对资本主义工商业改造的要求，结合全县的实际情况，到第一个五年计划期末（1957年），私营生产合作社、供销小组、供销生产合作社达70%。其中生产合作社占40%~50%，供销生产小组和供销生产合作社占20%~30%。私营商业方面，对私营商业要发展多种类型的国家资本主义企业，公私合营要达到90%以上，对农村小商小贩通过各种合作形式，使之逐步纳入合作商业轨道。

二、资本主义工商业的安排和改造相结合

1955年11月27日，县委根据不同行业的经济情况，采取了各种具体的措施进行了妥善安排，私营工商业经营情况有了好转，控制了下滑的趋势，部分企业开始扭亏为盈。工业方面，正确贯彻"统筹兼顾、全面安排"的方针，根据实际情况进行了产销平衡。皮业产业合作社为铁业产业合作社让出畅销产品4 000件，使铁业年产值人均可达到1 156元，组织皮业进行产品更新改造，年人均产值达1 952元。

三、全行业公私合营

中共巴彦县委按照私营工商业者的要求，采取北京市全行业公私合营的办法，通过私营工商业者提出申请，所属行业通过，县人民政府批准，然后进行清产核资，经济改组，人员安排，私营工商业入社等工作，全县私人工业实现了全行业公私合营，全县共有私营工商企业985户，除6户改造为国营企业外，其他的企业公私合营为6类：同类资本家企业实行公私合营的104户，过渡

为供销合作社的261户，合作商店71户，合作小组132户，代购代销店308户，从事经销行业的103户。全行业实现公私合营，使全县私营工业企业由资本主义转向社会主义，使私营工商业者在社会主义改造中走上了社会主义道路。

第三章　社会主义建设的探索和发展

（1956年8月—1966年4月）

第一节　贯彻党的八大路线　全面建设社会主义

1956年9月召开的中国共产党第八次全国代表大会是党取得全国执政后召开的第一次全国代表大会。会议明确指出，八大议程应突出建设这个主题。巴彦县委为了全面准确地理解八大精神，认真贯彻执行了八大路线，组织全县人民，掀起了学习宣传党的八大精神的热潮。

一、广泛深入开展党的八大精神的学习和宣传活动

1956年9月24日，中共巴彦县委下发了《关于迅速组织干部和群众学习八大文件》的通知。通知要求必须认真学习八大文件，深刻领会大会所总结的宝贵经验和今后社会主义建设的伟大任务，把八大精神全面贯彻到各项工作中去。提高党员干部的马克思列宁主义的水平，调动全县人民群众的积极性，团结一切可以团结的力量，把全县社会主义建设事业推向前进。

按照县委的具体要求，老区乡镇首先是组织党员干部学习，以大会的决议案为提纲，政治报告为中心，学习《共产党章程》

《关于修改党章的报告》《第二个五年计划建议的报告》等。通过组织学习，进一步明确党的八大路线、方针和政策，增强用党的八大精神指导工作的自觉性。在党员干部普遍学习的基础上，有计划有组织地把党的八大精神贯彻到广大人民群众中去。农业生产合作社召开的群众大会，传达贯彻党的八大精神。通过传达学习，广大党员干部、人民群众了解了党的八大会议的重要内容和意义，提高了思想觉悟，坚定了走社会主义道路的信心和决心，在工作和生产中开展竞赛活动，为建设社会主义贡献力量。

老区乡镇党的八大精神的学习和宣传活动从1956年9月开始到1957年4月，历时近半年时间，利用初级理论组、高级自学组等多种形式，包括乡干部、教师、职工、群众近7 000人参加了学习，使党的八大精神家喻户晓。

第二节　提前完成第一个五年计划取得了巨大成就

在"一五"计划期间，县委、县政府狠抓"一五"计划的措施落实，为"一五"计划的完成奠定了基础。截至1957年末，在农业方面，全面整顿了农业生产合作社，开展了民主建社，加强经济管理，开展生产竞赛和技术革新运动，推广新农具、粮食新品种，增施粪肥提高地力。"一五"计划末的1957年全县施肥面积达到65%，在与自然灾害的斗争中粮食获得大丰收，粮食总产2.34亿公斤，比前4年平均亩产提高了31.6%，超额7.4%完成了第一个五年计划。在此期间大力发展到副业生产，增加了集体积累和社员收入。1957年畜牧业、家庭养殖业、加工业、运输业等副业收入占粮食总产值的32%，全年养猪103 500头，超过历史上全年养猪最高水平的50%。

地方工业方面。积极开展技术革新和技术协作，深入进行增产节约运动和增产挖潜，解决了原料不足等诸多困难，加强了产品的供销平衡，进行合理安排和督促检查工作，在提高产品质量和信誉上下功夫。全县地方工业总值实现74.7万元，手工业总产值271.9万元，较好地完成了"一五"计划。

交通运输业方面。加强原有公路的维修和养护工作及新建公路的建设任务。1957年，巴彦县城至西集镇公路胜利竣工并投入使用。加强运输管理，搞好车货平衡，完成了货运周转量1 751 699吨公里，为"一五"计划的128.9%，进一步完善了城乡物流，保证了工农业生产的需要。

文教卫生事业均超额完成国家下达的"一五"计划。认真贯彻"巩固成绩，提高质量"的方针。教育方面，教师的积极性提高，现有设备潜力有较大发展。中学生人数2 706人，比"一五"计划初提高了12.9%。小学生42 642人，提高了122.9%，扫除文盲工作迅速开展，1957年又有48.4%的文盲上了夜校。在卫生方面，大力开展以除"四害"为中心的爱国卫生运动。充分发挥社会医疗机构和中医的作用，加强疾病预防工作，防重于治，医疗条件和卫生环境有明显改观。广播事业开始向农村发展，广播喇叭入农户3 100个，农村广播事业从无到有。

1957年，全县财政收入240.9万元，为计划指标的103.1%。社会商品零售总额2 290万元，超计划3.16%。货源不足的：煤炭、木材、棉布、石油等和一些副食品采取计划供应、凭票供应等措施，基本上满足了社会生产和人民生活的需要。

"一五"计划特别是党的八大前后，县委在领导全县经济建设上，认真贯彻和执行党中央和省委的一系列方针政策，使经济建设有计划按比例发展。计划指标切合实际，宏观计划与微观市场协调发展，建设规模与综合实力相适应，经济建设与人民生活相兼顾，使"一五"计划得到了顺利实施。全县圆满地完成了各项任务和指标。

老区乡镇，认真落实"一五"期间县委、县政府的规划要求，全力发展经济，重点抓好地方工业建设、交通运输业的发展、文教卫生事业的巩固与提高，使老区的面貌焕然一新。

第三节　农村人民公社运动

1958年8月，省委转发《中共中央关于在农村建立人民公社问题的意见》，要求各地立即行动，县委要求：一是传达文件精神，学习讨论为什么要建立人民公社。二是搭架子。主要讨论公社、管理区（生产大队）、生产队的构架。三是报名申请加入人民公社，成为社员。10月14日将29个公社合并为8个人民公社，1959年变为22个，1960年变为15个，1961年变为24个，1962年变为27个，1964年变为28个。

人民公社化运动最大的失误是在所有制的关系上存在着盲目性。大办人民公社的过程，实际上成了大刮"共产"风的过程，不仅造成了对农民的剥夺，而且生产力受到了灾难性的破坏，损害了党在农村的威信，挫伤了广大农民建设社会主义的积极性，教训是十分深刻的。

第四章 伟大的历史转折

（1978—2010年）

第一节 党的工作重点的转移

1978年12月18日至22日，中国共产党第十一届中央委员会第三次会议在北京举行，全会的中心议题是把全党工作的重点转移到社会主义现代化建设上来。会议坚决批判了"两个凡是"的错误方针，充分肯定了必须完整地、准确地掌握毛泽东思想体系，高度评价关于真理标准的讨论，确定了解放思想、实事求是、团结一致向前看的指导方针。

党的十一届三中全会确定的方针、路线和政策，受到全国各族人民的拥护，广大干部和人民群众得以冲破长期以来"左"倾错误的束缚，建设社会主义积极性充分发挥出来，同全国各地一样，巴彦县的各项工作出现了新的起色。

第二节 学习宣传中共十一届三中全会精神

中共十一届三中全会以后，中共巴彦县委召开常委扩大会议传达贯彻了会议精神，决定在全县迅速掀起一个学习、宣传、贯彻党的十一届三中全会精神的高潮。

巴彦县委组织全县干部群众认认真真学习党的十一届三中全会文件，引导人们把思想统一到党的十一届三中全会精神上来，广大干部群众真真切切地看到了转移的实际行动，心里变得越来越踏实了，满怀坚定的信心，开始迈上中共十一届三中全会确定的改革开放道路。

第三节　农业

党的十一届三中全会以来，巴彦县委带动广大干部群众认真贯彻落实党在农村的各项方针、政策，深入进行经济体制改革，大力发展农村商品经济，使农村产业结构发生深刻变化。商品生产规模日益扩大，经济效益不断提高，生产条件得到很大改善，农民生活也由温饱型向富裕型转化，整个农村经济呈现一派欣欣向荣、蓬勃发展的景象，农村经济飞速发展。过去一向经济落后的老区乡镇，也发生了可喜的变化。

巴彦县老区乡镇农业产值比对表

单位：万元

名称	2018年产值	比对年份					
		1966年	占比%	1978年	占比%	2010年	占比%
洼兴镇	32 355	237.6	135.0	538.0	59.1	30 753	0.52
龙泉镇	30 231	479.3	62.0	593.7	49.9	28 059	0.08
天增镇	44 503	469.8	93.7	538.7	81.6	15 456	1.88
黑山镇	22 989	936.4	24.0	194.2	117.3	20 190	0.14
镇东乡	21 517	443.2	47.5	605.9	34.5	19 823	0.09
山后乡	30 745	334.5	90.9	405	74.9	27 756	0.11

农村产业结构得到合理调整，由单一型的农业经济逐渐转变为综合型农业经济，出现了三大转变：第一，种植业结构由以粮食生产为主转向粮食作物、经济作物和其他作物协调发展。第二，农业结构由以种植业为主转向多种经营全面发展。1949年至1978年，年均种植业总产值占农业总产值的84.16%，1979年至1985年，由于发展多种经营，开阔商品经济渠道，相应的林、牧、副、渔业产值上升，种植业年均产值比前30年年平均产值下降4.79%，1986年至2016年随着农业改革的逐步深化，农村经济实力的增强，多种经营的扩大，2016年农业总产值1 351 330万元比1986年的41 228万元增加了32.77倍。第三，农业经济结构由以农业为主转向农、工、商、建、运、服综合经营。1985年农业总产值（农、林、牧、副、渔）占全县社会总产值的46.35%，工业总产值占全社会总产值的12.4%，建筑业产值占全县社会总产值的0.95%，运输业产值占全县社会总产值的0.81%。

一、农业生产责任制

1979年到1985年，在党的十一届三中全会精神的指引下，老区乡镇干部、社员群众认真总结经验教训，从实际出发，解放思想，大胆探索，逐步建立了多种形式的生产责任制。这是社会主义的农业生产单位和生产者生产资料公有制的前提下，在生产过程中的责任与权利统一的一种管理制度，也是社会主义初级阶段农业发展的必然趋势。1979年试行定额管理，联产计酬。有四种方式：一是分组作业，联产计酬。二是包工定额，按质奖惩。三是单项作业，联产计酬。四是专业生产，包干提成。通过这四种方式解决了生产中的"大帮哄""卯子工"的做法和分配中的"大锅饭""一拉平"的平均主义现象。

1983年至1985年推行家庭联产承包制，1983年实行包干包产到户，并大力发展专业户、重点户，"两户"（多种经营专业户、商品粮专业户）专业屯。由于落实了生产责任制，农民的积极性空前高涨，1983年粮豆平均亩产606斤。

随着农村改革开放的不断深化，土地承包责任制的不断完善，惠民利民的政策落实，广大农民真正地解放了思想，发展经济摆脱贫困的愿望更加迫切，早致富、快致富的决心更加坚定，特别是党的十八大以来，加强了党的基层组织建设，强化了党对农村改革和社会主义新农村建设的领导，把恢复振兴经济、发展生产、建设现代化的大农业、建设美丽乡村作为头等大事来抓，粮食产量逐年上升，农村经济向好。农业的综合发展，推动了农村经济的发展。

二、老区农村经济结构

1.产业构成

1949年至1957年期间，巴彦县采取重点发展粮食生产，适当增加副业生产的方针，把主要资金和劳动力投入到农业生产，初步形成比较合理的产业结构。优先考虑，安排老区乡镇的农业发展。1958年以后，片面强调"以粮为纲"，忽视农业经济的全面发展，农、林、牧、副、渔业比例失衡。1978年，种植业占农业总产值87.11%，林业占0.48%，牧业占9%，副业占3.3%，渔业占0.09%。由于林业短腿，致使全县平原区森林覆盖率仅占4.2%，大部分耕地裸露，没有屏障和保护。畜牧业内部结构也不尽合理，1970年纪念毛泽东《关于发展养猪业的一封信》发表11周年后，猪是发展上升的，牛、羊、马是下降的。黄牛1949年为2.5万头，1952年为3.2万头，1978年末仅剩下1.5万头。羊1972年发展到1.8万只，1978年仅剩下5 000只。马1949年为3.4万匹，1978年为4.3万匹，从马的数量上看有所增加，但从1976年到1978年三年间，每年平均死马2 600匹，从外地购进15岁以上的老马占马存栏数的26.3%，瞎马占37.9%。

1983年在实行土地家庭承包的过程中，坚持发展粮食生产、多种经营和乡村企业，推进农村产业结构调整。农业总产值41 228万元，粮、多、企比为6.3:1.3:2.4。1987年发展专业户、专业屯、专业村、经济联合体、多种经营和民营企业。1988—1989年推进养殖业和棚室菜生产向区域化、专业化、商品化方向发展，广泛进行招商引资，大力发展乡镇企业。1991年，县委、县政府作出《关于加快畜牧业发展的决定》《关于发展糖麻生产的决定》《关于发展壮大村级集体经济的决定》。1990至1998年，坚持粮、多、企齐头并进，发展专业户为主的养殖业和乡、村、户办的企业调整。种植业扩大经济作物的面积，向基地型特色种植发展。产业向规模化、专业化发展，多种经营开发庭院经济，乡村企业及个体经济迅猛发展，产业结构发生显著变化。1999年受自然灾害影响，粮食价格一度走低，种植业产值下降，但多种经营稳步发展，2000年，乡镇企业等非农业产值占62.72%，呈历史最高。2001年，产业结构发生新变化，种植业显著提升，乡镇企业实行民有民营产权制度改造，部分企业解体的转为民有民营。2005年，乡镇企业产值下降，农村产业以为种植业、养殖业为主导，企业发展仍为弱势产业，其中乡、村企业降到零点。

2.劳动力从业分布

1986年，农村劳动力由以种植业为主逐步向林牧副渔业、乡镇企业和其他行业分流。农村劳动力中从事种植业占87.14%；林牧副渔业占3.42%；其他各业（含乡镇企业）占9.44%。1991年农村劳动力中从事种植业占85.53%；林牧副渔业占3.61%，包括乡镇企业在内的其他各业从业人员占10.86%。2005年，劳动力252 993人，从事种植业61.96%，比2001年下降5.09%；其他各业占38.04%，比2010年增长5.09%。

2006年以后，老区劳动力的分布发生了很大变化，随着农业机械化的普及，机械作业率的提高节余了一部分农村劳动力，这些剩余劳动力大部分进入城市从事建筑业、加工业和其他产业劳动，为社会创造了财富，也为个人增加了收入，使农村经济有所好转，大部分农民摆脱了贫困。

2006—2018年老区从业人员情况

单位：人

年度	合计	男从业人员	农业人员	工业人员	建筑业人员	其他行业人员
2006	253 620	139 490	157 150	15 587	25 676	55 207
2010	220 933	163 411	169 124	17 521	34 288	73 303
2011	295 074	163 627	170 285	17 521	34 288	72 980
2012	295 725	163 950	171 426	17 521	34 288	72 490
2013	296 047	164 162	171 577	17 521	34 288	72 655
2014	298 752	167 127	169 067	19 522	32 911	77 252
2015	29 784	164 535	163 653	19 652	31 810	74 627
2016	284 816	163 620	159 237	19 417	33 076	73 086
2017	301 147	164 321	172 476	19 426	38 976	70 269
2018	297 780	165 357	173 960	19 397	30 249	74 174

农村经营体制改革后，农业收入由单一种植业收入向林、牧、副、渔多元收入结构转变。1986年，农业总收入33 089万元，其中：种植业占63.42%，林业占0.29%，牧业占8.92%，副业占24.46%，渔业占0.37%，其他占2.50%。1991年，总收入80 547万元，其中：种植业59.52%，林业占5.36%，副业占31.4%，渔业占0.66%，其他占2.50%。1996年，总收入大幅增长，达413 990万元，其中：种植业占37.46%，林业占0.11%，

牧业占10.73%，副业占46.83%，渔业占0.36%，其他占4.51%。2000年，总收入359 490万元，其中：种植业占40.38%，林业占1.49%，牧业快速增长占29.82%，副业占25.36%，渔业占1.39%，其他占2.10%。2005年，农业总收入达381 448万元，其中：种植业占44.98%，林业占6.60%，牧业超过种植业占45.82%，副业占0.78%，渔业占1.45%，其他占0.37%。2006年，以后十几年中农村经济处在稳步向上的发展中，收入结构更加多元化。

三、农业管理

1.劳动管理

土地改革结束后，新成立的农业生产互助组集中劳动，本着互惠互利的原则，实行互换工日或秋收后用现款和实物（粮食）互相结算。

农业合作社以后，一般是合作社分为若干队和副业队，实行社队两级管理，在生产上执行"三包四固定"和超产奖励制度。即合作社对生产队固定"土地、耕畜、劳力、农具"，生产队按照社队双方议定的"包工、包产、包成本"的合同，又分若干小组或临时小组，单独出工，执行计划。秋后生产队收入超出合同所规定的任务，给予奖励。

1958年至1960年人民公社初期，实行公社、管理区、生产队三级管理，取消了小组作业、评工记分等劳动管理办法，劳动力由管理区统一调配。1962年贯彻落实《人民公社条例》，按照"各尽所能，按劳分配"的原则，推行小组作业、小段包工、按件计酬、技术补贴、季节评奖等5种管理方法。1966年7月，在总结富源公社富源大队第九生产队学"大寨"评工方法的基础上，向全县推广"大寨"经验，废除了以前5种管理方法和出工考勤制，提倡"标兵工分，自报公议"的劳动管理制度，重新出现干活"大帮哄"的现象。

党的十一届三中全会以后，由联质计酬、联产计酬，逐步推行完善联产承包制，劳动管理由高度集中趋向相对分散，农民独立安排劳动，自主经营种植业。

2.财务管理

农业合作化以前，生产资料私有，农户经营自理。合作化以后，实行全社统一经济核算，民主理财。1965年，县人民政府公布了《巴彦县农业生产管理细则（草案）》，严格规定各项管理和收支计划、财会制度，以及每年的决算方案和重要开支项目，由社管理委员会和社员代表大会决定。

人民公社化初期，实行管理区统一核算，财务管理混乱。1962年改为以生产队为核算单位，大队、生产队都建立了财物管理制度。1971年，县革委会根据中共中央〔1971〕82号文件精神，制定了《巴彦县社及经营管理试行规定》，从计划管理、劳动管理、财务管理、粮食管理、畜牧管理、农机管理、物资管理、社队企业管理、干部参加集体劳动管理、加强经营管理领导等十个方面作了详细规定。1979年在逐步落实生产责任制、推广单机核算、改善农机管理、养猪合同制、队办猪场扭亏增盈等经验。1983年初步试办大包干生产责任制起，到1985年全部完成为止。

3.合作经济管理

1985年，农村合作经济管理，改变为乡、村、屯三级管理模式，撤销屯级（生产队）为基本核算单位的管理方法，实行乡、村两级管理。乡镇设经营管理站，村设财务领导小组，设专职会计、出纳，负责经济管理工作。1986年，县委、县政府按照黑龙江省委、省政府《关于完善农村合作制若干问题的规定》《黑龙江省农村集体经济组织财务管理条例》，规范农村合作经济组织管理工作，推行村级会计集体办公制度。1999年加强农村财务范围化建设，加强财务审计。2005年，农村合作经济组织仍处于除国家政策补贴基本没有收入来源的状况。经济管理集中开展压缩支出、控制新生债务、清欠还债的化解乡村债务工作。至10月末化解债务1 617万元，村级债务仍达3.2亿。老区乡镇债务得以清欠，但仍没能完全解决。

4.收益分配

1979年至2012年在不断深化农村经济改革过程中，调动了农民经营上的自主性和积极性，农民所得大幅度提高，年均个人所得比之前30年来平均增加了10.4倍。

1990年至2016年之中，1990年农业产值是62 641万元，1995年农业产值为76 358万元，2000年农业产值大幅度增长，年总产值为145 175万元，2005年农业产值为196 279万元，2016年农业产值为582 317万元，飞速发展的农村经济，促进了广大农民由贫困、温饱逐步走向富裕，以2005年作比，净收入202 009万元，税金为零，乡村"一事一议"筹款占0.17%，农民所得占99.83%，人均收入3 556元，比2000年增长54%。2010年面对金融危机的冲击，以科学发展观为统领，全面落实惠农政策，不断深化农村各项改革。农业增加产值37亿元，比上年增长9%，农民人均收入实现6 099元，增长13.4%，粮食总产40.5亿斤，再创历史新高，连续三年蝉联国有粮食生产先进县，获奖6 000余万元。2015年，农村深入贯彻中央1号文件精神，以转变农业发展方式为主线，粮食总产48.43亿斤，农民人均收入12 700元，同比增长8%，全县农业农村工作实现健康发展。

5.减轻农民负担

1986年，中共巴彦县委第八届全委扩大会议作出《关于减轻农民负担的规定》，对各乡镇统筹款、提留款，进行全面清理。全县实行村提留经乡审批、乡镇统筹由县审批办法，控制农民负担增长。

1991年，县委、县政府组织全县各部门全面清理农民负担过重问题。县农委组织县、乡干部和村级财会人员共900多人参加的工作队，对全县28个乡镇、340个村自1989年后的负担情况进行清查。复查结果是1990年全县农民总负担4 399万元，比1989年减少517万元，下降10.52%，人均负担从上年的91元减到83元，亩平均18元降到16.3元，各种摊派罚款从上年的311.5万元减少到141万元。县委、县政府组织法院、农委、经管站在西集镇进行了依法回收三欠（税金、乡统筹款、村提留款）试点，召开现场会，促进全县三欠回收，当年回收1 129.6万元，占三欠总额26.14%，清理整顿中查出有贪污的财会人员2人，占用公款公物5人，大吃大喝、损失浪费97项，金额52.4万元。责任人分别给予处分，全乡取消屯电工1 002人，节约开支50.1万元，限制最高电价，农村每年用电共降电费240万元，仅两项就减轻农民负担290.1万元，人均减少5.3元，清理整顿后，县委按照《黑龙江农民负担项目和标准》的意见，发布《关于加强农民负担宏观调控，建立农民负担项目和标准》的意见，健全农民负担监督管理体系。1998年9月，县委、县政府召开减轻农民负担工作会议，有10个乡镇村交流经验，全县涌现出一批既无外债又无内债、村级集体积累逐步增加、农民负担逐年减轻的村。实行乡村财务公开，加强群众监督，全年压减不合理负担支出420万元，户均压减负担37.20元，人均压减7.64元。1999年7月，县委、县政府组织开展"四查"活动，对不合理负担各乡镇先自查自纠，县成立专门审查组全面开展清理检查，对苗头性、倾向性和农民反映强烈的问题，开展专项清查，对重大问题立案审查，严重违纪的给予党纪政纪处分，触犯刑法的移交司法机关查处。2000年，县政府办公室发布《关于全县农村两工一车使用管理暂行规定》，农村"两工"管理实行预算制度，建立专项结算账、卡，不许任意扩大投向、范围。2001年，县农村经管站组成3个审计组，对全县乡镇村2000年农民负担及村级财务进行审计，查出超规定标准筹款村28个，不经审批自立项目筹款村31个，机动地不承担农业税、乡统筹、村提留、转嫁负担村15个，截留农业税减免款、粮食加价款村17个。6月，全县实行并村减员，村干部由4 078人减至696人，从根本上减轻了农民负担。2004年实行公益事业收费"一事一议"制度，筹款为1 006万元，2005年农业税全免，"一事一议"筹款340万元。

第四节　种植业

一、粮豆薯种植

党的十一届三中全会后至2018年，巴彦县革命老区在种植计划上逐步改变过去指令性为指导性，承包后的农民有了自主权，扩大经济作物种植面积，减少粮豆面积，年平均粮豆面积占播种面积的78.13%。随着市场价格、科学技术的推广、经营效益波动等影响，粮豆薯种植结构不断发生变化。但粮豆薯的产量随着农业机械化和科学技术的推广普及、农业生产田间管理、种子的选择、化肥的使用，产量在逐年提高。

1967—2018年老区乡镇农作物播种面积产量表

单位：公斤

年度	总播种面积	粮豆薯			经济作物面积	其他作物面积
		播种面积	亩产	总产		
1967	609 731	570 465	268	145 162	26 095	13 171
1978	577 768	525 419	396	208 263	36 730	15 619
2012	1 139 205	1 057 437	676	743 499	743 499	7 419
2018	1 039 326	929 960	681	633 302	98 476	10 890

二、经济作物及特色种植

党的十一届三中全会以后，改变了经济作物较为传统的发展，放宽视野，随着市场经济的发展，种植业向特色种植、增加收入方向发展。蔬菜、香瓜、西瓜生产快速增长。1986年蔬菜种植63 395亩，其中棚室菜105亩；西瓜1 900亩。1991年形成蔬菜、西瓜、烤烟、果类、药材并进的势头。蔬菜种植27 193亩，其中棚菜478亩；西瓜降到9 765亩；烤烟发展到14 235亩，是1989年的8倍多。果类生产面积1 500亩，药材种植8 000亩，1996年特色种植继续扩大，棚菜生产快速增长，种植6 405亩，是1991年的13倍多；裸地菜34 646亩，比1991年增长29.96%；果类生产面积34 000亩，比1991年增长21.6倍；烤烟种植下降到5 850亩，药材下降到2 480亩。2000年，棚菜生产持续发展，种植15 270亩，裸地菜9 183亩，药材21 675亩，果类50 850亩，西瓜、烤烟分别降至4 592亩、3 675亩。特色种植105 245亩，占耕地3.49%。2005年裸地菜种植13 872亩，比2000年增长51%；西瓜种植18 032亩，比2000年增长292.68%；果类种植稳定，面积49 680亩，药材增加到2 973亩。特色种植面积133 348亩，比2000年增长26.70%，占耕地4.44%。

三、农业种植技术科研推广

1986年利用低洼地进行水稻旱种示范获得成功。8月，省（市）自治区农业专家及技术干部到巴彦考察给予肯定。9月，黑龙江省农业工作会议组织130余人到松花江永常村参观，巴彦旱种水稻在北方8省市推广。当年进行水稻育苗"床土调酸剂"、"床土调酸技术"、水稻高产早熟品种、果蔬丰产技术等14项试验示范。

1987年以西集镇为主包括老区洼兴镇、龙泉镇等10个乡镇进行种子、化肥、农机具、高温造肥，利用草炭制造腐殖酸肥等16个项目试验示范。1988年完成中美合作大豆亩产200公斤试验、玉米育苗移栽试验、土壤深松、培肥地力等10项技术。1989年完成巴单1号玉米品种试验及地膜覆盖、低洼易涝地改造、棚菜栽培等18项技术。1990年与东北农学院合作，在16个乡镇、26个村、1 026个农户的4 500亩耕地进行玉米、水稻、大豆模式化高产栽培技术示范获得成功，并完成测土配方施肥、小型双行精量垄上机播、不同积温带作物品种、低洼地改造等18项试验项目。1991年完成种子催芽、药物浸种、科学施肥、玉米掖字号品种使用、机械播种及大面积模式化栽培、高产攻关等27项实验项目。1993年完成省、地大豆生物钾肥、玉米生物复合肥、水稻喷施叶面肥、水稻壮秧剂育苗、大豆重迎茬研究等5项试验示范。1996年完成国家大面积高产综合配套技术课题3项，完成省、地、县关于土壤耕作、肥料使用、药剂除草等11项试验示范。2000年完成国家科委大豆大面积高产综合配套技术研究开发与示范项目78.2万亩，农业部大豆"丰收计划"项目20万亩，灭鼠"丰收计划"20万亩，省农委大豆丰收计划10万亩。承担省、市试验项目28项、自定试验项目8

项。2002年建立大豆高油品种示范区，在巴彦镇、松花江乡、富江乡的16个村，进行5万亩大豆农垦4.合丰41.东农92 163示范；革命老区在镇东乡、洼兴镇、黑山镇的20个村，进行大豆黑河19品种试验。进行玉米引种试验项目25个，生产实验品种5个，区域试验品种13个，预备试验品种35个。大豆试验品种6个，区域试验品种22个。进行大豆高油品种和高蛋白品种对比试验，这些实验都取得了满意的效果，促进了老区乡镇经济的发展。

四、小区开发产业项目及能源

天山小区位于泥河上游北岸，在革命老区天增、山后乡境内，11个行政村，12 300人。2001年开发投建，完成堤防、排涝、灌溉、旱改水改造中低产田1万亩，造林带100亩。总投资215万元，其中由中央及省投资145万元，新增产值276万元，人均增加收入360元。

五、生物肥加工项目

2003年由哈尔滨市中加肥料有限责任公司巴彦分公司承建，企业性质为民营，建设地点在本县万发镇，占地面积1.2万平方米，项目设计年生产能力1 000吨生物有机肥。建有发酵、制造、烘干、熟化动力车间，购置设备19台，项目总投资146万元，其中：中央及省财政投资100万元（有偿投资80万元），市县乡财政投资13万元，企业自筹33万元，2005年达到生产能力。

山后乡是革命老区乡，是优先发展乡镇。2002年启动建立烤烟基地，2003年正式立项，年末完成，项目投资220万元，新增烤烟能力224.5万公斤，增加产值1 525万元，增加收入805万元，农民人均增收310元，2005年后平稳发展。2005年山后乡北药种植项目正式立项，年末完成，项目总投资157万元，年产北药59.4万公斤，增加产值118.8万元，增收85万元，人均增收600元。

革命老区天增镇北药种植项目，是2004年的多种经营项目，位于天增镇耕丰村，计划以种植黄芪、柴胡、穿山龙等中药材，面积3 000亩，总投资126万元。形成年生产能力33.4万公斤，产值达250万元，新增农业纯收入148万元，种植户年收入5 000—8 000元。优质烤烟项目，2005年土地治理项目，建设期一年，项目总投资236万元。年增产烤烟92万公斤，增加收入222万元，人均增收410元。

另外1982年利用"沼气开发项目"解决农户燃料不足的问题，县政府在松花江乡五一村建造沼气池27个作为试点。因室外建池冬季效果不佳，改为室内，又因进出料困难没有推广开。1986年仅建池60个。由于增加玉米面积，农户的烧柴困难得以解决后，沼气开发利用逐渐停止。2005年推行农村新能源开发建设，县政府确定巴彦镇、巴彦港镇、兴隆镇、老区山后乡的8个村为沼气开发利用项目村，按照实用、高效、低耗、环保的标准，成功建成28个新型沼气池。对项目村农民进行沼气开发应用技术培训，培训农民1 000人。

太阳能利用。1986年以后集中推行地膜覆盖和日光温室生产蔬菜技术，逐年普及，水稻小棚、大棚育苗成为专项技术，全面应用，增加作物积温。利用日光温室，进行蔬菜反季节栽培、食用菌人工栽培，使老区经济得到恢复和发展。

第五节 农业机械化

一、农机具

巴彦县农业生产工具，可分为旧式铁木农具、新式马拉农具和机械农具三种。1962年到20世纪50年代初期，巴彦县农民一直以旧式铁木农具为主要生产工具。农业进入互助合作社阶段，大力推广新式马拉农具，1951年至1953年属于示范阶段，一个乡有一两个基点社，以试种小麦、亚麻为主，逐步扩大到播种大豆、高粱、玉米等作物。使用新式马拉农具将垄形缩到60厘米，实行双条播，节省地力、提高产量。据四区（西集）新民社资料记载，在茬口和地势相同的两块里种植高粱，由于使用的农具不同，收获量也就不同。见下表：

农具别	行距（厘米）	茬口	地势	级别	地数（垧）	每垧产量（斤）	总产量（斤）
新农具	60	麦	平川	25	2	4 800	9 600
旧农具	66	豆、麦	上中	27	2	3 754	7 508

经过示范比对，新式农具凸显增产效果。从1952年到1962年，新式农具进入发展阶段，全县拥有各类农机具7 872台。

农机事业的发展一靠国家投资和贷款，二靠集体自筹资金，三靠农户自筹。1969年，全县已有24个公社建拖拉机站，有拖拉机122混合台，核6 480马力，平均每马力担地400亩。1974年除巴彦镇外，其余公社都建了拖拉机站，共计26处。1985年，全县拥有拖拉机1 213台（链轨392台，胶轮821台）、手扶式和小四轮拖拉机3 937台。其他动力机械：耕作机械、加工机械等累计8 368台（件）。2005年，全县拥有各种型号的拖拉机总数为14 941台，其中：链轨594台、胶轮565台、小四轮12 422台、手扶式1 358台。2010年，全县农用拖拉机保有量28 600台（套），其中：大型拖拉机550台，中小型拖拉机27 990台，农具保有量31 600台（套）。2015年，全县拥有大中型拖拉机11 809台，小型拖拉机19 667台，农具保有量36 597台（套）。

二、农机具改革

森林穄耙（初名），20世纪50年代初兴隆公社森林大队学习肇州县谷子宽播丰产经验后开始研改旧式穄耙，经过不断改进，1982年改成垄上3条，播幅宽8寸适用于播种谷子及高粱等穄茬作物，在全县推广。

森林滚筒，20世纪60年代初县农业技术推广站在兴隆镇森林大队试验制成，用于播种大豆加宽播幅，实现大豆满垄灌。此种农具没有推广开。

48行播种机上加副梁，县农具研究所在1973年到1976年改革成功，改平播为垄作，适用于大豆、高粱等大田作物的播种。

播种箱，1974年到1977年间制成。在七铧犁上安播种箱，可随起垄随播种，全县共改成270台。

SB-2播种机，1979年县农具研究所利用手扶式拖拉机改成，解决了手扶式拖拉机播种趟地配套问题，到1983年全县共改制1 270台，同时推广到宾县、鸡东等县。

此外还改制大豆按种器、玉米等距划印耙等小型农具。施肥用的撼粪镇压联合机、化肥追肥器等，使用方便，减轻劳动强度，很受欢迎。

1986年以后，老区乡镇农业科技创新能力的提高，农业机械化普及程度的加快，各种农业机械得以应用，广大农民根据地域条件的不同，选用适合本地作业的农机具，随着台（套）数的增加，大马力、超大马力的农用机械走进农户。

巴彦县老区乡镇实行联产承包后农机发展情况

年份	大中型拖拉机（台）	小型拖拉机（台）	农机具（件）
1978		135	480
2010	168	1 147	1 768
2018	1 565	4 354	11 858

三、各种机械

1.耕作机械

1986年到1991年，间农田耕作以翻、耙、起配套作业机械为主。配套农机具的使用耗工耗时，成本较高。1992年，全县推广多功能旋耕机整地，拖拉机带动旋耕机一次作业、一次灭茬，降低作业成本，IGXZ-210型组合旋耕机日作业量为150亩。

在使用旋耕机的同时，普遍使用根茬还田机。用于玉米、高粱垄作农田根茬粉碎还田、碎土、耕翻、起垄、镇压，达到培肥地力、疏松土壤、便于垄上播种的目的。拖拉机牵引一次完成，很受农民欢迎。

2.播种机械

48行播种机，称GF-48谷物施肥播种机，为种肥一次播入的平播机械，1995年仅剩4台，1996年被小型精量播种机取代。

龙江一号播种机，为平作起垄精量播种机，可点播、可条播，种肥一次作业，同时下地，播幅6条垄，作业量大，后因农民地块分散，被小型播种机取代，不再使用。

小型精密播种机是适应家庭分散经营和农艺要求的播种机械。有引机、马拉两种，作业达到开沟、深松、施肥、下种、覆土、镇压一次完成，下种为等距精量点播、种肥分离，用12马力拖拉机牵引双垄作业。2000年有7 811台，作业面积258万亩，2005年有8 341台，作业面积510万亩。

3.综合机械化程度

拖拉机及配套农具的增加，改变了传统的农业耕作模式，农业机械化水平稳步提高。农田作业机械化程度在逐年增加。

2018年全县农业机械总动力发展到141.69万千瓦，大中型拖拉机13 659台，小型拖拉机18 507台，农机具保有量37 025台（套）。

共建现代化农机合作社48个。

全年共完成机械精量播种344.11万亩，完成机械中耕229万亩。实现玉米机械收获2 303亩，大豆机收50.9亩，水稻机收36.36万亩。

2017年省投入农机补贴资金780.46万元，购置各类农业机械624台，其中拖拉机41台、收获机械139台、收后处理3台、耕整地机械57台、种植施肥机械384台。

第六节　林业

一、植树造林

巴彦县的林区和林业生产全部集中在老区范围之内。据《黑龙江志稿》记载："本县开荒有年，即有林木数起，均系佃农自行栽植，并无天然林。民国五年（1916年）私有林场5区，计27 678亩。民国六年（1917年）栽松占地4 350亩，栽榆占地5 528亩，栽柞占地4 100亩，栽杨占地8 300亩，栽柳占地5 400亩。"另据1936年编《巴彦县地方事务概要》记载："每届春季，提倡植树。劝导村民于荒山隙地、河堤园边，栽植树木。但知识谫陋，对于树木，不知养护，且而滥伐，不知林业利益之所在也。"又："每年清明节，知事率领各界人等，各栽一株，秋季又复补种。"直到1945年东北解放前夕，各地仍是树幼林稀，有林面积不足7万亩。

解放后从1950年至1985年期间，国家与地方相关林业的政策促进了林业的快速恢复和发展，1950年后，贯彻"普遍护林护山，大力育林，积极造林，合理采伐"的方针。1962年贯彻"国有山林为主，兼顾地方利益"的方针。1969年"中发（67）305号"文件第二条"不准将国有山林划归集体，不准将集体山林划归个人，已经这样做的必须纠正"的精神，巴彦县将1966年下放给永发公社的1 200亩柳条通收归国有。

1984年12月22日，县政府召开了深入宣传《森林法》会议后，全县的林业生产有法可依、有章可循，掀起了植树造林的热潮，促进了林业生产的健康发展。

1986年依据《巴彦林业生态工程建设规划》和三北防护林、退耕还林等工程规划，开始推进综合防护林体系建设，恢复和改善松花江流域生态环境，调整生态结构、恢复森林植被、控制风沙和水土流失，规模推进营造私有和大工程建设，努力完成松花江流域的生态建设任务。

二、三北防护林工程

1983年纳入巴彦县三北工程建设并全面启动。全县划分：南北部沿江河平原农防林区；中西部丘陵漫岗水保林区；东部山地水源涵养林及速生丰产用材林区；驿马山风景林区。全部工程分四期完成。1986—1995年，第二期工程完成造林面积666 430亩次，完成灭荒造林任务，初步实现平原绿化达标，提高农田林网建设标准。1996—2000年，第三期工程完成造林面积350 618亩。全面启动生态工程建设，重点组织实施农田林网建设、村屯达标绿化、绿色通道、小流域治理、森林能源基地建设等工程。2001—2005年，第四期工程完成造林面积112 600亩次。重点组织实施绿色通道，水土保持、水源涵养、农田防护林改造提高、村屯四旁绿化、生态园林示范村建设等工程。

城乡绿化工程，从1986年实施消灭两光（光腚屯、光杆路），实现村屯四旁绿化达标，建设生态示范村和园林城市，1987年详细制定城乡绿化规划，全县1 351个自然屯绿化面积94 570亩，至2005年末已绿化自然屯1 050个，造林面积66 070亩，占应绿化面积的70%。1997年，县委、县政府实施建设园林城镇工程，至2005年末，巴彦镇、巴彦港镇、龙泉镇、黑山镇、龙庙镇、华山乡政府所在地基本达到建设标准，完成绿化面积2 160亩。巴彦镇西郊公园、东郊公园、巴彦港镇江畔公园和2014年始建的巴彦文化公园都成为典型工程。

三、森林保护

1.护林防火

1949年纳入县政府的工作日程，由县农科所具体负责。1950年3月，县政府又发出《加强护林防火工作》指示文件，县、区、村三级政府成立防火组织划分区域，建立分管联防制度，联防不分行政界限，定期检查护林防火工作。1979年以来，县护林防火指挥部利用各种宣传方式，宣传护林防火的重大意义。复兴公社和革命老区黑山镇（复兴公社）国营林场以大队为单位，民兵为骨干组成200多人的9个快马救火队，又以生产队为单位组成1 600多人的10个扑火队，形成"招之即来、来之即战、战之能胜"的群众性护林队伍。1967年邻县发生山火，复兴公社立即召集社建、明山、林山等3个大队的快马队和700多人的扑火队协助邻县扑灭山火。由于该处30年来未发生火灾，复兴公社、黑山林场均被评为省、地、县三级无森林火灾先进单位。

1986年至2018年，坚持实施防火公约制度、入山管理制度、生产生活用火制度，实行了地方政府县长、乡镇长、村长、屯长"四长"负责制，林业系统局长、场长、片长、站长"四长"负责制。林区的其他单位层层签订责任状，实行一票否决制、防指成员轮流值班制度、防火期层层检查制度，签订保证书，缴纳防火抵押金。对全县重点火险区实行死看死守制度，至今无森林火灾事故。

2.林木保护

林木资源的管护由农、林联合护林向专业承包转变，由1986年推广的黑山林场包山管护、包村屯依法护林、包站务建设、包森林防火、包罚没收入指标，实行浮动工资百分制，年终考核兑现奖惩的"五包一奖惩"的林业承包责任制，调动了护林员的积极性，提高了管护效果。1996年，县林业局出台"四包四保三定两奖"的改革方案，由护林站护林员包森林防火，保无火灾；包山场保护，保无重大森林资源破坏案件和野生动物资源案件发生；包站务建设，保生活井然有序；包实体开发，保人员经费开支。达到上述目标的场区年终兑现奖金。林政管理承包责任制的完善与实施，使林木管护的效果显著提高。森林资源正常消耗与非正常消耗的比例，1986年为1:0.31，2000年为1:0.25。

3.森林资源管理

自实行森林资源年报和采伐许可证核发制度。县林业局向上级报送《1986—1990年森林采伐限额统计表》，由省林业部门核准，实行限额采伐。以后每5年编报一次。随后两年老区范围内的黑山林场、龙泉林场、双鸭山林场完成二类调查工作。1991年

227

均建立森林资源档案，设有档案室，1996年完成集体资源调查，各乡镇林业站均建立资源档案，1986到2005年期间，国营林场经营伐审批制度权属市、局、场。1992年人工林经营伐最后审批权限为省林业厅国营林场局，后审批权限多种。2005年涉及资源管理的采伐、木材运输、经营、加工、林地使用、林野生动物繁殖驯养等许可证项目，发证机关为市林业局和相关部门。2010年林业有害生物防治效果良好，林业成灾率控制在5%以内，全面完成有害生物的清查工作，全县发生各类虫害5万亩，防治4.9万亩，防治率达98.5%。加大执法力度，打击违法犯罪行为，办结林业违法案件7起，行政处罚8人，查处率达到97%，刑事案件查处率达100%，无复议案件，无重大破坏林木资源现象发生，森林资源得到有效保护。禁种铲毒工作实现"零目标"，未发现乱杀乱捕野生动物现象。集体林地资源和湿地资源调查工作完成。2015年清理林木加工场点2处，清理野生动植物驯养繁殖场所13处。出动警力72人次、警车24台次，查处各类案件12起，处理涉案人员12人，收缴罚没款8万余元，震慑了违法犯罪分子，遏制破坏森林和野生动植物资源的违法行为，森林资源得到了有效保护，实现毒品"零产量""零种植"的目标，保持"无毒县"地位，病虫害防治率完成98.15%，完成洼兴湿地国家级公园的批复，完成巴彦沿江省级自然保护区申报及审批工作，为保持湿地生态系统及景观的完整性，保护珍稀濒危野生动植物资源和生态环境，保持生态平衡发挥了重要作用。

4.护林队伍

新中国成立初期到1978年党的十一届三中全会前，林业队伍人员按国营林场的编制配备。十一届三中全会后，随着农村改革的深入，林业改革也随之进行。1986年，国营林场结合林政承包责任制的落实，实行站长聘任制，护林员招聘制，充实林政队伍。全县建立38个护林站，配备职工173人，占林场职工总数的24.2%；设28个乡镇林业工作站，配备职工73人，到2005年全县林木管护专兼职队伍达792人。

四、林业科技成果

1.计划低强度火烧防治早落叶病

1986年4月，黑龙江省林业科学院森林保护研究所与黑山林场联合进行计划低强度火烧防治早落叶病，防治早期落叶病实验研究。经黑龙江省森工总局专家鉴定，该项成果达到国内同类技术先进水平。

2.森林植物检疫对象普查成果

1989年，巴彦林业病虫害防治站完成全县森林植物检疫对象的普查，为成功地进行森林病虫害预测预报及防治提供科学依据，该成果通过松花江地区林业局病防站、巴彦县科学技术委员会、巴彦县林学会的审核验收，同年，获得松花江地区科技进步二等奖。

3.老区黑山林场森林经营方案

1989年，黑山林场在松花江地区行署的指导下，编写审核完成黑山林场1989—1998年度森林经营方案，1990年5月通过黑龙江省林业厅组织专家鉴定，达到国内同类技术先进水平，成为浅山区以天然次生林为主的森林经营模式。

4.国营林场森林资源保护系统模式

1992年9月至1994年1月，老区黑山林场与松花江地区林业局联合进行国营林场森林资源保护系统的自选课题研究。以黑山林场属域为实践和研究对象，以系统工程理论、国民经济管理方法为工具，引入数理统计分析方法，选择优化森林资源保护系统模式，按照预防为主的战略思想，体现经济、行政、法律等管理手段的综合运用，1994年6月17日，松花江地区科学技术委员会组织专家鉴定，肯定有推广性和实用性，填补了国内的空白，处于国内领先地位，松花江地区行署林业局在巴彦召开现场会，进行全地区推广。

党的十八大以来，林业生产坚持"突出重点、以点带面、整体推进"的原则，以重点造林工程为依托，坚持生态效益与经济效益并重，把大搞生态环境作为改善农业基础条件，开展春季造林绿化工作，全县造林5.6万亩，超计划10%。半山区的老区乡镇，利用自然优势，造林1.9万亩超计划完成任务。

2018年围绕生态建设和美丽乡村建设工程，年内造林2万亩，比人工造林任务0.21万亩，超额0.38万亩，包括洼兴镇、龙泉镇、天增镇、黑山镇、山后乡、镇东乡在内的，增加扶贫村屯高标准绿化12个，绿化面积240亩。森林防火、森林资源保护、森林经营、森林旅游开发、湿地保护管理等多项工作，都按照相关法规、制度、措施进行开展，使林业生产得到了发展，坚持促进县域经济和老区经济发展。

2010—2018年老区乡镇植树造林情况

单位：亩

名称	生态林	人工林	绿化林地	其他
合计	1 5500	7 400	5 320	
洼兴镇	1 900	1 100	860	
龙泉镇	3 200	1 400	980	
天增镇	2 800	1 200	790	
黑山镇	3 000	1 600	1 050	
山后乡	2 400	1 000	960	
镇东乡	2 200	1 100	680	

第七节　水务

一、水利设施

1923年，有朝鲜族裴信焕带领家中24口人来到巴彦，买天字牌姜家店（今松花江乡松江村）陈希颜西甩弯子洼田一段，修简易水渠引用少陵河水播植稻田（黑龙江省档案局材料）。此后朝鲜族农民逐渐增加，分别在少陵河沿岸的海城屯（今西集镇裕民村）、曹里屯（今洼兴镇新发村）、东家围子屯（今西集镇新宏村）修建三处自流引水工程，在日伪政权崩溃前期的1945年，耕种水田7 000余亩。

1949年至1953年维修伪满遗留下来的3处老灌渠，新建大小自灌渠26处。1953—1957年五年间增加自流灌区1处，动工兴建为民、丰农两座水库、塘坝98处、提水站10处和松花江堤防工程。1958至1959年在"大跃进"的影响下，以"社会主义大协作"的精神，平调人民公社劳力，掀起水利化高潮，兴建大小水利工程2 919处，因盲目修建所以收效不大。1966年认真总结经验教训，调整计划，本着"谁受益谁负担"的政策。1958至1962年全县基本建成水库4座、塘坝1处，随后到1980年的时间段内，以调整、巩固、充实、提高的指导方针进行水利工程设施等方面的建设。1981年到1985年随着农村产业结构的改革，坚持"旱涝兼治"的方针，以工程配套、江湾等7座中小型水库的灌区工程配套，维修为民等4座中小型水库工程，修复双阳自流灌区工程，新建立兴等7处小型提水站，增加配套电井479眼（商品粮基地131眼），打成小井600眼，物探普查100平方公里等兴利除害水利工程，增加防洪除涝面积26.21

万亩，增加有效灌溉面积8.07万亩，增加水土保持面积48.16万亩，1952—1985年共计完成国家投资3 104.43万元，每亩农田平均国家投资11.5元。

江湾水库坐落在革命老区洼兴镇2公里少陵河支流小柳河上，属县管中型水库，县内最大水利工程，集水面积120平方公里，总库容2 760万立方米，兴利库容2 180万立方米，主体工程由土坝、溢洪道、输水洞及附属设施组成。

江湾灌区位于江湾水库以下，1980—1985年完成干渠、闸、桥涵、渡槽等设施建设。1986—1988年革命老区洼兴镇建桥8座、涵5道、闸10座，达到构造物齐全，渠系配套万亩灌溉标准。1992年对西干渠柳河渡槽进行改造。2000年对双泉眼河渡槽进行改造。2004年10月整修水毁双泉眼渡槽及西干分水闸，2005年以后多次进行维修加固等。

二、除涝设施

天山涝区地处北靠泥河的革命老区天增镇3个村和山后乡的3个村，面积4 000公顷，易涝面积3 000公顷。1983年开始，两个乡镇以修建堤防、挖渠排水为重点分别进行治理，1990年进行立项治理。共整修加固河堤泥河堤防15公里，修排水干渠1条长1.5公里，支渠21条长10.5公里，改善易涝面积200公顷。1999年山后乡整修加固泥河堤防8.5公里。沿河易涝洼地有800公顷改造为水田。2001—2002年国家投资先后建成吕河桥、新立桥，分别为6乘4跨，6乘5跨，均为县内最大涝区桥。2004年涝区治理面积达1 300公顷。2005年保有构建物29处，其中桥3座，涵26处，治理面没有扩展。

小型涝区拉三太河涝区，位于天增、德祥、万发3个乡镇，沿拉太河长21公里，宽1公里的1 000公顷耕地。1986年开发水田至1999年，涝区改造水田340公顷。2000年后治理工程处于停滞状态。华山乡少陵涝区，耕地433公顷，1976年进行排涝治理，1984年改成水田400公顷至今仍继续发挥效益，不再受洪涝灾害。

三、水土保持设施

治沟工程。解放后到1985年期间，水土保持的设施主要是因地制宜，采取沟坡兼治的方法，常见的有筑谷坊、修梯田、挖水平沟、挖鱼鳞坑、植树造林等。1986—2005年期间，保有谷坊34 120个，沟头防护构造物27 857个，护坡林13 496公顷，护堤护岸林3 179公顷，水土保持经济林1 179公顷。

治坡工程。1985年前，此项工程根治的方法就是环坡建水平梯田，确实提高了粮食产量，一般的梯田亩产量是没修梯田的1倍以上。后因管理不善等原因，1985年全县剩有梯田3.72万亩，比1975年减少了7.73万亩，1986年对坡耕地，采取地中或地边建地埂的方法，防止水土流失，1986年有地埂83.5万米，2000年有地埂156.1万米，2002—2005年建地埂植物带16.97万米。

四、灌溉设施

水田灌溉。解放后到1965年期间，沿江沿河地区的乡村多以自流灌溉为主，后出现筑坝截流灌溉及部分地方打机电井灌溉，水田面积并不大，农村改革后，国家和地方政府投资的扩大，加之农村经济的好转，水田灌溉在政府的指导规划下已成体系。1986年建有西集少陵、榆树丰农、黑山山口、镇东满井蓄水灌区和双阳自流灌区。1992年建成康丰井灌区，1996年建成沿江堤水灌区，1998年建成东乐自流灌区。2005年有万亩以上灌区4个，万亩以下灌区6个，设计灌溉面积3 300公顷，实灌水田1 550公顷，占水田面积的10.60%。

建设工程项目位于沿江灌区和江湾灌区，工程设计内容为渠道衬砌共68条，长35.618万米，修建渠系建筑物39座，修缮机耕路3条长3.597万米，总计完成工程建设资金1 784万元。

五、水土保持

水土流失治理。根据老区乡镇不同状况采取农业、工程、生物等措施进行治理。农业措施：主要采取改变垄向和推广垄作区田治理水土流失，改顺山垄为横山垄，控制地表径流。垄作区田，是在雨季来临前，在垄沟筑小土挡。工程措施：采取修建梯田，截流沟、地梗、鱼鳞坑等治坡，修建谷坊塘坝治沟。修建梯田防止坡耕地水土流失。生物措施：采取建水土保持林，退耕还林，荒坡拍卖造防护林防止水土流失。2004年实行生态修复工程，让生态自然生长、自然修复，防止人为造成的水土流失。2004年有水土保持林30 407公顷，农田防护林5 886.5公顷，经济林1 178公顷，退耕还林1 867公顷，五荒宜林地面积965公顷，造林868.5公顷，占90%。2005年修造地梗植物带270条，营造水土保持林4 455亩，修谷坊980个，生态修复面积增加600亩，完成水土流失治理面积2 850亩。2016年水土流失治理主要采取工程措施、植物措施与耕作措施、生态修复措施等相结合的方法，按照山、水、田、路综合治理的原则，对坡耕地、林地、侵蚀沟、村屯、道路等进行综合治理。全县按规划设计要求全面完成水土流失综合治理任务，共治理水土流失面积平方千米，其中地埂植物带65公顷，营造水保林460公顷，封禁治理640公顷，改垄9 351公顷，建谷坊162座，完成土方16万立方米，总投资611万元。全县水土流失得到有效控制，生态环境明显改观，农业灾害得以缓解，土地利用趋于合理，农林牧副产业结构进一步优化。

水务科技。新中国成立后县委、县政府加大对水务科技活动的力度，由于受各种条件的制约，活动面较小，资金投入也得不到完全保证，所以前期进展缓慢。农村实行生产责任制后，广大农民注重用科技手段加强农田的水利建设，促进了增产增收。1986年以后的30多年间完成了《季节冻土区桩基抗冻技术》《少陵河流域规划》《巴彦水土保持规划》《双阳灌区初设》《松永涝区初设》《巴彦县"十五"水利建设规划》《永常大豆模式化灌区建设》《巴彦县水土保持1996—2006年规划》《松永涝区小型桥涵基础浅埋抗冻害技术》《回填滤料在机电井建设中的作用》《巴彦县国家节水增效灌溉示范项目可行性报告》《巴彦县地下水资源开发利用规划报告》《2010—2030年水利建设远景规划》等多项科研课题。

为老区落实科研课题的同时进行科技推广，县政府通过举办"水利科普之冬"活动，推广科技成果，进行技术交流，开展科技咨询，培训科技骨干。1992—1998年利用县兴办的农民科技大集和农民科技节开展科普活动，推广水稻旱育稀植、大豆大垄旱灌、水土保持经济作物栽培等技术；开展水文地质、水利排灌机械、旱改水、水田浅灌、果树栽培等技术咨询；推广FA旱地龙新型植物喷洒剂抗旱，推广垄作区田应用技术等。

为老区培训人才。水利部门坚持对职工进行在职技术培训，县水政资源办聘请哈市水资源专家讲授水资源管理知识，水保办、农田站深入村屯进行垄作区田、旱地龙、旱田节水灌溉、水田浅灌技术培训。这些活动，使江湾水库下游水田区，农田利用了科学管理技术，使得水稻生产得以发展，连年获得丰收，促进了老区经济发展。

科研成果。1992年8月，由省水利厅水利设计院与县水利局、农业开发办共同编制完成《巴彦县沿江灌区可行性报告》，按此报告1996年建设沿江灌区。1992年，县水利局和松花江地区水利科技人员研究成功新型灌区水库，适用于农田灌溉、鱼塘给水、小水坝输水洞工程，1993年获国家专利局专利权。1996年，县水保办与省水土保持研究所联合编制《巴彦县水土保持1996—2006年十年规划》纳入巴彦县国民经济发展总体规划中实施。1997—1999年编制完成《巴彦县国家节水增效灌溉示范项目可行性报告》输入省水利厅项目库。《松永涝区小型桥涵基础浅埋抗冻技术》获省优秀科研成果三等奖，并在国家会议上交流。

第八节　养殖业

党的十一届三中全会后，农村实行联产承包改革，全县的畜牧养殖业有了空前的大发展，老区乡镇畜牧生产、繁育改良、疫病防治等方面都有提高。牧业生产值比1949年增长近16倍。随着农业机械的发展，大牲畜在数量上虽然没有增长，但采取人工授精的先进技术和改良品种，在质量上都有所提高。1985年畜牧生产在农业体制全面改革的基础上，家畜的繁育改良、防疫灭病，均进行了各种形式的承包责任制，养畜、养禽的专业户、重点户不断涌现。畜牧业产值在逐年攀升，充分证明了改革开放给老区牧业生产带来的显著变化。

生猪养殖。1986年农村实行家庭承包土地经营之后，农户养殖面向市场，经济效益增加，生猪饲养成为农村家庭养殖中的重要产业，当年饲养量30.2万头。1990年，县委、县政府大力推进养猪专业户、专业屯、专业一条街建设。1993年被评为省畜牧业生产先进县，被国家确定为良种猪基地县，国家、省科技兴牧基地县。1994年5月，省政府在巴彦县召开全省兴牧工作现场会。1996年，生猪饲养量由1991年的39.65万头增长到100.78万头，年外销生猪21万头，猪肉在哈市享有盛誉。生产基地不断扩大，全县有直线育肥一条街601个，专业屯404个，专业村121个，专业户12 920个，年出栏育肥猪48.8万头。2002年以优惠政策和优质瘦肉型商品猪源，促使山东临沂金锣集团投资在兴隆镇建立分厂，年屠宰量80万头。分割冷冻猪肉畅销省内外，在京、津、沪叫好。2004年生产量163.7万头，出栏102.2万头，居全省之首，省政府授予巴彦"龙江生猪生产第一县"称号。2005年推广应用"无公害"瘦肉型商品猪集成配套技术，在老区洼兴种猪场试点，形成具有县域特点的种猪配套良种化、饲料全价专业化、防疫保健程序化、猪舍环境规范化、饲养管理模式化的无公害商品猪集成配套技术。全年饲养量164万头，比1986年增长443.5%，出栏达102万头，比1986年增长9倍，产值126 308万元，占牧业产值72.20%，占农林牧渔业总产值31.10%。

东北民猪是巴彦县著名的地方优良品种，适应性强，耐寒耐粗饲料，产仔数量多，经与引进哈尔滨白和苏联大白猪杂交，培育成独具特点的瘦肉型猪。1986年申请立项成为国家瘦肉型商品猪基地，主要品种有：杜洛克（红黑色）、长白、约克（白色）、哈白等。

2009年末，全县老区乡镇生猪饲养量同比增长8%，按照县委、县政府的要求，年末建标准化养殖场小区43个，专业合作社组织36个，发展社员2 100名，注册资金1 420万元。

2015年按照"大粮食、大畜牧、大加工、大产业"的发展战略，把实施产业化经营作为畜牧业产业升级和扩张的主体战略。

在畜禽饲养、养殖基地拓展、龙头企业建设、科技推广应用、组织化经营、服务化体系建设、畜产品质量监管等众多领域进行全方位的开展。

黄牛生产。老区镇处于半山区地带，利于黄牛的饲养，并能解决牧放的问题，黄牛生产是优势项目。1978年农村实行联产承包责任制后，黄牛生产快速发展，比历史最高时期的1971年增长了9%，特别是1990年全县开展的"兴牧杯"竞赛活动中，推广西集镇用玉米秸秆饲养牛的成功经验，全县迅速掀起养牛热潮，大力兴办养牛场。龙泉、山后等革命老区，养牛专业户快速增加，最多的300多头，40—50头的养牛户较多，小的养牛户也超过10头以上。

黄牛生产的发展，促进了经济快速恢复，带动了奶牛、羊类、家禽等养殖业的大发展，由一家一户分散饲养向集中连片的专业户、专业村、专业乡发展，饲养方式由平面向立体发展，改变了传统的饲养方式，应用科学技术、科学饲养、科学管理、科学防疫，保证了养殖业的平稳健康发展，使老区乡镇走出贫困，走向富裕。

2018年老区乡镇养殖业情况表

单位：户

名称	猪（100头以上）	牛（20头以上）	羊（50只以上）	禽（1 000只以上）	特色养殖
合计	393	264	109	530	27
洼兴镇	28	15	9	79	3
龙泉镇	105	62	24	91	5
镇东乡	37	28	7	88	2
黑山镇	73	56	27	93	7
山后乡	67	58	23	87	6
天增镇	83	45	19	92	4

第九节　渔业

宜渔水面。全县适宜渔业生产的江、河、泡、沼、水库等水面31 890亩，已利用15 850亩，占资源的49.7%。

农村实行改革开放以后，随着经济的发展、农民经济条件的提高，渔业快速发展，加之自然水域，低洼湿地宜于开发渔业生产，渔业潜力较大。1986年全县宜渔面积177 161亩，宜渔水面积102 850亩。2005年拥有人工鱼池74 310亩，占宜渔水域面积的41.95%。

2009年渔业生产紧紧围绕"增产、增效、增收"和构建社会主义和谐新渔村的总体目标，加速农村经济发展。全县放养面积实现8.78万亩，各类渔业产量都有增长，渔业总产值实现1.7亿元，渔民的人均收入达到1.5万元。鱼类发展到20多个品种，游钓点45个，休闲渔庄3个。

2015年养殖面积7.35万亩，精养达到1.6万亩，其中驯化养鱼发展到3 500亩，鱼种培育3 000亩。水产品总产量13 500吨，鱼种量1 500吨，名优水产品产量4 000吨，驯化养鱼产量3 000吨。渔业产值实现1.35亿元，渔民人均收入达到1.65万元。

商品鱼基地。解放后的一段时间渔业生产仍以自然水域为主，发展缓慢，党的十一届三中全会以后渔业生产飞速发展，到1983年全县22个乡镇建有鱼池总面积10 516.6亩，经国家验收合格面积10 317.8亩，定为国家商品渔基地县。1986年，县委、县政府出台加速发展渔业生产优惠政策，很多农民投资修建鱼池，全县养鱼水面达29 359亩，其中精养面积13 900亩。2004年实施渔业"大丰收"计划，养鱼户向大户集中，有养鱼场400个，放养面积稳定在7万亩，精养3.5万亩。2005年商品鱼基地渔场12个，经营业户485户。养鱼基地放养面积74 310亩，比上年增加6.20%。

经营体制。1985年，渔场以县、乡、村集中兴办为主，其中乡办36个，村办22个，集体经营统一管理。1986年渔场实行联产承包。全县出现农民竞争承包的局面，所有渔均租赁给个人经营。1987年养鱼生产向承包家庭经营发展，农民自费投资，开发沼泽低洼湿地，修精养鱼池。1988年养鱼户达590户，1994年上升为700户。从1995年开始，养鱼户由合股经营向单户经营转化，2000年单户经营的渔户480户，2005年个体经营485户。

1949—2018年部分年段渔业养殖情况表

年段	面积(亩)		产量(吨)		产值(万元)	
	总面积	精养	总产	精养	总值	精养
1950					1.2	
1955					2.3	
1960			501	70	20.9	
1965			257	8		
1970			260		11.6	
1975			91	21	9	
1980			400	180	23.5	
1985			1 238	1 028	151	
1990	37 999	20 030	3 309	2 896	973	878
1995	61 995	21 450	6 408	6 012	4730	4 640
2000	80 000	45 000	10 000	9 520	10 000	9 600
2005	74 310	35 000	11 500	6 125	11 500	10 925
2010	87 800	35 000	16 000	8 250	17 000	15 400
2018	73 500	16 000	13 500	8 500	13 500	98 600

新科技推广。高寒地区大面积连片高产综合技术，1984年在巴彦推广应用，面积为5 000亩。1986年增加到13 900亩，总产值由92.4万元增加到298万元，并荣获国家水科院科技进步二等奖。1986年推广面积35 000亩，以后逐年增加，面积稳定在42 000亩。颗粒饲料驯化养殖技术，此项技术成本低、效益高，亩产达350公斤，亩效益达700元，且达到生态渔业、绿色水产品标准。综合型生态渔业生产方式，是鱼粮、鱼畜、鱼禽、鱼副综合养殖方式，提高技术含量和综合效益。

新品种推广。1999年，县水产局对位于驿马山森林公园东侧的县鱼种场进行全面修缮改造，建成集科研示范、试验和新技术、新品种推广应用于一体的渔业科技示范场，开始引进淡水白鲳、镜鲤、彭泽鲫等新品种，调整养殖品种结构，收到较好的效果。随后又引进多个品种养殖示范均获成功。2005年推广面积达26 000亩。此后的渔业向着"区域化""规范化""产业化"为特征的渔业三化生产，培育特色养殖，2015年丰农水库一网打出近14万斤的收成，凸显推广新品种给渔生产带来了经济效益的增加。

技术培训。1986年从养鱼发达地区聘请养鱼技工驻场传授养鱼技术，指导渔业生产。1990年共聘请30名技工，先后对28个渔场进行技术指导，传授养鱼技术，培养渔户技术骨干。1991年利用"科普之冬""农民科技大集"进行亚养殖技术培训，利用电视开展渔业科技讲座，传授科学养殖方法。2001—2003年连续被评为黑龙江省渔业先进县，2005年以后对全县养鱼场户坚持进行培训，确保巴彦渔业生产的稳步提高。

第十节　工业

　　党的十一届三中全会以后，工作重心转移到大规模的经济建设上来。工业尤其是集体工业和乡镇工业发展起来，在进行城镇经济体制改革和落实生产责任制及各种奖励政策后，充分调动职工积极性，劳动生产率比任何一个时期都有提高。此后县委、县政府认真贯彻党的改革开放、招商引资等一系列发展生产繁荣经济的方针政策，使老区的工业得到平稳发展。形成国有、集体、股份制和私营工业多种形式并存。1994年产权改革试点中有19家企业组建成股份有限公司，有12家企业实行产权改造，变为民有民营。

私营工业概况

　　巴彦自同治元年（1862年）建治到同治三年（1864年）才出现带有工业性质的小作坊，多为家庭手工业，制造一些农业生产的犁、铧、锄、镰、车具之类的简单的生产工具和以粮食为原料的油、酒、米、面等加工业。

　　巴彦县土地开发以后，农业生产有所发展，在发展制酒业的同时，又相应地发展了制油工业。据《黑龙江省政策报告》记载，同治四年（1865年）杨万春于巴彦苏苏城内开设万兴顺油坊，同治五年王锦堂在双山堡（今西集镇）开设源长永油坊，到光绪十八年（1892年），呼兰厅属11牌共有油坊104家，油榨108盘，年产油43.2万斤。当时的工业多是自家生产，自家销售，后门设厂，前门设店，工商经营。据宣统元年《巴彦州志》记载，仅州城（今巴彦镇），工商兼营的企业17家，此外尚有酿酒、榨油、磨面、漏粉、染坊、造纸、制蜡等工业47家，手工业作坊49

家，从业人员522人，总计卖钱额19.9万吊。

民国时期，由于受西方资本主义影响，巴彦县出现了新兴工业，有商办、官办、官商合办等形式。1914年由韦景文在县城建立独家经营的"天德隆"火磨，加工面粉，内销外运，为巴彦县最早用半机械磨制面粉的工业厂家。1926年，秦广仁用大洋4.5万元为资本，在县城开设半机械化的"义和栈"油坊，是年赵镇（字东藩，当时任四洮铁路局长）和傅小然等人合伙筹资在县城开设"彦兴电灯厂"（现巴彦镇西牌楼南机电修造厂位址）。1929年，张静波由东兴镇（今木兰东兴镇）移来全套制米机械，与秦廷瑞、阎益斋合伙开设"振泰祥"机械制米、磨面工厂。

"九一八"事变后，在日本帝国主义的殖民统治下，巴彦县金融紧迫，商业萧条，工业因之停止不前，生产遭到严重破坏，有些工业关闭停产，转产改行。当时只剩堪称"新工业"的有东升和"火磨"、义和栈油坊和彦兴电灯厂3处。伪康德五年（1938年），伪县公署投资25万元（伪国币），利用3年时间建成一座半机械化的亚麻原料厂。到1940年巴彦有制粉业东升和"火磨"1处，油坊10家，烧锅3家，铁匠炉13家，木铺16家，印刷局1家，制草业14家，糕点业14家。

1936年巴彦县主要工业分布表

企业名称	地址	营业种类	工人数
义和隆	巴彦镇北文治街	制油	20
德兴隆	巴彦镇北文治街	制油、木铺	7
大兴泉	洼兴镇(老区乡镇)	制油、烧酒	10
福逢源	巴彦镇南复生街	制油	5
万兴顺	西集镇	制油、烧酒	20
同源庆	西集镇	制油、酒	7
天德昌	西集镇	制油、酒	27
天合东	兴隆镇	制油、酒	5

续表

企业名称	地址	营业种类	工人数
恒聚增	兴隆镇	制油、酒	5
庆源长	巴彦镇南文治街	制油	5
福和昌	巴彦镇西南门里	烧酒	6
永聚源	城子沟	烧酒	14
同源涌	兴隆镇	烧酒	16
裕盛涌	兴隆镇	烧酒	12
于家烧锅	龙泉镇(老区乡镇)	烧酒	5
利源印刷局	巴彦镇中太平街	表册、名片、广告	12
精一印刷局	巴彦镇中太平街	表册、名片、广告	8
中和印刷局	巴彦镇东十字街路南	表册、名片、广告	8
祥记印刷局	巴彦镇东十字街路南	表册、名片、广告	6
东亚印刷局	巴彦镇东十字街路南	表册、名片、广告	5

1945年巴彦县解放后，国家对私人工业实行保护政策，采取多种措施促其发展。工厂数量在逐年增加，从业人员在不断扩大，经济效益在持续提高。

党的十一届三中全会以后，放宽经济政策，实行开放搞活，使个体工业获得新生，并有了相应的发展。到1985年全县城乡有个体工业2 234户，从业人员4 864人，产值1 602万元，上缴税金27.2万元，自筹资金243.3万元。2005年全县有规模以上的私营工业4家，规模以下私营企业810家。老区乡镇个体工业如雨后春笋遍处可见，上规模上档次，保质量见效益。

1985年老区乡镇工业分布情况

金额：千元

项目 乡镇名	户数	从业人员	产值	上缴税金	自有资金
合计	278	589	2 360	65	383
龙泉镇	134	281	290	10	48
洼兴镇	61	142	717	35	192
天增镇	29	45	98	4	32

续表

乡镇名＼项目	户数	从业人员	产值	上缴税金	自有资金
黑山镇	9	9	14	1	2
镇东乡	5	57	441	10	30
山后乡	40	55	800	5	79

2018年老区乡镇劳务输出情况表

单位：人

名称	从业人员			备注
	长年务工	短期务工	自办企业	
合计	29 775	10 880	35 257	
洼兴镇	7 126	2 700	1 414	
龙泉镇	4 618	1 800	9 902	
镇东乡	3 113	1 210	6 420	
黑山镇	3 600	1 316	7 330	
山后乡	4 278	1 618	8 770	
天增镇	7 040	2 236	1 421	

第十一节　交通邮电业

实行改革开放以来，巴彦县的公路建设呈现前所未有的大发展局面，形成以巴彦镇为中心向四外辐射的公路网。2001年新修道路8条，全长45公里。2003年投资461.74万元，铺白色路面2条，总长46.208公里，其中绥巴界段通乡公路45.208公里，被评为省、市级通乡公路优质工程。2004年完成了兴隆至绥巴界段，巴彦镇至洼兴镇高丽寨通乡公路三级白色路面建设。2005年投资4 600万元，完成公路建设55.2公里，10月份由兴隆镇长春岭至王福屯全长4公里，投资236万元的巴彦县首条通屯白色路面建成并通过省、市交通部门验收。

2005年巴彦公路状况表

类别	级别	数量(条)	长度(公里)	等级	绿化	
					长度(公里)	植树(万株)
公路	合计	531	2 048.09		1 713.19	751.33
	国家级	1	33.69		33.69	0.37
	省级	1	33.4	2	33.4	0.36
	县级	4	171		169.4	271
	列养公路	17	218.5	3	191.7	105.4
	乡级	27	291.5		270	272.7
	村屯级	481	1 300	4	1 015	101.5
白色路面		57	573.3		1 831	567.8
专用线	林业公路	1	9			
	旅游路	2	30.6			
	采石路	21	60			

一、公路运输

新中国成立后，公路运输由于运力和交通的因素，县域内主要的运输工具，是马拉大车，县域内有载重汽车、客车，很少见特种汽车。实行改革开放后县委、县政府本着"要致富，先修路"的原则，加大投资，新开、新铺、老道翻新，使公路建设形成四通八达的网络，运输业也快速发展，促进了巴彦经济的发展。到1986年，有各种汽车696台，2005年全县有货车852台，客车327台，出租车322台。从此公路运输起到了为城乡经济建设服务的作用。

在运输管理工作中，主要抓客运站点的合理布局，除县客运公司外，开设分点180处，县公路管理站整顿客运市场，制定《小客车管理细则》，杜绝了非法经营、违章行驶的现象，定时定期进行车辆检查审验，对违法违规的车辆及驾驶员进行认真查处，并按规定处理。加强汽车修理市场的管理，1986年国营、集体、个人修理业户14家，从业人员210人，到2005年个体网点186家，从业人员744人，维修汽车6 240台次。到2018年全县保有车辆12 300台，其中私家车辆8 625台，出租车辆3 360台，客用车辆325台。

路政管理。认真贯彻《中华人民共和国公路管理条例》及《黑龙江省公路路政管理细则》和《中华人民共和国公路管理实施细则》，设路政人员、养路员工为兼职路政监督员，在公路沿线村屯聘用义务路政监督员。开展运输市场整治，对非法、违法运营的车辆，给予相应的处罚。充分发挥交通稽查的作用，路检、晨检、夜检相互配合联动，开展专项整顿，严格控制空车配货和零担受理业户占道经营、扰民现象发生，使运输市场秩序井然。

安全管理。1986年3月，开展"百日无事故交通安全月"活动，进行交通安全教育的宣传。1996年，县政府开展"城市形象工程"，拆除违规建筑，在重大节日进行运输业安全生产状况评估，确保交通安全。

二、公路网化建设

党的十八大以来，县委、县政府加大公路及农村公路建设，特别是公路网化建设，以实施"十三五"规划为目标，把公路、桥梁建设、养护管理，规范通路畅通为改善经济发展环境的突破口，以安全生产、综合整治入手，抓住重点，优先发展老区，精心组织，攻坚克难，创新争优。农村公路养护（包括老区乡镇）被评为省、市级养护优秀单位，"四好农村路"创省级示范县。

巴彦县公路建设。2002年前，通乡、通村全部是砂石路。从2003年开始建硬化路面，到2018年的15年中，共建白色路面2 737.204公里。其中通乡公路283.4公里，通村公路2 157.78公里，国家重点工程8项，162.113公里，其他117.416公里。

老区乡镇通村公路硬化情况表

名称＼年份	2011年	2018年
合计	527	665
洼兴镇	93	125
龙泉镇	80	85
天增镇	96	130
山后乡	88	115
黑山镇	92	128
镇东乡	78	82

三、邮政

邮路

1986年县内有委办汽车邮路3条，早班自行车邮路5条。到2005年县内委办汽车邮路3条，运输车辆由自行车发展为摩托车、面包车、汽车，全县用于邮政汽车8台。2015年，邮政局围绕"深化转型、利润优先、坚定信心、和谐共建"的发展总基调，全力推进巴彦分公司持续健康发展，完成综合收入3 722万元，同比增长10.61%，被市公司评为先进集体。

在城镇投递、农村投递，包括老区乡镇，都设立了邮政所，经办函件、包裹、特快专递、汇兑、邮政储蓄、报刊发行、集邮、机要通信，代办保险业务、工资业务、电信业务等。

通信

电信通讯为近代通信工具，巴彦县继清光绪二十三年（1897年）黑龙江省电报局成立后，也于同年成立官立文报局，1913年11月又成立了巴彦电报局，1914年将文报局裁撤并入邮局。新中国成立后加强了通讯业务，1952年有1个县局、2个支局和1个营业所，1985年电信通讯业务大力加强，进入20世纪80年代，电信通信设备更加完善。2002年6月，电信局改称巴彦县通信局。

农村电话。1978年前农村电话只限于公社和生产大队两级安装使用，实行生产承包责任制后，人们渴求通讯事业发展为发展农村经济服务，巴彦县通讯事业坚持电信工作为农村改革，为农村经济发展的服务宗旨，大力发展农村通讯事业。从1986年的18条线路的基础上，几经改造建设，到2005年末交换机总容量达96 688线，其中市话交换机容量22 970线，农话交换机容量75 768线。

移动通信

1997年7月成立黑龙江省移动公司巴彦分公司，设业务班、营销班、维护班、巴彦营业厅、兴隆营业厅，全员职工30人，2004年建4个基站，总站数41个，成立合作营业厅12个。2005年建立包括老区乡镇在内的村屯服务站286个。

2018年底有宏基站365个，小区总数2 039个，分纤点108处，集团专线维护总量716条，家宽自建端口51 556个，合建端口1 108个，服务收入1.63亿元，移动客户达到351 795户，市场普及率80.88%，4G客户渗透率达59.5%，全年销售4G终端54 587台，专线净增条数达224条，完成指标的125%。

四、电业

清朝时期，巴彦人民的生产劳动均靠人力、畜力，生活用植物油照明，士绅商贾等少数人用"汤蜡"（牛油制成）照明。1926年始有私人在县城内开办一处只有36配发电能力的小型发电厂，仅供正大街的官府、商铺、士绅照明。到1943年，几经扩大其发电量增加到200千瓦，县城内部分工业改用电力生产，镇内一部分居民使用电灯照明。西集镇于1936年也办了一座35千瓦发电量的小型发电厂，供给镇内店铺和300多户居民照明用，至1945年停业。

解放后县人民政府接管了伪满留下的电灯厂，经过多次更新设备，坚持发电，为人民的生产生活服务。1960年国家电力引入巴彦县后，迅速普及全县城乡，到1985年共有4个变电所，全年总购电量6 981万千瓦时，各乡（镇）、村和95%的自然屯通了电，全县的工业和部分非田间作业，均以电做动力代替人力、畜力，促进工农业生产的发展，提高了人们的生产生活。

洼兴供电所。党的十一届三中全会以后，随着经济体制的改革，农村的生产、副业生产、多种经营产业、生活用电器产品，用电量的大幅度增高，县委、县政府首先考虑到老区乡镇的用电问题。1977年建立引用康巴线电力，负责洼兴、龙泉、镇东、长山、东胜、黑山等乡镇的供电任务。解决了老区乡镇的生产生活用电，满足了老区人民物质生活的需要，拉动了老区经济发展。

第五章　商贸旅游业

第一节　商贸服务业

一、所有制结构

党的十一届三中全会以后，随着各项改革的推进，商业企业所有制的成分也发生了大的变化。1986年，商业企业的成分为国有、集体、个体3种形式。到2005年，国有商业全县只有11户，占商业企业总数的0.20%；集体商户2户，占商业总数的0.04%；个体商业5 442户，占商业企业总数的99.76%。从商业经济角度比重看，国有、集体商业企业户数逐步减少，个体私营、股份制商业企业户数逐步增加且增幅较大；国有商业企业、集体商业企业销售额呈下降趋势，个体私营企业、股份制企业销售额逐步上升，占主导地位。

二、经营管理及体制改革

解放后巴彦县的国营商业，在管理体制方面，是在职工代表大会、理事会和监事会的民主管理下，实行经理（主任）负责制，领导本企业的行政、业务、财务等工作。1979年以来本着选贤任能的原则，民主选配领导班子的经理（主任），实行企业承包，单独核算，不同程度地打破了过去存在的"铁饭碗"与"大锅饭"的弊端，调动了职工积极性，增强了企业活力，提高了经济效益。

1986年在经营体制上推行了"五定到组""小组承包""国有民营"（租赁柜台）"民有民营""产权出售""组建企业集团"等多种方式，深化商业体制改革，使全县商业欣欣向荣，推动了巴彦县经济发展。在管理体制的改革中，进行行政机构改革。实现管理与经营的统一，形成优势互补，壮大了整体的综合实力，提高了经济效益，增强了抵御风险的能力。龙泉、洼兴等老区乡镇，按照县委、县政府的要求，全面进行商业体制改革，使过去的经营暗淡的商业重新焕发生机，市场欣欣向荣。

第二节　招商引资

县委、县政府为发展地方经济、强县富民，尽快振兴地方经济，开展招商引资工作，制定相关的政策，推行奖励机制，使招商引资工作步入正常工作轨道。

党的十八大以来，巴彦县委、县政府把招商引资工作纳入日程，围绕全县"强农、兴工、扩城、惠民"战略，以园区建设为载体，突出生猪畜产品产业化项目、农副产品深加工项目，对繁荣市场、推动地域经济发展起到了积极的作用。招商工作中，举全党之力，全社会动员，优先推动革命老区的招商引资工作、政策、条件、项目等，根据老区的自然和资源的优势，选择经济效益好、收益快的项目，优先开展老区工作。经过几年的努力，经济得以恢复，老区人民的生活有所改变，逐步走向富庶。

1.大东北牧业集团

大东北牧业集团位于黑山镇明山村，始建于2013年，是自繁自育的现代化生猪养殖场。

投资3 000万元，建猪舍20栋，面积4 000平方米。年出栏育肥猪10万头以上，年产值1亿元，年效益3 000万元。同时还带动周边村屯发展生猪养殖业，年增收200余万元。

2.巴彦正邦养殖有限公司

巴彦正邦养殖有限公司为黑龙江正邦农牧有限公司的全资子公司，于2013年05月23日注册；公司法人代表唐植海；注册资本2 000万元，实收资本2 000万元；公司注册地址：黑龙江省哈尔滨市巴彦县洼兴镇清瑞村何地方屯；公司类型：一人有限责任公司；其生产经营范围：种猪繁育、仔猪商品猪养殖与销售、饲料销售；营业期限：2013年05月23日—2020年05月22日。

巴彦正邦养殖有限公司是一个年出栏5万头无公害生猪标准化养殖基础建设的公司。

巴彦正邦养殖有限公司作为一座无公害标准化生猪养殖基地，包括：公猪站、配种舍、分娩舍、保育舍、育肥舍、后备舍、隔离舍；辅助工程包括：办公楼、职工宿舍、食堂、锅炉房、有机肥加工间、仓库、变配电室、水塔泵房、污水处理站、门卫等。

3.龙泉宝发黄牛养殖场

龙泉宝发黄牛养殖场位于龙泉镇平泉村陈家岗屯，投资近200万元，养牛场占地1.7万平方米，现存栏黄牛141头，年收入80万元，是扶贫产业项目。

4.天增镇爱民村田园养鸡场

田园养鸡场位于天增镇爱民村，始建于2016年，投入资金50

万元，养殖产蛋鸡2万多只，年纯收入30万元。

5.黑龙江绿色巨农农牧食品有限公司

大北农集团是国家级高新技术企业、农业产业化国家重点龙头企业、国家认证企业技术中心，先后获得"中国最具竞争力民营企业""中国自主创新科技企业"两项光荣称号。如今，大北农集团已发展成为以饲料、种业、动物保健、植物保护、疫苗、种猪、生物饲料等产业的科技产业。

根据集团发展需要，于2013年开始实施生猪养殖一体化项目，在黑龙江省哈尔滨市巴彦县洼兴镇双山村赵明远屯新建生猪养殖基地，项目总占地46 949.7平方米，建筑面积11 345平方米，投资4 100万元，可存栏祖代母猪1 200头。此外，公司还以企业为桥梁和纽带，左手牵着千家万户，右手拉着广阔的市场，把农户和市场紧密联系起来，开启了产业化经营的"公司+农户"模式，真正地响应了先进生产力的要求和时代发展的潮流。

第三节　旅游业

一、资源类别

1997年成立巴彦县旅游局，对县域内包括老区乡镇旅游资源进行普查，按《中国旅游资源普查规范》（试行稿）中划分的旅游资源类型分，现有旅游资源为6大类40项，其中老区乡镇13项。

巴彦县旅游资源景分点布表

类型	景点名称	管理范围	坐落
地文景观类	驼峰夕照		龙泉镇
	雷劈古洞		龙泉镇
地域风光类	沿江排灌站大堤风光		富江乡
	江湾水库		洼兴镇
	神龟山		黑山镇
	飞龙泉		黑山镇
自然景观类	骚马山森林公园	省级自然保护区	西集镇
	驼峰森林风景区		龙泉镇
	东山森林生态旅游地		龙泉镇
	盘龙岭森林生态旅游地		龙泉镇
	杨平野生动植物保护区	市级自然保护区	黑山镇
	夫妻树		红光乡
名胜古迹及建筑类	王脖子山石器遗址群	省级文物保护单位	松花江乡
	古牌坊	市级文物保护单位	巴彦镇
	古城门	市级文物保护单位	巴彦镇
	古城遗址	市级文物保护单位	富江乡
	城子山穴居遗址	市级文物保护单位	松花江乡
	玉皇庙抗联遗址	市级文物保护单位	龙泉镇
	辽金古墓遗址	市级文物保护单位	榆树乡
	县人民广场		巴彦镇
	西郊公园		巴彦镇
	烈士陵园		巴彦镇
	驿马山灵隐寺		西集镇
	巴彦港及滨江公园		巴彦港镇
	高丽寨		洼兴镇

续表

类型	景点名称	管理范围	坐落
知识休闲及 健身类	县文物管理所陈列室		巴彦镇
	县科技展览馆		巴彦镇
	黑山林场植物园		黑山镇
	农业科技示范带		松花江乡永发乡
	哈绥公路农业展示带		红光乡
	县体育场		巴彦镇
	县电影院		巴彦镇
	县文工团		巴彦镇
	民间剪纸		巴彦镇
	民间步行街(新建)		巴彦镇
	森林小火车		兴隆至东胜
	北方民俗博物馆		原永发乡政府旧址
	巴彦文化公园		巴彦镇
	西集烟花		西集镇
	龙泉矿泉水		龙泉镇
	天鑫大米		富江乡

二、景区建设

巴彦古城游览区。1986年，古城游览区初具规模。1996年重新规划开发建设。古城风貌观光区以"德政坊、东西牌楼、县城门、清真寺、基督教堂"为主要观光内容。从1996年后，游览区内的古建筑物，随着经济条件的好转进行了几次大的维修，投入人力、物力、财力，重建南北两座城门，修复东西两座城门，移动、修复东西两座牌坊，把旧有的"巴公馆"建成"巴彦博物馆"，展示巴彦文物、历史遗存、历代名人巡礼等。东西牌楼中间的步行街多次改扩建，于2015年改成现代的新式街道，集休闲、观光、娱乐、购物为一体，不仅是文化一条街，也是现代文明象征的时代新街、仿古一条街、仿欧一条街。

党的十八大以来，巴彦县政府响应党中央"文明城市、美丽城市"的号召，配合城市建设又增加了一些亮点，巴彦文化公园等园林的出现，使古城更加靓丽多姿，更具文化色彩，古今辉映，相得益彰。

驿马山国家森林公园1992年。被黑龙江省人民政府批准为省级森林公园。1996年始建驿马山公园，辟建山门娱乐区、宗教游览区、登山观光区和休闲住宿区。同年修灵隐寺，1998年8月建成开光。9月16日经国家林业部批准为国家级森林公园，2005年投资2 192万元，先后建成山门、居士生活区、观音殿、大雄宝殿、藏经阁、浮屠塔等，同时扩建灵隐寺东侧驿马山庄。

巴彦港休闲游乐区。2001年建巴彦港江畔公园，占地3万平方米，投资460万元建明珠广场，设有石雕、假山、石峰、古凉亭等。同时另投资30万元建成猴石山到大顶子山水上旅游线，在港口建游乐世界及江滨游泳场。

高丽寨风情休闲旅游区分为高丽寨风情区、江湾水库陆地休闲区和湖区。1997年，县旅游局对森林小铁路沿线旅游资源进行普查，2000年投资55万元，在高丽寨内修建小火车站、寨门、街道、游客接待中心及6家餐馆。2004—2005年投资290万元，修建水泥路6公里、村道500米及一些娱乐服务措施。

黑山森林生态旅游区分为场部中心区、神龟山林区、生态保护区、科普观赏区、登山活动和越野滑雪区。黑山生态旅游区虽无江南山水之清秀，却有北国质朴粗犷无雕琢之神韵，2003—2005年投资580万元在场部建植物园、篝火营地；在樟子松林区建森林浴场；在盘龙岭建登山活动区；在神龟山建花果山、在神龟山的小水库建水上活动区；在谷地建山野菜种植园。

巴彦特色农业旅游长廊西起驿马山一带，东至巴彦港。2000年在西段建设特色水产观光垂钓园、高效节水科普基地、大棚蔬菜采摘区；2002年在中心段建设巴彦农业大观园；2005年在东段建食用菌、药材游购中心、小杂粮观光区、全程机械化作业观光区。

莲花泡万亩稻田观光区分为渠道观光区、水上活动区、莲花观赏区、田园观光劳作区、休闲接待区。1995年分别在牛轭湖支流建排灌站和游泳池以及湖上娱乐区。2001年在渠首滩建跑马场和休闲区，2004年在莲花泡辟建莲花池，2005年建田园观光劳作区，游客可参与插秧、割稻、踩水车等水田劳作。

黑龙江北方民俗博物馆是以展示我国北方民俗文化为主题的综合性博物馆，坐落在巴彦县巴彦镇红星村永发屯原永发乡政府所在地。占地1.2万平方米，布展面积3 350平方米，藏品4万余件，展出藏品1.6万件，内设办公室、业务部。北方民俗博物馆主要展示黄河以北各个民族生产生活民俗文化，以真实物件为陈列元素，以家庭主题为展示风格，还原各个民族生产生活情况，再现北方人民勤劳、智慧、纯朴的历史文明。

博物馆藏品收藏始于20世纪60年代，由原永发乡教育办主任黄信章先生个人搜集整理，历时50年之久，2012年布展，2015年10月22日正式开馆，至今接待游客15.5万人。

巴彦县文化公园于2012年2月25日申报立项，4月10日招标，确定施工单位为哈尔滨东方园林绿化有限公司和黑龙江省轻工建设监理有限公司，6月14日开始施工，公园占地3.6万平方米，工程总投入人民币2 400万元。

公园为开放式公园，具有五项功能：一是历史文化传承；二十休闲娱乐；三是集会、健身；四是美化环境；五是应急避难。公园内容有：主题雕塑和历史文化墙、亭、廊、花絮、健身广场、儿童乐园、水系景观等21处。

五大区域：道路系统区域；公园景观区域；活动空间区域；休闲绿地区域；水体区域。

21处景观：主入口景区；入口主广场；健身广场；文化景观

路；条形花池；六角厅广场；组合景墙；文化广场；亲水平台；木质平桥；拼花广场；中央景观桥；特色灯池；叶子景墙；跌泉广场；南入口树池；消防通引道；儿童广场；木质搭桥；特色廊架；防腐木花架。

　　党的十八大以来，经济社会建设在以习近平同志为核心的党中央领导下有了大发展，人们对精神文明的需求也越来越高，发展旅游业是人们业余生活的又一需求，巴彦县政府于2007年经巴彦县机构编制委员会同意，成立了巴彦县旅游局，为政府办所属行政单位，主要职能编制巴彦县旅游发展规划，制定巴彦县各旅游行业规章制度，管理巴彦县各旅游行业对外宣传、营销、促销等包括旅游服务项目的管理。2016年按照县政府工作安排部署，对《巴彦旅游总体规划》进行改编，完成巴彦县旅游业普查；编制《巴彦县商务旅游交通图》；巴彦港公园通过A级景区评定；洼兴镇高丽寨村被评为市级乡村旅游景点，又通过招商引资，哈市客商投资1.2亿元建设一台山景区。现在巴彦的旅游事业初具规模，正在加大开发建设力度，宣传打造巴彦旅游业知名品牌，促进经济建设和精神文明双丰收，在新时代的进军中，发挥巴彦县的潜能，建设好美丽的巴彦。

第六章 教育

第一节 概况

清朝时期，巴彦县各大集镇都有私人开办的学塾，乡间也有私塾。1906年建起第一座新式学堂——"巴兰学堂"。1924年在"巴兰学堂"基础上办起第一所中学。到1931年"九一八"事变前，除1所中学外，还有初、高等小学45处。日伪时期，全县只有1处中学、94所小学。在教学方面，强制奴化教育，为日本侵略者政治服务。

解放后，教育事业复苏。随着土地改革的完成，农村采取民办公助或民办民助等形式，普遍兴办学校，随之私塾也被改造过来。

新中国成立以来，教育事业有了很大发展。1953年在稳步发展小学的同时，整顿教学秩序，提高教学质量。1958年在"大跃进"的影响下盲目办学。1960至1962年调整学校布局。1965年推行"两种教育制度"发展中等专业和技工学校。"文化大革命"期间，教育事业遭受严重摧残，教育质量明显下降。党的十一届三中全会后，拨乱反正，教育事业走向正轨。到1985年已经基本普及了幼儿教育、初等教育。对中等教育结构进行了调整，在调整改革中压缩普通中学，积极发展中等职业技术学校，尤其是农业职业学校发展得更快。各类各级学校办学条件逐渐改善，教育质量稳定提高，向社会输送了大批人才，与此同时，基本上扫除了少、青、壮年文盲。

老区乡镇的教育也经过了动荡期，加之经济发展滞后，直接影响了教育的发展，解决贫困生就学、改善办学条件、充实培训师资队伍等诸多问题亟待解决。县委、县政府教育主管部门，乡、村两级政府，千方百计地为老区教育的发展调动一切可以调动的财力物力，解决重点问题。经过近十年的努力，上述问题得到了解决，老区乡镇适龄儿童入学率达到100%，全面完成了九年义务教育，校舍得到了翻新和重建。经过县教师进修校和乡镇中心校的办班培训和教师自修培训，大部分教师胜任教育教学工作，教育教学工作在平衡中发展，在发展中创新。

第二节　普通教育

一、幼儿教育

巴彦县幼儿教育自解放后始，工厂为解决女职工后顾之忧，兴办托幼事业。人民公社期间，包括老区教育在内的不少农村大队、生产队亦在农忙时节办起临时幼儿班。为了提高教育质量，从1978年起，实施计划教育，对3周岁以上的幼儿每日开3节课，一节学百数内加减法，一节学习拼音，一节学习舞蹈、音乐，余下的时间开展娱乐、游戏活动。

改革开放给老区幼儿教育带来了蓬勃生机，集体办的幼儿园实行聘任制，幼儿教师实行岗位责任制。随着幼儿教育改革的深化，私营幼儿园如雨后春笋遍处可见。这些私营园所，无论是场馆建设、环境设计、幼师选配、器材设施、食堂管理、儿童身心健康管理都符合国家《幼儿教育发展纲要》的标准。有条件的乡镇定期进行幼师培训、持证上岗，保证了幼儿教育工作正常开展，为地方的经济发展起到了积极的促进作用。

二、初等教育

1.学校沿革

巴彦县最早成立的学校是光绪三十二年（1906年），知州王廷槐同木兰县知县领得省拨开办费银3 000两，又向地方绅商募捐，在原呼兰厅试院（即考棚，今巴彦体校一带）办起"巴兰学堂"。本年七月十三日开学，光绪三十三年（1907年）因木兰县开办学堂，遂改"巴兰学堂"为"巴彦高初两等小学"，内设高等3班，初等1班，校舍70余间，容纳学生200余人。

解放后，人民政府积极发展教育事业，经过一年的整顿和恢复，县城、兴隆、西集等地小学陆续开学。1947年上半年，全县在校生14 062名，下半年升至16 128名，贫雇农子女占学生总数的60%以上。

新中国成立后，教育事业得到了进一步巩固和发展，从1950年到1952年的3年恢复期，巴彦县的教育工作，从普及教育的总目标出发，调整和加强了城乡小学管理工作，贯彻"教育向工农开门，为生产建设服务"的总方针。1952年小学教师达851人，比1948年增加90.4%；完全小学发展到19所，比1948年增加1倍多；初级小学275所，在校生29 073人，比1948年在校生增加了23.3%。

全面进入社会主义建设时期，采取合并学校、增加班数的办法，节省教育经费，解决教学问题。1954年小学校比1953年减少84所（实剩210所），班级比1953年增加182个。1960—1962年，认真贯彻"调整、巩固、充实、提高"的方针，教育事业基本得到恢复。1965年到1966年，农村小学实行半工半读的315个班级，学生1 465人。十年内乱期间，小学教育受严重摧残。1970年小学改为五年制，1983年小学恢复六年制。党的十一届三中全会以来，全党重视教育、全党抓教育、全民办教育，使教育事业有了飞速的发展。初等教育无论是队伍建设、思想建设、教学条件、教学环境的改善，教育教学质量、教育科研成果、儿童身心健康教育等方面都取得了可喜的收获。

2.教育教学

解放后废除了旧的教学内容、教学方法和体罚学生的坏习气，提倡师生平等，尊师爱生的新风尚。那时推行的是苏联的教学经验，教师学习凯洛夫的《教育学》。试用五大教学环节，同时学习毛泽东的《十大教授法》，进行直观教学。1958年进行了全县教具大展览，师生自制教具千余件。克服了"满堂灌""注入式"，提倡少而精、精讲多练，搞启发试教学，进而培养学生分析问题和解决问题的能力。从1951年开始为提高教学质量，注重教学研究，各小学成立"教学研究组"，教师实行"坐班制"并以乡镇统一排课，搞"观摩教学""示范教学"。改革开放以后，教育教学为适应改革的需要，县委、县政府加大了教育教学与教育科研的力度，利用"公开课""优质课""电教课""网络教育教学"等多种方式，努力提高教育教学质量。"教育骨干""教学能手""优秀班主任""学科优秀带头人"等多种在教育教学中涌现出来的优秀教师，为发展巴彦教育起到了积极的推动作用。

第三节　中等教育

党的十一届三中全会以来，教育工作走上了正确轨道，办学道路拓宽公办中学，1986年新建德祥二中，年末全县有初中37所，教学班546个，在校学生26 508人。1995年新建龙泉二中、三中、华山二中；1996年建丰乐二中、兴隆四中；1999年建双山八一中学（由部队捐建）。2000年底有中学43所，638个教学班，在校生37 588人。2005年末有36所初中，其中县直属中学5所，农村中学31所。到2016年全县有初中34所，特殊教育学校1所，普通高中3所，中等职业学校1所。义务教育学校初中在校生11 453人。

从1950年开始接受并推广苏联的教学方法，教授与提问相结合。1953年后教学方法有了很大的改变，备课、授课、批改作业已形成制度。1954年开展系统学习凯洛夫的教育理论和教学方法，突出教学这一重点，大力实行教学方法的改革。教师在教学过程中深钻教材，掌握教材的思想性、科学性、系统性，合理运用课堂的三种类型（即综合课、复习课、练习课），掌握直观性、积极性、系统性、量力性、巩固性教学原则，强调教师没有写好教案不能上课的原则。1958年贯彻"教育为无产阶级政治服务，教育必须同生产劳动相结合"的方针，开展"勤工俭学"的活动，大办校办工厂、校办农场、学生下乡下厂参加劳动，课堂教学受到影响。"文化大革命"时期，教育教学受到了一定的影响。粉碎"四人帮"后文化课和课堂教学又作为教学工作的主导地位，注重讲授基础知识。1978年县办重点中学，普通中学办重点班，70%以上的学校把主要精力放在重点班教学上，搞升学率竞争。1985年春季引进辽宁省魏树生的"定向、自觉、讨论、解疑、自检、自结"六环节教学法，以提高学生的自学能力和自治能力。1986年巴彦县一中结合引进辽宁魏树生的"六环节"教学法，总结出一套"新课准备、讲解新课、谈议辅导、巩固练习"课堂教规，培养学生主动精神和独立思考能力。1987年兴隆中学校长吴春茹创造"谈、讲、议、补、练"五步教学法，通过学生自读教材，带着疑难问题听讲，大家讨论，再发现问题由老师补讲，作业练习，达到最佳学习效果。1988年中学教研部在西集中学等5处中学进行"魏书生教学法"实验。1989年推广一中地理教师吕守亚、智禹男和松花江中学化学教师张会民的教学实验。1990年数学科在西集中学、兴隆三中等10所中学20个教学班进行"青甫教学法"的实验。召开课堂教学观摩会，在全县推广。1997年学语文科在县内部分中学进行"快速作文教学法"实验。1998年实施"说讲评"工程，召开素质教育课堂教学巴彦一中现场会。1999年中学英语科进行"包天红教学法""马承外语教学法""张思忠外语教学法"的三改实验。随后的几年中不断探索研究、实验、总结、推广教育教学的新方法，研定教改方案，明确考研目标，设立活动基地，研究教学改革的方式、教学反思、典型引路、新型教学评价的构建、科研课题的实施与管理、校本培训与校本课程开发等，促进了教学方法的不断更新，更加切合学生和校本实际，提高教育教学质量，促进学生全面发展。

　　党的十八大以来，党和国家加大了对教育事业的投入，教育事业呈现了由普及到质量提高的飞跃。继2000年实现普及九年义务教育，2015年又实现普及高中阶段的义务教育。在巴彦兴隆两镇建三处高级中学，初中生可以全部升入高中学习，满足了人民群众享受优质教育的愿望。

　　16个农村乡镇办学条件得到根本的改善，通过整合，基本实现了一乡两校（一所初中、一所小学）的目标。校校有读书阅览室、实验室、微机室。校校有食堂，中学有宿舍，师生可乘校车上班上学，改变了新中国成立以来的走读现象。地处偏远山区的老区乡镇，龙泉镇、洼兴镇、山后乡的中小学都建起了教学楼，从2006年到2012年先后跨进省级规范化初中、市级规范化小学的行列。

教师的思想道德和文化业务素质明显提高。通过职称评定和农村教师浮动工资补贴，充分调动了广大教师的积极性，教师的工资标准大幅提高，使教师成为社会上令人羡慕的职业。小学教师由中师提高到专科以上，中学教师由专科提高到本科以上。

2018年老区乡镇教育基本情况表

内容＼名称	幼儿教育			小学					
	所数	幼师数	幼儿入班数	所数	专任教师数	在校学生校	活动室	微机室	图书室
合　计	9	133	881	6	734	5 130	6	6	6
洼兴镇	2	26	186	1	122	1 308	1	1	1
龙泉镇	1	24	169	1	91	915	1	1	1
天增镇	2	29	172	1	57	489	1	1	1
黑山镇	2	32	178	1	246	1 356	1	1	1
山后乡	1	12	50	1	124	579	1	1	1
镇东乡	1	10	78	1	94	483	1	1	1

内容＼名称	中学						
	所数	专任教师数	在校学生数	活动室	图书室	微机室	实验室
合　计	7	372	2 413	6	6	6	6
洼兴镇	1	57	886	1	1	1	1
龙泉镇	1	61	410	1	1	1	1
天增镇	2	52	215	1	1	1	1
黑山镇	1	92	498	1	1	1	1
山后乡	1	50	200	1	1	1	1
镇东乡	1	65	204	1	1	1	1

第四节　卫生与计划生育

2018年，全县实现卫生局与计生局合并，为巴彦卫生计生局。全县共有机构151家，二级公立医院3家，疾控中心、妇幼保健院、结核病防治所、卫生监督所各1家，社区卫生服务中心2家，乡镇卫生院18家，村卫生所（室）116家，民营医院5家。有职工2 064人，设1 843张床位，有大型医疗设备核磁2台、CT4台、彩超7台、血液透析机25台。16个乡镇卫生院有X光机、心电机、B超、常规检验设备，负责全县70万人口的医疗、防预、保健任务。2018年完善农村医疗保障体系、构筑卫生服务体系建立人才队伍发展体系和服务监督体系，较好地完成全年的工作任务，6个老区乡镇的卫生计生工作都有了很大的发展。

2018年老区乡镇医疗卫生情况表

名称	卫生院数	医务人员数	床位数	村级卫生所	村医
合计	6	244	232	38	138
洼兴镇	1	59	50	8	35
龙泉镇	1	65	72	5	22
天增镇	1	39	62	9	28
黑山镇	1	41	21	6	26
山后乡	1	22	12	6	18
镇东乡	1	18	15	4	9

第五节　文化体育

党的十一届三中全会以来，随着改革开放的不断深化，文化体育事业呈现大发展、大繁荣的局面。群众文化活动非常活跃，群众自发组织的文化艺术团体20个，节目多为自编自演，专业剧团坚持每年送戏下乡，图书发行和阅览进一步发展，自发组织9个文学社团，百余个业余创作活动团体，参与者5千余人。绘画、剪纸成绩斐然，享誉国内外。1999年，巴彦县被国家授予"全国文化先进县"称号，2003年8月通过省文化厅对"全国文化先进县"的复检。广播电视事业坚持正确的舆论导向，为社会主义政治文明、物质文明和精神文明服务，不断取得新的发展和成绩。

体育活动开展广泛，由少数人爱好，变成群众健身需求，散步、钓鱼、做操、跳舞、打太极拳、扭秧歌等各种锻炼形式，已成为人们不可或缺的生活内容。巴彦县农业支行被评为全省金融系统"职工体育先进单位"。1992年，巴彦县被评为"全国体育先进县"，1996年再获殊荣。1999年8月，巴彦县被授予全国"亿万农民健身活动"先进集体。2000年，康庄乡被评为全国"亿万农民健身活动"先进集体。2001—2004年又有6个乡镇跨入全省先进乡镇行列。全县中小学自1998年开展"百万青少年上冰雪"活动以来，上冰雪活动的学生累计30万人次，有4所学校被评为省级上冰雪先进集体。

党的十八大以来，以习近平同志为核心的党中央注重发展全民文化体育活动，发展全民健身活动，中华民族不但要富起来，而且还要强起来。巴彦县委、县政府积极响应党中央的号召，大力推进文化体育事业上台阶，充分体现社会主义新时代的特色，为发展恢复县域经济，推动社会主义文明建设的进程，将长远目标和特色发展相结合，开展丰富多彩的社区、乡村文化体育活动，优先谋划发展老区乡镇，使老区文化体育活动从基础设施、队伍建设及管理等方面，让老区群众充分享受改革成果，分享改革带来的健康与喜悦。

洼兴镇，建文化广场2处，组织成立130余人的"舞之魂"舞蹈团。群众自发组成秧歌队，深入村屯演出，带动了群众参与文体活动，活跃了农民的业余文化生活。

龙泉镇，设文化站1处，社区文体活动中心4个，村文化活动中心7个，村文化活动广场5个，4个民间文艺团体，230多人参加，多次参加县镇大型文艺演出。

其他老区乡镇文化体育工作也开展得有声有色，体现了地域特点，服务于群众，丰富了群众文化体育生活。

黑山镇，有文化站1个，内设办公室、图书室、小剧场。有夕阳红等4个民间文艺活动团体入驻，有公共图书室6个。

山后乡，由文体服务中心和乡妇联牵头，在新村家园组建秧歌队、舞蹈团，服务中心提供乐队器材和演出服装道具等，长年坚持活动的近百人，经常深入村屯演出，丰富群众的文化生活。

镇东乡，积极开展公共文化服务体系建设，建立4个村级文化活动室，2个村级图书馆，每个图书馆配备一名专职管理员。建立乡文化能人数据库，为文化事业发展培育人才。新建兴利村范家岗屯和孙洪亮屯3 000平方米和1 200平方米文化娱乐广场各一处，积极开展各种文化体育活动，丰富村民的业余文化生活，居民的幸福指数不断提升。

第七章 进入中国特色社会主义新时代

第一节 脱贫攻坚工作

一、基本情况

巴彦县位于黑龙江省南部，松花江中游北岸，幅员3 137.7平方公里，耕地344.5万亩，辖10镇8乡、116个行政村、1 345个自然屯，人口70.2万人，其中农村人口58.1万人。2012年巴彦县被确定为省级扶贫开发重点县，2018年4月和7月，相继接受市、省脱贫退出评估验收，9月29日，省政府批复脱贫退出。2018年底，代表黑龙江省接受了省际交叉检查，同时，在全省成效考核中被评为A档。目前，全县有贫困户2 574户6 098人，其中脱贫1 291户3 146人，未脱贫1 283户2 952人。贫困发生率0.51%。26个贫困村全部退出（包括：龙泉、洼兴、镇东、黑山、山后、天增6个革命老区乡镇）。

二、脱贫攻坚主要做法及成效

（一）责任落实情况

落实主体责任。成立了以县四个班子主要领导任组长，县委、县政府各分管战线领导任副组长的巴彦县扶贫开发领导小组，下设10个专项推进组；乡镇成立相应领导小组，下设由乡镇长任站长的工作站；各村完善了领导组织，逐级签订了脱贫攻坚责任状。实行了县与乡、乡与村、部门一把手与帮扶干部三个"连责连坐"机制，落实了县委书记、县长遍访贫困村，乡镇党委书记、村支部书记遍访贫困户，县级领导包乡联村入户等举措，切实地解决了脱贫攻坚中的各项困难，推进了脱贫攻坚各项工作稳步有序开展。

落实行业部门责任。各行业部门成立了由一把手任组长、班子成员参加的扶贫工作领导小组，制定下发了关于饮水安全、危房改造、健康扶贫、教育扶贫等政策的落实文件59个。各部门单位一把手每年入村2次，分管领导每两个月入村1次，在谋划产业项目、村屯基础设施建设、精神文明建设、村级组织建设等方面帮助研究措施、解决难题。精选2 574名帮扶责任人开展"一帮一"结对帮扶。2018年，帮扶干部共投入资金201.5万元，帮扶贫困户发展"小菜园""小养殖"、种植、加工项目2 269个，收益217.84万元，户均增收960元；购买种肥、农药等生产投入45.7万元。

落实驻村结对帮扶责任。在省、市派驻24支工作队（省委派驻6支，市委派驻18支）的基础上，全县派出驻村工作队和联合驻村工作队73个227人（其中科级以上干部64人，后备干部28人），实现了驻村定点帮扶全覆盖。2018年，驻村工作队帮助贫困村谋划实施扶贫项目39个，其中产业扶贫项目32个。

（二）贫困人口"两不愁三保障"及兜底扶贫情况

饮水安全政策落实情况。2017年和2018年，巴彦县共投入资金4.048亿元，以集中连片供水为主，实施单井单屯工程35个，单井多屯工程45个，多井多屯工程65个，延伸管网316处，解决了966个屯118 158户362 877人的饮水安全问题，其中，贫困户1 838

户4 374人，实现农村安全饮水全覆盖。

　　"两不愁三保障"政策落实情况。一是落实了危房改造政策。2017—2018年，投入5 177万元，完成1 858户建档立卡贫困户的危房改造任务，其中新建1 400户、购买319户、租赁75户、维修64户。二是落实了健康扶贫政策。2018年投资1 066万元，为所有建档立卡贫困人口缴纳了城乡基本医疗保险、商业补充保险（含人身意外保险）、城乡居民养老保险和健康体检费用。降低住院报销门槛，贫困人口政策范围内医疗费用个人负担不超5%。全县5 060人次享受了"先诊疗、后付费""一站式结算"服务。救治了385名大病患者。与2 633名慢病患者进行了签约服务，签约率100%。免费治疗白内障患者10人。村级卫生所全部达标，配备了常用药品，满足了常见病治疗需求。对5 261名贫困人口进行了免费体检，占贫困人口总数的85.1%；对1 257名农村残疾人口进行了免费评残，颁证1 174本。三是落实了教育扶贫政策。制定了《控辍保学工作方案》，落实九年义务教育"两免一补"和寄宿生、学前教育补助及高中生助学金等扶贫政策。2018年，为80人次中高职生补助12万元，为7名贫困大学生发放助学贷款5.6万元，发动社会各界为学校和贫困学生捐助123.87万元，全县贫困家庭子女义务教育阶段学生无因贫辍学。投资2 210万元改造维修薄弱学校26所；投入234万元，改善了所有学校网络教学设施。四是落实了就业政策。制定了《2018年就业扶贫工作实施方案》《巴彦县精准扶贫致富带头人及新型职业农民培训规划》等就业扶贫办法，针对农村生产实际，各行业部门、乡镇、驻村工作队组织集中培训10次，其中有276名建档立卡贫困人口参加了培训。贫困劳动力就业986人，其中省外务工191人，7个合作社、扶贫车间就业40人，公益岗位安置贫困人口421人。五是落实金融政策。按照《巴彦县贫困户信用等级评定指导意见》的标准和程序，对全县2 574户贫困户开展了信用等级评定，发放小额贷款9 402.3万元，其中自贷自用266户，贷款847.3万元；"贫困户自贷入社、抱团取暖" 1 711户，贷款8 555万元，无逾期贷款现象。政府投资5.82万元为897户从事种植的贫困户缴纳了种植业保险，473户贫困户因灾得到赔偿13.74万元。

保障兜底政策落实情况。建档立卡贫困人口中纳入低五保1 843人，其中2018年纳入329人，新识别贫困人口中有低五保23人。403人次贫困人口获得临时救助。参照低保残疾人标准为467名残疾人发放了护理补贴，为947名残疾人发放了生活补贴，共计发放补贴124.8万元。全县456名丧失或部分丧失劳动能力的贫困人口中，95人收入稳定，286人享受了低五保政策，75人正在办理中。

（三）贫困村"三通三有"情况

2017年以来，交运局投资852万元，硬化贫困村道路21.3公里；电业局投资110万元对丰玉村、增产村、兴利村、丰胜村、为民村生产用电进行了改造；文体局投资255万元，完成17个文体活动广场建设和文体器材配置；卫计局投资150万元，建设15个村级卫生室。全县26个贫困村"三通三有"已全部达标，贫困发生率均控制在2%以下，全部脱贫退出。

（四）产业扶贫情况

近两年来，上级投入财政专项扶贫资金6 163.33万元，实施贫困村整村带动和非贫困村整乡带动产业项目21个。建设黑山大东北牧业生猪养殖、德祥黄牛养殖、西集名溪粘玉米种植加工等特色扶贫产业基地，建设丰乐乡晟锦制衣服装加工扶贫车间，扶持了德丰种植、宝发黄牛养殖、福顺养牛等11个合作社。县政府投入4 000万元建设15个光伏电站（20个并网电站），装机容量5.637兆瓦。2018年，产业收益实现545.93万元，其中，259.76万元用于带动贫困群众增收，286.17万元用于村公益事业建设。建立了利益联结和收益分配管理机制，实现贫困人口产业扶贫全覆盖。

三、优化产业结构是老区经济发展的内生动力

巴彦县有老区乡镇6个，即天增镇、山后乡、黑山镇、洼兴镇、镇东乡、龙泉镇。自然村33个，屯492个，人口17.8万人。耕地103.1万亩（其中水田10万亩，经济作物2.3万亩）。6个乡镇位于巴彦县城的北部和东部的山区、半山区。

近年来，老区乡镇以党的十九大精神和习近平新时代中国特色社会主义思想为指导，以增加农民收入为核心，大力调整产业结构，因村、因户施策，全力脱贫攻坚，不断推进了现代农业的快速发展，加大了快速奔小康的步伐，老区的产业发生了大变化。

（一）产业由产量型向经济、效益型快速转变

在种植业上，无论是计划经济时期，还是市场经济时期，巴彦县都是以种植玉米、大豆、水稻三大作物为主，追求的是高产量，忽视了质量效益。作为老区的天增镇、山后乡的产粮大乡镇也不例外。身受产量高、效益低的困扰。特别是近二年玉米价格市场低迷，亩种植玉米纯收入不到300元，农民收入大幅度减少。针对这种情况，老区乡镇大力调整种植业结构，向经济效益型转变。一是增加水稻种植面积，目前老区乡镇的水稻种植面积由原来3.5万亩，发展到近10万亩（按当前的水稻、玉米市场价格，种植水稻比种植玉米亩增加收入400—500元）。二是扩大经济作物面积，发展药材种植，老区黑山镇属丘陵地带半山区，是县的第三积温区，小区气候，产量高，生育期长的农作物种不了。乡村干部动脑筋想办法，在增产村党支部带领下与辽宁的一药业联营种植药材，现已种植白芷、赤勺、芥坂500多亩。老区

山后乡与哈尔滨、广东冷藏企业联营种植甜玉米2 000多亩，亩可收入2 400元，去掉成本亩纯收入千元以上。三是在提质增效上作文章，大豆种植上种有机质高、出油率高的大豆。水稻种植有机、无公害、绿色稻，不断向质量型转变。

在养殖上由小户型、散养型向规模化、标准化上发展。巴彦县是生猪养殖基地县、生猪外调大县，年生猪饲养量近400万头。老区的6个乡镇年生猪饲养量在170万头以上。2016年以前，养殖在百头以上户不多，都是10头20头的散户养殖，没有规模。现在老区的6个乡镇，年养殖生猪6 000头的养殖户5个，10万头的2个（黑山镇的大北农，洼兴镇腾达养殖场），黄牛养殖超千头不下4个，30—50头的户近百户。特色养殖貂狐的屯2个，近万只。

扶贫产业发展迅速。巴彦县六个老区乡镇有省级贫困村9个。在近两年扶贫攻坚过程中，9个贫困村分别由省、市厅局包扶。因村制宜分别建起包扶产业，包扶资金打捆使用，近两年投入包扶资金1 100万元，使包扶产业规模化、标准化。山后乡的省级贫困村跃进村，由市农委包扶，上产业扶贫项目4个，投入扶贫产业资企600多万元，成立3个合作社，1个光伏发电产业，年利润百万元，贫户每年分红万元。黑山镇省级贫困村2个，建黄牛养殖扶贫项目1个，入股项目1个（大北农生猪养殖集团），养殖集团每年给贫困户分红1.8万元。其他乡镇也不同程度地建设了扶贫产业，制定了措施。贫困户收入有了保障，扶贫产业的红利已普惠老区6个乡镇的贫困村贫困户。

革命老区龙泉镇仁河村是省级贫困村。三年来，在哈尔滨市统计局的包扶下，基础设施建设得到显著提升，2019年摘掉了贫困村的帽子。为该村修建四座桥，4.5公里村屯白色路面，解决了山区村屯"行路难""上学难""卖粮难"的问题。修建村文化广场、文化活动室和卫生所，满足了人民群众文化生活的需求，解决了就医看病难的问题。更新了村委会的内部设备，使办公条件明显改善，达到了标准化。新打四眼机电井，全村11个自然屯，1 861户、6 981口人全部吃上自来水。为全村50户特困户建房舍，解决了住房安全的大问题，建房补助标准是：两口之家23 500元，三口之家33 500元，四口以上家庭补助43 500元，50户特困户全部入住新居。

龙头企业带基地+农户发展势头好。巴彦有山东的金锣集团、万润集团、正邦集团、隆庆米业有限公司等省级龙头企业，在这些龙头企业带动下，老区的6个乡镇分别建起了生猪养殖基地、狐貂养殖基地、稻米加工基地等，农户的生猪、家禽饲养量不断扩大，养殖业不断增加，小型加工厂也建立起来。

目前巴彦老区乡镇已有经营面积300亩以上的家族农场69个，经营面积5 000亩以上的合作社2个，万亩以上农业服务体1个；室栽培超百亩、特色种植超千亩的村2个；养牛200头、养猪（羊）50头（只）以上户504户，养牛超百头、猪（羊）超千头（只）的合作社10个；养禽1 000只以上的户33个，养禽万只的合作1个；外来投资超千万项目4个，投资1 000万元县乡龙头企业3个，拉动村9个。老区农村经纪人61人；村级电商平台2个，年经销额超百万元的实体3个，有辐射带动作用旅游线路2条；年收入超百万元餐饮、服务业2个。2016年以来社会力量扶贫帮建单位27个，捐资捐物1 100万元。老区有先进村7个，中等村16个，较差村10个。

（二）巴彦县老区种植业典型

1.巴彦鹏旭种植专业合作社

巴彦鹏旭种植专业合作社位于巴彦县山后乡，建于2017年3月。合作社主要种植甜玉米，种植面积2 000多亩，并能冷藏和加工，年产值400万元，纯收入200万元。

合作社帮扶贫户带地入社，效益分红，保证贫户亩收入
1 500元。

2.巴彦聚农合作社

巴彦聚农合作社位于山后乡，成立于2017年。主要种植玉
米，帮助农户代耕，托管土地。

聚农合作社投资600万元，购置各种各类农机具60多台套，
种植托管面积近7万亩，年收入近2 000万元。

3.洼兴镇增收村水稻专业合作社

增收村水稻专业合作社始建于2012年，经营水田面积1.8万
亩，认证有机水稻种植面积5 000亩，并建有江湾米业加工厂。加
工厂占地1.2万平方米，车间面积750平方米，日加工水稻150吨。

合作社还建有有机肥厂，投入70万元，日产有机肥9吨。

（三）老区产业的发展

政府的惠民政策，投入项目和资金是促进产业发展的保障。
近年来，针对巴彦老区的产业发展，县委、县政府出台了一系列
的惠民政策，调动乡村和人民群众加快产业发展的积极性。县
委、县政府在老区的乡、村投资治理中低产田，建设生态高产标
准农田，扶持养殖户，使产业得到快速发展。

利用资源，发挥优势，因地制宜是产业发展的条件。在产业
发展过程中，老区乡镇充分发挥自身的资源，因地制宜，创建了
有自己特色的产业。山后乡靠山，建起黑山猪特色养殖场；龙泉
镇福乡村紧靠驼峰山，建起了2个黄牛养殖屯，2个屯养黄牛2 000
头。洼兴镇高丽寨村和龙泉镇利用民族风情和红色老区建起了2
个旅游景点。

完善的服务体系，促进了产业的发展。县农业技术服务推广
中心，经常深入老区，培训、指导老区的种植业发展。县畜牧兽

医中心，联系相关院校，到养殖场搞生猪防疫、繁育讲座，对技术人员进行培训，解除了畜牧养殖防病难的问题。土地托管服务体，帮助老、弱、病、残户种地。山后乡聚农农业合作社，托管土地近7万亩，解决部分农户种地难的问题。

老区产业发展情况汇总表（2018年）

老区基本情况和村集体经济状况													
				其中郊区									
老区村（个）	自然屯（个）	人口（万人）	耕地面积（万亩）	村（个）	屯（个）	人口（人）	耕地（亩）	集体有存款村（个）	集体存款总额（万元）	集体有债务村（个）	集体债务总额（万元）	村级机动地总数（亩）	村级闲置资产（万元）	村属荒坡荒沟（亩）
33	492	17.8	103.1					6	109	27	5 796	26 211		11 865

老区产业发展现状

情况	项目		数量
一产情况	经营面积300亩以上的家族农场（个）		69
	经营面识5000亩以上合作社（个）		2
	作业面积1万亩以上农机合作社（个）		1
	棚室栽培超百亩或特色种植超千亩村（个）		2
	养牛20头以上或养猪（羊）50头（只）以上（户）		504
	养牛超百头或养猪（羊）超千头合作社（个）		10
	养盒1000只以上（户）		33
	养禽万只以上合作社（个）		1
二产情况	农畜产品加工产值500万以上企业（个）		
	林、特产品加工产值500万以上企业（个）		
	外来人员投资情况	投资额（万元）	1 142
		项目数（个）	4
	县、乡龙头企业拉动情况	企业数（个）	3
		拉动老区村（个）	9

续表

情况	项目		数量
三产情况	农村经纪（人）		61
	村级电商平台（个）		2
	年经销额超百万元实体个		3
	有辐射带动作用的旅游线路（条）		2
	年收入超，百万的餐饮、服企业（个）		2
其他情况	2016年以来社会力重帮扶情况	帮建单位（个）	27
		捐助资金实物折合（万元）	1 100
		帮建项目（个）	17
	按班子和产业发展状况分类	先进村（个）	7
		中等村（个）	16
		较差村（个）	10

巴彦县老区乡镇贫困人口脱贫情况统计表

单位：户、人

乡镇名称	贫困人口		2017年已脱贫		2018年已脱贫		2019—2020年最终脱贫	
	户数	人口	户数	人口	户数	人口	户数	人口
合计	971	2 888	258	778	383	1 081	330	1 029
洼兴镇	104	244	26	60	48	110	30	74
龙泉镇	150	480	34	116	61	195	55	169
天增镇	137	357	39	101	43	110	55	146
黑山镇	209	511	48	116	98	224	63	171
山后乡	301	1113	92	331	101	363	108	419
镇东乡	70	183	19	54	32	79	19	50

第二节　美丽乡村建设

　　2016年，巴彦县美丽乡村建设以科学规划为先导，以改善农村人居环境为突破口，以整合村庄资源、集约利用土地为手段，坚持特色化规划、多元化投入、集约化建设、整体化配套、社区化管理，着力打造优势产业突出、人居环境较好、功能设施完备、社区服务完善的美丽乡村。

具体建设任务为：在美丽乡村创建中，重点进行环境综合整治和新型社区建设工作。做到以点带面、稳步推进，建成生态农业、生态文化特色乡村，推动全县打造成为"田园美、村庄美、生活美、风尚美"的美丽宜居乡村。做到扎实推进示范村上规模，美丽乡村建设升级上水平。优先建设老区乡镇，促进新时代老区文明建设的发展。

一是组建了工作机构。成立了以县委、县政府主要领导任组长，主管领导任副组长，财政、农业、建设、国土、水务、电业、环保等53个县直单位、18个乡镇主要领导为成员的全县美丽乡村建设工作领导小组，办公室设在农业局，具体协调美丽乡村建设的有关事宜。

二是制定并下发工作方案。参照省、市美丽乡村建设总体规划，按照"整干净、建漂亮、强基础、树文明"的总体要求，制定了巴彦县的美丽乡村建设工作实施方案，从指导思想、遵循原则、建设目标、工作任务以及保障措施五个方面进行了阐述和细化。

三是整治了农村环境。召开了全县美丽乡村建设暨农村环境卫生综合治理工作相关会议，推进全县美丽乡村建设及环境综合整治工作的落实，为农民营造了整洁、有序的生产、生活环境。召开了美丽乡村建设推进会议，县委、县政府领导、县直相关部门负责同志，各乡镇党委书记，全县116个行政村村书记参加了会议。通过拉练检查，与会人员认真总结在美丽乡村建设特别是环境综合整治工作中的好经验、好做法，互相学习，互相提高。通过学习对比，也让大家看到了自己的不足，找到了差距，加快了美丽乡村建设进程。

四是推进了美丽乡村示范村基础设施建设。2016年巴彦县申报了26个省级示范建设村。截至目前，全县已投入美丽乡村建设资金10 377万元，完成美丽乡村示范村规划26个村屯，全面实施了道路硬化、安全饮水、村屯绿化等重点工程，硬化屯内道路40.8公里，修建砂石路102公里，建设统一路边沟25.68公里，兴建铁艺栅栏（围墙）15.2延长公里，新增设垃圾箱176个，建室内厕所213个，房屋改造641栋，安装太阳能路灯300盏，创建安全饮水工程15处，新建改建户外文化休闲体育广场9处。

今年，巴彦县确定重点推进了巴彦港沿江村、兴隆镇民主村美丽乡村示范村建设。投资2 114万元修缮改建沿江村120户143栋住宅、兴隆镇民主村247户360栋住宅，包括外墙面清理、彩钢屋顶安装、外墙棉保温粉刷等；建设铁艺围墙1 407米、高标准混凝土路边沟1 598米。目前，累计投入1 108.5万元，完成铁艺围墙、高标准路边沟建设，房屋改造完成外墙保温苯板316栋、更换彩钢屋顶343栋。在重点推进的基础上，其他村屯也不甘落后，比如：丰乐乡硬化屯内道路21.9公里，统一修建路边沟4.38公里；天增镇硬化屯内道路5.8公里；镇东乡硬化边沟2.6公里；富江乡增设垃圾箱100个；万发镇新建栅栏1 200米、兴建室内厕所53个。

2017年中央投入巴彦县200万元美丽乡村建设专项资金，占农村综合改革资金1 526万元的13%，资金当年全部拨付到位，其中：巴彦港沿江村100万元，用于砂石路建设；西集镇荣誉村100万元，用于道路硬化。

2017年市级投入12个美丽乡村建设专项资金997万元，其中：德祥乡春荣村500万元，主要用于道路硬化、文化活动广场建设；松花江乡五一村61万元，主要用于路灯、步道板建设；龙泉镇仁河村60万元，主要用于广场建设；山后乡跃进村60万元，主要用于道路硬化、植树；万发镇兴北村42万元，主要用于硬化路边沟；巴彦港镇沿江村41万元，主要用于太阳能路灯安装；巴彦镇红星村36万元，主要用于硬化路边沟、路肩；红光乡新富村29万元，主要用于砂石路铺垫。以上建设工程已完工，财政、农业正在进行联合验收，待验收合格后拨付给施工单位。兴隆镇隆青村41万元、兴隆镇民主村60万元、龙庙镇彦龙村37万元、黑山镇增产村30万元，因各种因素制约于今年5月份施工建设，将根据工程进度拨付给施工单位。

在县财政极其紧张的前提下，县委、县政府整合部分涉农资金，全力推进美丽乡村示范村建设工作。2016—2017年，县财政整合涉农资金2 100万元，重点投入巴彦港镇沿江村和兴隆镇民主村进行村民房屋修缮改造工程。截至目前，工程已完工，正在组织验收中，根据工程进度，现已拨付给施工单位1 600万元，待验收结束后，将按合同约定拨付建设资金。

1.基础设施建设方面

2017年，重点围绕示范村在全县范围内开展基础设施建设。全县累计投入建设资金1.3亿元，全面实施了道路硬化、安全饮水、村屯绿化等重点工程，硬化屯内道路70.7公里、铺垫维护砂石路260公里、房屋改造330余栋、创建安全饮水工程13处、新建改建户外文化休闲体育广场9处、安装太阳能路灯650盏。推进并完成了巴彦港沿江村、兴隆镇民主村美丽乡村示范村房屋修缮改造工程，包括住宅房屋外墙面清理、彩钢屋顶安装、外墙墙体保温苯板贴装、棉保温粉刷等；建设了铁艺围墙1 407米、高标准混凝土路边沟1 598米。修缮已完成，村容村貌焕然一新。

2.人居环境改善方面

在农村环境综合整治上，围绕全市"千屯整治"活动在全县范围内开展了美丽乡村建设环境大整治活动，实施了清生活垃圾、清畜禽粪便、清路障、清柴草垛等"六清"活动，同步完成了千屯整治、柴草垛出屯等相关工作，为农民营造了整洁、有序的生产、生活环境。全县共组织大规模的环境整治行动4次，党员、干部、群众近万人次参加了整治活动，共出动车辆24 065余台次，出动劳动力53 284人次，清运垃圾90 080立方米，环境卫生情况得到明显改善。清理垃圾、残土、边沟杂物和积雪61 520吨，清理粪堆1 688个，清理乱贴乱画1 577处。改造房屋外立面123 640平方米，搬迁柴草垛6 256个，在各村建立和卫生保洁制度，大多数村设立专兼职保洁员，清理排水沟332 000余米，建立垃圾堆放点，并开展适时填埋。

在清洁能源使用上，以实施农村清洁能源入户工程为着力点，推广安装生物质锅炉2 000台、太阳能路灯650盏，充分发挥使用农村清洁能源的经济效益、生态效益、社会效益，为村经济可持续发展、促进生态文明、加快美丽乡村建设夯实基础。

3.经济发展方面

巴彦县作为农业大县，农业合作社及家庭农场土地经营面积占比逐年增大，农业企业逐渐增多，包括粮食高产创建，生猪、肉蛋鸡等畜禽及其他特色养殖规模逐年增大，创造较高的经济效益。使得农村居民人均纯收入连续11年增长幅度超过城镇居民可支配收入，且保持快速增长，2017年巴彦县农村居民人均纯收入为12 630元，增幅为6%。

4.公共服务方面

巴彦县重点围绕农村学生免费义务教育、新型农村合作医疗保障、农民工技能性和引导性培训、农村"五保户"供养、建档立卡贫困户帮扶、推进大学生"村官"计划、完善城乡居民养老保险筹资和保障机制、健全农村留守儿童和妇女、老人、残疾人关爱服务体系等工作逐步提升农村公共服务水平。制定出台了《巴彦县脱贫攻坚责任制实施细则》，派出88支驻村工作队、2 575名帮扶干部，实现了有贫困人口的村和建档立卡贫困户帮扶工作全覆盖。全县70%以上的村建成了村级文化室和文化广场，每个村都有1—2支文艺队伍。各乡镇村多方筹措资金对农家书屋进行改造增容，以满足农民议事、培训、读书、阅报等活动需求，加强村民联系沟通，丰富村民业余文化生活。

5.乡村文明建设方面

巴彦县各村均制定了村规民约，全面开展了乡风文明建设。通过宣传教育、检查评比等多种有效的方式，扎实开展文明村、文明户创建活动，文明村、文明家庭达到50%以上。社会风气明显好转，人文环境逐渐优化，邻里关系更加和谐。

6.基层党组织管理方面

各示范村党支部坚持党员干部深入联系家庭，了解民情，反映民意，解决民忧。在日常生活中，为村民解决了医疗救济金、危房改造、剩余劳动力转移、子女读书难、带领农民致富等问题，受到群众一致好评。2017年各村村民对村"两委"班子成员满意率达到90%以上。

7.长效管理机制建设方面

新农村建设启动以来，全县农村的基础设施、人居环境具有较大改善。各乡镇、村屯根据自身特点形成自己的新农村建设长效管护机制，对基础设施进行日常看护，对人居环境实施门前三包，实现村庄公益设施维护与环境卫生管理常态化。

2018年投入资金2.02亿元用于农村基础设施建设。完成美丽乡村示范村规划15个村屯、全面实施了道路硬化、安全饮水、公共设施建设等重点工程。具体包括：

道路建设：完成了24.1公里道路的硬化、油渣铺设，563.2公里砂石路的铺垫维护，建涵1 146个，建桥3座。

村容村貌：统一围墙23 017延长米，硬化标准化边沟39 740延长米，危房改造367座19 000平方米，安装太阳能路灯57盏，室内改厕268个。

公共服务：扩改建卫生所5处406平方米，计生服务室1处80平方米，建文化活动室3处518平方米，新建室外休闲活动广场6处15 400平方米，建图书室3处190平方米，学校扩建2处6 500平方米。

安全饮水：打深水井139眼，铺设自来水管线106.53千米，建水厂84个，为27 010户提供了安全饮用水。

县委、县政府先后下发环境卫生整治活动方案，从5月17日开始，围绕全市"千屯整治"活动，在全县范围内开展了美丽乡村建设环境整治大会战，实施了清生活垃圾、清畜禽粪便、清路障、清柴草垛、清广告等"六清"活动，同步完成了千屯整治、柴草垛出屯等相关工作，对暴露性垃圾、乱堆乱放杂物、杂草、柴草垛进行集中清除。参与群众达到146 306人次，启动钩机11 648台次，铲车9 705台次，农用运输车85 035台次，搬迁柴草垛9 461垛，灭失陈年柴草垛2 536垛，清理边沟1 346 910延长米，清除垃圾861 070立方米，拆除烂尾围墙5 648延长米，拆除闲置泥草房1 245座71 276平方米，拆违规广告牌464个，清除小广告4 789处，增设垃圾堆放点1 258个，设置垃圾箱7 438个，绿化植树1 557 320株，栽植花草605 500株，新建花坛46个3 990平方米，粉刷栅栏21 290延长米，制定村规民约的村106个实现长效机制，推进环境整治1 079个屯，在各村建立卫生保洁制度，大多数村设立专兼职保洁员，建立垃圾堆放点，并开展适时填埋。经过全面整治，使各村屯主路整洁，辅路通畅，村容村貌焕然一新。

经过三年的奋斗到2018年末，巴彦县美丽乡村建设工作，在优先发展革命老区乡镇的同时，实现了优势产业突出、人居环境良好、功能设施完备、社区服务完善，完成了既定目标。

第八章　前景与展望

　　巴彦县作为革命老区县，一路走来经历了风风雨雨，血与火、生与死的艰苦卓绝的斗争考验。取得了一个又一个伟大的胜利，这是中国共产党的骄傲，也是巴彦县政府和人民的骄傲。任何困难也吓不倒巴彦人民，他们勇敢、坚强、勤劳、纯朴、爱国，不怕流血牺牲的精神，将永远激励着巴彦儿女，无论遇到多大的风浪，多少坎坷，只有牢记前辈的嘱托，紧紧依靠中国共产党的领导，不忘初心、牢记使命，坚持巩固改革开放的伟大成果，坚持科学发展观，认真践行社会主义核心价值观，弘扬老区人民的革命斗争精神，在以习近平同志为核心的党中央的坚强领导下，把红色基因代代相传，为实现中国梦，全面脱贫致富共奔小康，在中国特色社会主义新时代中，把巴彦建设得更美，让老区人民在美丽富饶、和谐安定中享受七十多年来为之奋斗的成果。

　　展望巴彦革命老区的前景，还有造福于巴彦百姓，完成党的奋斗目标等诸多的事要规划、运作、实现。巴彦县委、县政府不满足现在取得的成绩，在老区县发展建设中又确立了新的奋斗目标。

一、立足新起点，展望新征程

　　巴彦县已步入了脱贫攻坚的冲刺阶段、决胜小康的关键时期，与全市、全省、全国同步建成小康社会，是时代赋予我们的历史责任。充分发挥我们的优势，一是有体量之长，巴彦县经济总量不大，总量小转型包袱就少，更易于聚焦发力，综合施策。二是有资源之长，巴彦县是传统的农业大县，粮食、畜牧业等资源仍是独特的优势。三是有产业之长，经过多年发展，已经形成了生猪、木材等产业的基础优势和技术优势，一些产品已经打入国际市场。四是国家政策之长，省市相继出台的支持东北振兴发展若干重大举措、"两大平原"现代农业综合配套改革试验区政策、省级贫困县脱贫政策及巴、木、通、方、依一体化发展规划等，这些是很多地区难以具备的要素条件。五是有区位之长，巴彦县位于哈尔滨、绥化之间，直接接受省内两大城市的影响和辐射，滨北铁路穿境而过，哈绥高速公路、哈肇公路和大顶子山航电枢纽公路、景观路直通哈市，与外域连接的公路网络全面畅通，区位和交通有明显优势。六是有团结之长，经过几年的发展，锻造了一支敢于担当、善打硬仗的干部队伍，人心思上、人心思进是干事业的动力源泉。

二、落实完成新目标，突出抓好六项工作

转方式调结构，提升产业竞争力。坚持产业立县、产业兴县。做好改造升级"老字号"，深度开发"原字号"，培育壮大"新字号"，打好产业结构升级攻坚战。

夯实基础稳增收，提升现代农业发展档次。坚持发展高产、高效、生态、安全农业，推进现代农业示范区发展，加快现代化农业发展步伐。

重建设强管理，提升城镇功能和品味。坚持现代化理念规划、高标准建设、精细化管理，打造精致大气、整洁靓丽的城乡新貌。

抓改革促创新，提升经济发展活力。坚持把改革创新贯穿工作始终，全面落实各项改革任务，从制约发展的突出问题入手，依法有序、扎实稳妥地推进各项改革，为经济社活发展助力加油。

严格治理优化环境，提升服务质量和效率。把优化发展环境作为工作的重中之重，深入推进法治建设，着力打造全面振兴好环境。

惠民生筑和谐，提升人民群众幸福感和满意度。坚决把群众满意作为一切工作的出发点和落脚点，不断加大保障和改善民生的工作力度，使发展成果惠及巴彦人民。

三、实改五个"更加"老区明天更美好

经济发展更加强劲。地区生产总值年均增6.5%以上；地方公共财政收入年均增长3%以上，固定资产投资增长5%以上。

产业结构更加合理。现代产业体系基本建立，产业结构进一步优化，发展方式得到实质性转变，生态产业体系初步形成。

城乡面貌更加靓丽。城乡基础设施不断完善，城镇空间布局合理，城乡环境更加宜人宜居，城镇化质量明显提升。

人民生活更加幸福。城乡人民可支配收入年均增长8%以上，贫困人口全面脱贫，贫困村全部摘帽，覆盖城乡的社会保障体系更加健全，人民生活明显改善。

党的建设更加有力。党员干部理想信念更加坚定，各级领导班子、干部队伍建设稳步推进，党组织的创造力、凝聚力、战斗力进一步加强。政治生态环境持续好转，党群干部关系更加密切。

附 录

血洒西北罗云鹏

罗云鹏是巴彦20世纪30年代北平大学生，优秀的中共党员。1940年在兰州任甘肃省工委副书记时，被国民党逮捕杀害。为抗日救国捐躯，血洒大西北。

罗云鹏，原名张西平，上中学时改名张敬载，后来到兰州做地下工作时化名罗云鹏。1912年出生于巴彦兴隆镇一个地主家庭。他在家乡读了几年私塾，后考入省城齐齐哈尔第一中学，1926年考入天津南开中学。这是一所具有光荣革命传统的学校，地下党组织活动非常活跃，周恩来、邓颖超曾在本校读书并领导天津学生运动。罗云鹏学习很用功，经常阅读进步书刊，高尔基的《母亲》、列宁的《国家与革命》等，逐步产生了革命思想。

1931年"九一八"事变后，罗云鹏积极参加抗日救亡活动，反对蒋介石"攘外必先安内"的不抵抗政策。在斗争中他光荣加入中国共产党，并担任党支部书记，从此他投身革命，曾任反帝大同盟天津市委党团书记，中共天津市委委员、秘书长等职。1934年罗云鹏考入北京大学经济系，同时在北平市委宣传部工作，一面读书，一面从事地下革命活动。1937年党组织调罗云鹏去延安中央党校学习，后调到陕北大学任指导生活副主任。

1938年，党组织又调罗云鹏去兰州开辟敌后工作，担任中共甘肃省工委副书记。主管组织工作，发展党组织，编发《党的生活》杂志，给《西北日报》《抗敌报》写稿，宣传抗日统一战线政策。同年组织安排他与工人党员樊桂英结婚，成立家庭并作为党的活动机关，组织党员开展抗日救亡活动。

兰州是抗战时期西北的重要城市，是甘、青、宁、新4省的枢纽，又是空中和陆路通往苏联的交通要道，战略地位十分重要。中共中央在此建立了八路军办事处。当时虽然抗日统一战线已经建立，但由于国民党反动派的阻挠，中共甘肃工委仍没有取得合法地位，处于地下状态。全面抗战爆发后，甘肃各界在共产党的号召下，纷纷建立各种抗日团体。罗云鹏到兰州后派进这些团体许多党员，有的在抗日团体建立党组织，使之发挥更大作用。

甘肃抗日救亡运动以及共产党组织的发展壮大，使蒋介石坐卧不安，他借口维护"统一领导"，大砍进步团体，解散了"青年抗战团"，查禁了《西北青年》《抗敌报》等进步刊物，还命令学校打击进步学生，清洗机关单位共产党员，大肆逮捕共产党员和进步人士，兰州笼罩在白色恐怖中。

1940年6月6日，在全市大搜查中，逮捕了罗云鹏、樊桂英和他们年仅8个月的女儿。这是军统头子戴笠来兰州策划的一次反共行动，暴露蒋介石假抗日真反共的嘴脸。在审讯中罗云鹏义正词严地质问："我们抗日救国，何罪之有？"并言称："蒋介石是破坏抗日救国的罪魁祸首！"敌人理屈词穷，恼羞成怒严刑拷打，并扬言把他装进麻袋扔到黄河去！然而罗云鹏却横眉冷对，毫无惧色，回答道："怕死就不是共产党员！"敌人拿过纸笔说："不怕死，你就签字！"罗云鹏毫不犹豫，接过纸笔，奋笔疾书："共产党员罗云鹏不畏牺牲！"弄得敌人下不了台。见硬的不行，就来软的，中秋节他们拿着月饼来看望罗云鹏，劝导说："只要你拥护三民主义，承认共产党不合国情，就立刻放你出去。"罗云鹏驳斥道："革命的三民主义，我们早就拥有，你们的假三民主义，我们早就反对，今后永远不会拥护，我们共产党员，要为实现共产主义奋斗终生，这是永远不能改变的信念。"又斥责道："你们引狼入室，破坏抗战真是民族的败类！"

1945年8月15日，抗战胜利了。国共双方签订了"双十协定"，但蒋介石并没有放下屠刀，兰州统调室上报："罗云鹏是甘肃省地下工作负责人，有一部电台未交，没谈其组织情况，在监6年毫无转变。胡润宝为中共西北交通线负责人。此二人顽固不化，又鼓动犯人讨要人权要求释放。"并请示秘密处死二人。

1946年2月12日晚8时，看守将罗云鹏、胡润宝带出牢房，言称："所长找谈话。"罗云鹏明白，敌人要下毒手了，临刑前他穿好衣服，来到樊桂英的牢门前，向爱人告别。看到爱人惊恐的眼睛嘱咐道："你要保重，有机会'回家'时，要带好孩子。"又抚摸着女儿的头说："爸爸没有啥留给你，只有一言，以后要听妈妈的话。"晚10点多，几个持枪的敌兵把罗云鹏和胡润宝押到城外一个土坡前，此处早以挖好了坟坑。执行特务牛士元严肃地说："看明白了没有？现在投降还不晚。"罗云鹏大声道："少废话，怕死不革命，革命不怕死，我们活着是共产党的人，死了是共产党的鬼！"他们喊着："共产党万岁！打倒国民党"的口号，被刽子手推进土坑，壮烈牺牲。

甘肃人民怀念罗云鹏，1959年10月1日在华林山烈士陵园为他建立纪念碑亭，以寄托永久的怀念。

大智大勇李时雨

李时雨，原名李亭芳，1908年出生于巴彦县万发镇雌凤岗屯一个地主家庭。1915年开始在本屯和兴隆镇相继读了三年私塾，他喜欢读书，从小接受了儒家"齐家、治国、平天下"的伦理道德。他熟读《水浒传》，崇拜梁山好汉"杀贪官、劫富济贫、行侠仗义"的壮举。经常把"及时雨宋公明"挂在嘴边，同学们给他改名"李时雨"。

1924年李时雨随同学张学孟一起考入省城齐齐哈尔第一中学。1925年上海发生了"五卅惨案"，消息传到齐市，他马上找巴彦籍在省城读书的同学张甲洲和于九公、魏祖舜、王国华、李廷槐、武斌等串联，组织了全市8所学校2 000多人上街示威游行，抗议日本帝国主义枪杀中国工人的暴行，声援上海工人的罢工斗争。

1926年，李时雨和张敬载一起考入天津南开中学。在这里他结识了黑龙江望奎县的同学林枫，他们经常在一起谈论国事，一起阅读进步书刊，是共产党员林枫把他们引上革命道路。

1930年，李时雨考入北京大学法学院读书，这年春天北师大巴彦籍同学高希文收到一封家信，反映巴彦县长翟兴凡贪赃枉法、横征暴敛、欺诈百姓的罪行。高希文父亲因不送礼，被翟兴凡的走卒以"通匪"罪抓到县衙，受尽毒刑拷打，后被迫花了很多钱才被放回。此信提到巴彦旅平同学会，大家十分义愤，张甲洲、李时雨决定：暑假回巴彦开展"驱翟斗争"。他们提前动员北平、奉天、齐齐哈尔、哈尔滨的巴彦籍同学一起回巴彦，分组深入到群众中调查翟兴凡的罪行，核实后由李时雨起草控诉和声讨书，并亲自把控诉状交到省政府。黑龙江省长万福麟立即派省府参事陈万凯和刘姓官员到巴彦调查，巴彦的群众纷纷前来诉冤提供证据。翟兴凡罪行累累，铁证如山，在奉天当省长的哥哥也包庇不了。万福麟给翟兴凡以撤职查办处分，"驱翟斗争"取得了胜利，李时雨功不可没。

1931年，李时雨加入中国共产党，开始了地下工作的传奇生涯，在看不见的战线上战斗了15年，为我党提供了大量的敌伪、国民政府的情报，为抗战胜利立了大功。"九一八"事变后，北平学生要求国民政府出兵抗日，收复东北。组织学生南下请愿，进行了卧轨斗争，在南京举行全国学生示威大游行，李时雨是主要组织者之一。

1932年，李时雨接受北平市委的派遣，回巴彦组织抗日义勇军，他参加了张甲洲等20多名大学生组织的"七马架暴动"，后担任抗日义勇军第三路军副总指挥。8月，他指挥了炸毁泥河大桥附近铁路，截击日本军用火车，伏击兴隆镇日本鬼子，击毙日本警察数十人，截获许多枪支弹药和军装。后因总指挥王家善被招回省城任为参谋长，义勇军解体，李时雨回北平继续读书。

1934年，李时雨在北大法学院毕业，党组织派他打入东北军，在张学良身边工作，任务一是了解东北军的情况，二是做张学良身边人员的工作，宣传抗日救国，鼓动打回老家去。他先后参加了"一二·九"运动，推动了西安事变。

1937年，李时雨以天津高等法院检察院书记官的身份为掩护，从事党的地下情报工作，归中共中央北方局社会部领导，直接联系人是天津联络人何松亭。1939年，何松亭交给他两项任务：一是由租界地向根据地运送电台和马达；二是营救我党被捕的冯骥出狱。他想尽办法，通过各种关系，利用职权冒着风险，圆满地完成了这两项艰巨任务，自己还没有暴露。解放后，冯骥任北京铁路局公安局长，回顾这段经历，他说："多亏李时雨营救，否则我难逃魔掌。"

1940年3月，汪伪政权在南京成立，在中央政治委员会第一次会议上，李时雨被任命为中央立法委员兼上海保安司令部少将军法处长，上海警察局司法处长，为我党提供了许多敌伪方面重要战略情报。

抗日战争胜利后，李时雨在中共华中情报部，新四军联络部的领导下，奉命打入军统内部，任上海区第二站第二组上校组长，他逐步深入魔窟，利用职务之便，将一些有价值的信息巧妙地传给地下党负责人。这对于保护我党我军重要领导和进步人士、防止敌人破坏起到至关重要的作用。他也曾被敌人怀疑过，还被敌人抓捕，他巧妙利用敌人内部关系，声称自己是戴笠派入汪伪的，（当时戴笠已死）并痛斥国民党反动派埋没功臣，保护了党的秘密。

全国解放后，李时雨长期在中央军委情报署、联络部、中共中央社会部、调查部工作，情报工作成为他终身职业。1978年任国务院宗教局顾问，党组成员，兼中国佛学院副院长。

戎马生涯王家善

王家善是国民党中央军营口起义的高级将领。在戎马倥偬的一生中，走过一段曲折的路，其原因正如他所说："我不懂政治，只凭一股热情，不能不走到歧路上去。"

王家善，字积之，黑龙江省巴彦县康庄乡旭东村人。1903年生于大板房屯一个大地主家庭。他在巴彦县城读完高等学堂后，于1918年（16岁）考入齐齐哈尔省立第一中学。他学习用功，积极参加学生运动，1919年五四运动爆发时，他在齐齐哈尔也参加了这场反帝反封建的爱国学生运动，游行中见学生郭钦光被镇压的警察砍死，他勇敢地同警察搏斗，因此被校方开除学籍。

王家善的叔父王纯古在日本东京明治大学法学院毕业后回国，在营口东三省盐运署稽安局当巡查员，承担了王家善以后的教育。送他到日本铁道学院学习，后考入日本最高军事学府——日本陆军士官学校。1937年"九一八"事变发生后，因中国学生在东京集会示威，反对日本帝国主义侵略东北，王家善等留学生被中国驻日使馆撵回国内。

王家善回国后，曾在东北军东边道镇守史于芷山部任营长，后因于芷山投降日军，他不甘心当汉奸，离队回乡。当了巴彦县保卫团总。1932年5月，他带领60多名弟兄参加了张甲洲领导的"七马架暴动"，任巴彦抗日游击队副司令，不久被伪齐齐哈尔警备司令部当司令官的同学张文铸拉去当参谋，就这样他离开了革命队伍，开始步入歧途。

王家善不同于一般的投靠日军的利禄之徒，他没有丧失中国人的良心、死心塌地当汉奸，又东渡日本考入日本东京陆军大学。他利用回国休假之机，经中国驻日大使许世英介绍取道南京求见国防部长熊斌，要求毕业后留在国统区，熊斌对他说："东北需要你这样的人才，王先生应回东北，搞地下抗日军事组织，准备将来配合反攻。"并吸收他为国民党员，授予陆军中校军衔。

1935年，王家善日本陆大毕业后回到东北敌占区。在日伪部队先是在第三军管区教导队任中校后补生连长、奉天陆军学校上校教官，后到军政部（治安部）参谋司任军事课长（晋升为少将）、陆军士官学校教授部长等职。这期间他利用当教官的威望，组织"留日同学会""北辰同学会"（伪军校共有七届毕业生，故按北斗七星的说法而得名），共发展200多人。后来将两个组织"合二为一"秘密成立了"真勇社"，纲领是"打倒日本帝国主义，收复失地，组织统一战线，复兴祖国"。吸收伪军中在军校毕业的青年军官掌握武装力量，准备对日作战时起内应作用。他利用这个组织在身边聚集起一大批青年军事人员，不料在活动中有人被捕，他也受到怀疑，"真勇社"被迫停止活动。王家善被免去军事职务，被日特监视起来。

王家善很有民族气节，从不对日本人谄媚逢迎。他与一般日伪人员不同，头脑清醒，有民族意识，不是一个饱食终日、利欲熏心的伪官，而是一个有进取心、希望有所作为的正派军人，过了一段时间风波平息，他出任长春军校教授部长，"真勇社"又恢复活动。

1942年，王家善调任佳木斯日伪第七军管区少将参谋长，这是日伪东北的边防地区，与苏联伯力接壤，也是与苏联交战的前哨阵地。"八一五"光复前夕，他根据形势的变化召集"真勇社"社员开会，研究等待苏军参战后配合行动。军管区参谋刘启民利用到各地视察防务的机会，指示王家善的女婿李殿儒听王家善指挥，李殿儒接到指示后，很快把炮兵营组织起来，枪毙了炮兵营日本指挥官，并派人去迎接苏联红军。

苏联红军进驻佳木斯打垮日本侵略军后，也把他们关进了集中营，限于正统观念的束缚，这时的王家善对共产党和八路军仍没有正确认识。所以他到集中营后叫韦启新到长春去联系，国民党国防部委任王家善为东北先遣军中将司令，王家善见局势动荡，共产党又接收了佳木斯，他这个总司令也无法当下去，便借苏军带他们去松花江洗澡之机，在韦启新的帮助下乘小船逃离佳木斯，至此他结束了伪军14年的历史，但在历史转折的关头，他又投向了另一个旋涡。

王家善逃离佳木斯后隐居长春，后带韦启新拜见养病的东北保安司令杜聿明，派他到东北保安司令部做高级参谋，以后又任保安第四纵队司令。1946年10月9日，王家善奉令率领保安第四纵队（暂时代号为独立九师）开赴岫岩、凤城、庄河、海城一带地区驻防，划归新六军统辖。1947年6月初，解放军把国民党新六军打出东安地区，营口成了孤立据点，国民党当局便派王家善部队驻防，国民党部队退守营口后，解放军三打营口未克。国民党当局认为他很有利用价值，把他的部队改编暂为五十八师，王家善为营口防守司令兼师长。虽编为正规军，但武器装备仍是旧式，经过几次战斗他的部队伤亡很大，在前沿阵地，看见许多血肉模糊双方官兵的尸体，不禁感慨万千。回来躺在床上自言自语："这到底是为什么呢？中国人打中国人，伤亡这么大，明明是互相残杀嘛！"他很气愤，早饭也没吃，从这时起，他不愿意再打内战了。

由于思想意识的转变，加之在东北时期看到国民党无不违背初衷的所作所为，听到"想中央、盼中央、中央来了更遭殃"的民谣，国民党补充的老旧破烂武器的不公平对待，他的精神受到了强烈的刺激，思想斗争很激烈，他想到如果这样混下去，必将和国民党同归于尽。正在这时接触了中共地下党，阅读了毛泽东的《论持久战》《目前形势和我们的任务》《论联合政府》等文章。思想初步开窍，改变对中国共产党的不正确看法，从而产生了弃暗投明的想法。

1948年春节前，解放战争进入紧要关头，形势对国民党反动派越来越不利，国民党已到末日，此时，东北人民解放军总政治部石砥（原名石主林，在巴彦抗日游击队和王家善是队友）拜托班笠夫（原二团退职连长），从哈尔滨捎来书信，动员他起义，就这样和解放军取得联系。

1948年春节后，解放军准备四打营口，坐镇营口敌五十二军副军长郑明新，妄图阻拦我军攻势，下令凿开封冻的辽河迫使五十二军背水一战，王家善见时机已到，派人带军部商议的12条条件派参谋长梁启章同辽南军区司令员吴瑞林谈判，初步答应了条件，谈判后的第二天，确定起义政策4条：起义人员既往不咎；部队改编为解放军；私人产财归个人所有；家属按解放军家属待遇。此条件于2月25日下午3时在连以上军官会议上公布，得到一致同意，并由田贡吾和梁启章制订了"起义行动计划"。

2月25日，王家善按计划行动，以解放军要进攻营口，开城防会议研究对策为由谎骗五十二军副军长郑明新出席会议。下午

2时，参加城防会议的国民党各路的军政首脑，共计36人全部到齐，郑明新首先讲了守城问题，王家善接着讲布防问题，刚讲完话副官员来报，以接电话为由王家善离开会场，回到公馆等待时机。王家善刚离开会场，"不许动，把手举起来！"副官率领手枪连冲进屋中将与会人员全部缴械。与此同时埋伏在窗外的李殿儒和警卫连士兵也一齐把枪口对准会场："不许动，谁动就打死谁！"这些营口的军政头目全部被捕，被押进五十二军的地下指挥所。

当晚7时，军司令部大楼发出了3颗红色信号弹，宣布正式起义，全军进入一级战备状态，晚10时30分接到辽南军区司令员吴瑞林的通知，要王家善晚11时前撤出营口，并告知在营大公路左侧村庄红灯处（辽南军区联系站）有人接应。赵玉珊备好汽车，王家善和夫人赵芷馨坐中间，周围站着警卫员，准时到达联络站，辽南军区司令员吴瑞林亲自把王家善夫妇接到大石桥百寨子一带待命。次日中午五十二军各军全部撤出营口，起义胜利完成。

王家善率部起义后，曾参加过云南剿匪和抗美援朝，为中国人民解放事业、保卫远东和世界和平立下了不朽的功勋。

朝鲜停战回国后，王家善任黑龙江省军区副司令员，热河省军区副司令员兼参谋长等职。1955年转业到地方后，在社会主义建设时期，王家善曾任辽宁省政协副主席、第五届全国政协委员。"文化大革命"中，王家善得到了周恩来总理的关怀、保护。1979年1月23日因病在北京逝世，享年75岁。（选自《巴彦史话》英烈豪杰篇）

文化战士刘玉山

刘玉山，1919年生，巴彦县西集镇人。日伪时期他在巴彦"国高"日语专修班毕业后，被编入日军"宣抚班"，去山西宣传日本的侵略政策。当时他已加入了中国共产党领导的"牺盟会"，为了抗日救国，他毅然决然地调转枪口，投身抗日救亡活动，惨遭日特暗杀，献出了年轻的宝贵的生命。

1940年，刘玉山到达山西太原后，在高平县报当记者，宣传抗日救国，没按日本人要求宣传什么"日满协和"，因此日特要抓他，他便隐避到潞安牺盟会同志杜超民家。在此期间结识了女青年乔玉荃。乔玉荃（17岁），风华正茂，活泼开朗，家住太原，在太原女师就读。因酷爱文学艺术便和同班的两名女同学加入了太原戏曲研究会，参加业余戏剧活动。受到日本教师的制止，不准许参加活动并给予记过处分，还令其在全校师生大会上检讨。一气之下，乔玉荃离开学校报考戏曲剧团，想当一名演员，不料录取后，她们被警察机关要去当了公务员，乔玉荃被分配到潞安特务机关做文秘工作。那时刘玉山化名刘堤（即用大堤防洪，抵挡日本人的奴化宣传之意），他在发表文章时曾用"刘醉农""卓器"或"巴人"做笔名。乔玉荃也时常给报刊写文章，笔名"雪霞"。因兴趣爱好相投，所以二人一见如故，可谓一见钟情。刘玉山劝乔玉荃离开潞安，脱离特务机关回太原去。乔玉荃平时周围接触的人，多对她阿谀奉承，唯独刘玉山关心她的前途和命运，劝她离开危险的处境，因此对刘玉山产生好感。

乔玉荃辞职回太原不久，刘玉山在地下党的安排下也去了太原，打入《新唐风》杂志社当编辑，住在北仓街同乡老王家。恰巧乔玉荃家也住在这条街上，相距不远，刘玉山常来乔家串门，他每次来乔玉荃都热情接待。可她母亲不欢迎，认为刘玉山是外乡人不知根底，女儿和这样的人交往放心不下，可她还是拗不过这个倔强任性的"野丫头"，只能由她而去。母亲不再干涉，可乐坏了乔玉荃，她和刘玉山天天晚上月上柳梢头的时候在饮马河边散步，坐在城墙下的河畔上，依偎在一起，陶醉在"人约黄昏后"的甜蜜中。有时刘玉山想家的时候，不由地哼起流亡歌曲《我的家在东北松花江上》，两人心贴着心，一边哼着歌一边流眼泪……

婚后小两口住在北仓巷8号，生活极其甜蜜，一年后，乔玉荃生了个大胖小子，很是招人喜爱，创作也获得了丰收，剪报贴了一个大本子保存至今。

刘玉山、乔玉荃用文章对日本侵略者的鞭挞和控诉，引起了日本特务的极度仇恨。1944年8月31日，刘玉山在枣强县乘车外出采访时，刚出城不远被隐藏在路边树林中的特务用冷枪击中，当即牺牲。此时杜超民（改名张健）在该县警察分局当所长，亲临现场，将刘玉山遇难的现场拍摄下来，寄给乔玉荃。小乔看到爱人牺牲的照片时如五雷轰顶，痛不欲生，她给两个月的儿子起名"延志"，希望儿子长大后继承父亲的遗志，抗日救国，狠狠地打日军。

刘玉山同志牺牲时的年仅25岁，他把宝贵的生命献给了人民的解放事业。新中国成立后，山西省人民政府追认刘玉山同志为革命烈士，并向家属颁发了"革命烈士证明书"，以表怀念之情。（摘自《巴彦革命人物传》刘玉山一文）

革命悲歌孔莫非、朱虹

孔莫非、朱虹是20世纪30年代的革命青年，为抗日救国，从哈尔滨去山东解放区投奔八路军。不料，在"湖西事件"中，被混进革命队伍的奸细杀害，壮烈殉国。

孔莫非，原名孔广坤，字秉乾，1914年出生于巴彦县红光乡孔家烧锅屯。朱虹，原名朱剑秋，孔莫非的爱人，沈阳人。孔家是开荒占草户，有200多垧土地，在本屯开烧锅，在兴隆镇开当铺，在哈尔滨开孔氏医院，是远近闻名的大财主。1931年"九一八"事变后，孔莫非初中毕业，因时局混乱，没能升学。

这时道外裤裆街有一个古旧书摊，经理王中生是从关内河北来的进步青年，也是我党的地下工作者。他以"书摊"为掩护，传播进步思想，开辟敌后工作。孔莫非等一批喜爱读书的人，都是王中生的好朋友。当时哈尔滨有一中国世界语机构，联系进步青年，孔莫非是会员带有一枚蓝星徽章为标志。经王中生介绍，孔莫非结识了地下工作者关毓华，她在伪株式会社当事务员。王中生常以读书聚会的方式，把这些进步青年召集在一起，谈论文学创作，交流读书心得，谈对时局的看法，交流思想感情。王中生的家在道里警察街11号，单独一人住在居民大院一间10平方米的平房里。藏书很多，有艾思奇的《大众文学》《唯物论辩证法》，有许多进步文学、马列主义书籍。关毓华介绍给大家读，并教唱《国际歌》等进步歌曲。常来聚会的有：刘宾雁、关沫南、史宁、孔莫非、朱虹、宋敏、艾循、宿学良、沙郁、刘新等。

孔莫非还常去国术馆练拳、学武术。他经常去道里公园江边练拳。在这里他结识了萧军、萧红，针灸医生任松国，铁路职工李任福、宋维斌，从他们身上受到革命思想的熏陶。

不久孔莫非考入北平大学读书，三年后回到哈尔滨。他常去找关毓华。关毓华，原名陈紫，湖南人，在上海读书时入党，参加过南昌起义，到过江西苏区；1932年调到北平，任市委妇委书记兼全国互救总会妇女部长；1933年和爱人老左来哈尔滨开展敌后工作。翌年北平党组织派来赫洵，同关毓华、孔莫非、朱虹会面，开展敌后工作，被日特侦知。据敌伪档案记载："李复（赫洵）是中共党组织派来的，是和哈尔滨地下党接关系的。孔广坤是中共哈尔滨市委宣传部长。"

孔莫非从北平回哈尔滨没有职业，依靠父亲每月寄来30元生活费。他先住在哈尔滨偏脸子，后住马家沟。再后根据工作需要，关毓华介绍他和朱剑秋（即朱虹）假扮夫妻住进三十六棚工人区，关毓华也住在这，老左三两天来一次，研究布置工作，发动工人开展罢工斗争。

1937年4月15日，哈尔滨发生"四一五"事件，市委书记韩守魁被捕叛变，关毓华、朱剑秋（朱虹）也被捕，受尽了严刑拷打，最终证据不足，关押两周释放。出狱后他们虽伤痕累累，但精神依然坚强，关毓华迁居到花园街5号，孔广坤和朱虹正式结婚，回兴隆镇老家避难。

1938年春，赫洵重返哈尔滨潜入兴亚书院教书，住道里安宁街41号，孔莫非常去找他，商谈重建党组织的问题。所以敌人说他"为重建哈尔滨市委而狂奔"。孔莫非的父亲得知儿子参加共产党的活动，便不再供零花钱，逼其回兴隆老家。这时赫洵被捕，孔莫非、朱虹深知在哈尔滨面临危险，决定离开东北。他和王中生商量向家骗取路费。王中生以他父亲的名义，给兴隆当铺打电话，谎称"孔氏医院进药用钱，让孔莫非携款来哈。"使之得到一笔钱解决了路费，王中生又帮他们弄到进山海关的证件，使之得以动身。

此时孔莫非、朱虹才20出头，为了国家民族的利益，毫不留恋有钱的家庭，毅然离开东北，奔赴抗日救亡的第一线。

1938年秋天，孔莫非一走，敌人有些觉察，但不知去了哪里。据敌伪档案记载："重要分子孔莫非逃往奉天方面……"孔莫非夫妻带着前妻生的女儿昭昭，到奉天朱虹家住了几天，她家上有父母，下有两个弟弟，生活较贫困。朱虹说："若论生活，可就比不上巴彦的家了。"孔莫非回答道："那也不能留恋。"过了几天他们来到天津，在英租界租房住下。1939年1月朱虹生了男孩，取名"新生"，并把孩子照片寄回家中。

在天津，孔莫非意外遇到在哈尔滨古旧书摊结识的朋友王志贞，他是洋行职员，常和属于解放区的宁津家乡有来往，在书摊上又认识了买世界语书籍的贝廖衡，他是云南昆明中法大学学生，他的妹妹贝杰在医院护校学习要去解放区，与医院的杨赍同意带贝杰、孔莫非、朱虹一起去解放区。

夫妻俩要去解放区，可是，才1岁的新生无法带走，决定寄养在王志贞家。孔莫非夫妇留下了两柳条包服装、一副金手镯、一挂表链（共合五两金子），还有不到100元的邮局存折作为孩子的抚养费。王志贞叫自己16岁女儿王云生（后改名王蕴）也跟他们去解放区，参加了革命。

1939年12月25日，王志贞任职的洋行放假4天，他利用这个假日送大家上路，同行的有杨赍、贝杰、孔莫非、朱虹、王云生与昭昭6人。路上孔莫非给王志贞讲一二三国际，《资本论》的内容，教唱《国际歌》。他们在津浦路下车，然后转到柴胡店东南白家庙，从那去宁津县，不久关毓华、王中生、宋敏也跟上来。

来冀鲁边区的同志，为使哈尔滨的敌人不知他们的去向，不影响坚持斗争的战友，都改了名字。孔广坤改名孔莫非，朱剑秋改名朱虹，关毓华恢复原名陈紫，王中生改名王子恕，宋敏改名宋法真。他们除王中生留在地方宣传队，其他人都到了宁津县，做地方工作。朱虹给家写了一封信："已找到母亲，家中一切甚好，盼快回来。"又开始了公开的抗日斗争。

1940年，全国的抗战形势日益艰苦紧张，特别是河北山东地区。当时康生在延安任政治局委员、中央社会部部长，山东是他的老家，所以山东的肃反审干工作受他的影响很深，加上国民党不断向解放区打入内奸，进行破坏活动。

孔莫非、朱虹到宁津不久，就被怀疑上了，因为他们来自哈尔滨伪满洲国，穿戴特殊，又对马列主义如此熟悉，怀疑是日本训练的特务。为此把他们夫妇调两地监视，并搜查住处，发现两套西装，几张小额伪币，以此为证据，把孔莫非关押起来。孔莫非当时担任县政府秘书，兜里装着县政府油印文件，这也是问题。第二天孔莫非就含冤死在血泊中。当时调去乐陵县妇联工作的朱虹更惨，被活埋了。陈紫、佟醒愚、秦占雅、宋敏也没幸免被害，只有昭昭和王蕴捡了两条命。

孔莫非、朱虹壮烈牺牲后，杨易辰（曾任黑龙江省委书记、最高人民检察院检察长）夫妇收养了昭昭，长大后改名罗萍，参加了冀鲁豫第二文工团。解放后，昭昭在北京实验话剧团工作，后任实验话剧团党办主任。新生却成为"敌特托匪"子女，无论读书、考学、找工作，入团入党都难上加难，因为家庭成分"太坏"了。然而他身上有着父母那种顽强的斗争精神，他从养父王志贞那里知道，父母是一起冤案，从1962年23岁就开始为父母申冤，后来王新生读完医大，在山东枣庄市人民医院当医生任外科副主任，仍坚持为父母平反，终于有了结论。山东省公安厅的结论是："由王中生送入冀鲁边区的哈尔滨一批人是中共方面的工作人员。"

1982年3月25日，山东民政厅根据省委省政府的指示，以（82）鲁民字第61号文件追认：孔莫非、朱虹为革命烈士，其他无直系亲属申请的人只是弄清了问题，有了结论，承认是错杀。1983年5月11日，山东枣庄市民政局又给为此事受牵连的关沐南、史宁、王中生、刘新等人所在单位去函，通知澄清这段历史。

1984年5月13日，在台儿庄革命烈士陵园举行了孔莫非、朱虹烈士骨灰安放仪式，由枣庄民政局领导主持，市政协领导讲话，烈士生前的战友：刘宾雁、关沐南、王中生、史宁、张锐及烈士亲属朱宝元、朱宝泰从北京、沈阳、哈尔滨赶来参加悼念烈士活动。孔莫非、朱虹的冤案终于得到彻底昭雪。

战斗英雄赵连才

赵连才是中国人民解放军三十八军二十八师八十四团五连三排四班班长，在解放战争中屡立战功，多次被授予"战斗英雄"称号，在辽宁法库战役中光荣牺牲，被追认为革命烈士，追赠毛泽东奖章一枚。

1919年，赵连才出生于龙泉镇谷家油坊屯一个贫困农民家庭，从小就给地主放猪扛活。因父母去世早，只能同哥嫂一起生活。1946年，赵连才主动报名参军，第二年在部队光荣入党，成为一个有觉悟的解放军战士。在两年多的军旅生活中，他身经大小战斗20余次，多次立功，表现勇敢顽强，机智灵活，是一个英勇无畏的英雄战士。

在蟠龙山战役中，他用机枪掩护部队连夺敌人5个山头阵地，打垮敌人两次冲锋，给敌人以大量杀伤，在战斗评功会上赵连才荣获战斗英雄称号，并获师级战斗英雄奖章。1947年冬季攻势开始后，部队在大双台子与敌人遭遇，他带领全班冲锋在前，攻占敌人山头阵地，用两颗手榴弹俘获5名敌兵，缴获两挺美式机枪。

平日里赵连才经常带领全班学习研究战术搞好战斗总结，苦练杀敌本领不断提高全班的战斗素质。他关心战友，在行军中经常身背两三支枪，一到宿营地，他主动给战友烧洗脚水、铺床板，关心备至。在他的帮助下，战士们进步很快，有6名战士火线入党，8名战士立了功，被评为全团模范班。

1948年1月9日，辽宁法库县桑木林子战斗打响。敌指挥所设在山顶，居高临下指挥炮兵攻击我阵地，使我军无法冲锋，又打不上去，伤亡越来越大。在这关键时刻，赵连才奉命带领全班，在夜幕的掩护下摸上山去，在接近山顶时被敌人发现，子弹像飞沙一样从战士头顶飞过，压得战士喘不过气来。赵连才沉着观察，命令趴在身边的战士一齐投出手榴弹，乘着烟雾，他夹着炸药包一跃而起，扑向敌人的碉堡，只听一声巨响，敌人的指挥所一下子被炸瘫了，赵连才也随之倒下，我军乘势冲上山顶，消灭了全部敌人，战斗英雄赵连才不幸牺牲，年仅29岁。

桑木林子战斗结束后，师部决定：赵连才生前领导的四班改为一班，点名要向一班看齐。同时颁发命令：授予五连一班为赵连才班，并授予赵连才优秀共产党员和战斗英雄称号，追赠毛泽东奖章一枚。当时部队《战斗报》以《杀敌战斗英雄赵连才光荣殉职追赠毛泽东奖章》为题发表消息，通报全军。现在赵连才事迹和遗物在东北烈士纪念馆可观瞻，以寄托人民永恒的怀念。

活烈士李玉安

李玉安，山东人，老家在山东省阳谷县吴坎村，早年以编席为生，日子穷苦，全家9口人，靠奶奶、父母亲抚养他们兄妹6人，奶奶领着他们几个孩子曾讨过饭。1939年，日军在关里"招工"到伪满洲国修公路，说每天工资1元。为了活命，刚满16岁的李玉安跟着来到了东北的牙克石。参加了修北安公路，干了7个月，日军一分钱没给。劳工们一怒之下，砸毁工具，痛打监工，逃离工地四散回家。李玉安在木场遇到了巴彦的张老四，二人徒步走了好几天来到了巴彦县西集镇，给地主扛活度日。

1946年7月，李玉安参军，翌年入党成为革命战士。在三年的解放战争中，李玉安英勇杀敌，4次立大功，6次立小功，多次受到首长的表扬。

1950年10月9日，李玉安所在部队改为中国人民志愿军，参加抗美援朝。入朝后11月30日打了一次大仗，在书堂站阻击南逃美军，战斗十分惨烈，敌人的飞机大炮猛烈轰击，燃烧弹炸燃了小山头阵地，据军史记载："炮击过后，一个营的敌人，从三面平拥冲锋……一排打得只剩下6名战士，熊宫全打完最后一梭子弹，李玉安打完最后一梭子冲锋枪子弹，两个人端起没有子弹的枪支冲入敌群，6个人同敌人厮杀，扭打杀伤了几十个敌人，最后光荣牺牲。"

战斗中一颗子弹穿透了李玉安右胸，打断了两根筋骨，又穿透肺叶，劈裂脊柱。不料又飞来了一个弹片击中他的头部，将他打昏死于土坡上。一天过后，一位朝鲜人民军司令员从此路过，发现他还有气便将其背到车站的一处空房子里，在老乡的照顾下没有死过去。三天后，三三四团从此路过，才将他送到师部山洞卫生所救了他一命。1951年，伤员回国。李玉安先在一面坡兵站治疗，后转武汉医院才治好。

1952年7月，李玉安复员回巴彦县在兴隆镇粮库工作，先后任警卫班长、监装员和保管员，后提升他去天增粮库当副主任，他说自己文化浅干不了，别耽误大事，加以拒绝。他是人民功臣，但他从不以功臣自居。孩子们说课本上有他的名字，并把《谁是最可爱的人》念给他听，他说是重名重姓，不以为然，他认为那么多战友命都没了，可他还活着就够幸运的了，书上有个名算啥，不值一提。

1990年2月中旬，他送儿子李广中去驻保定的老部队当兵时才提起此事，部队首长方知他还活着。原因是他被朝鲜士兵救送到后方医院，部队就没了此人，误以为牺牲了，便将其列入死亡者名单，作家魏巍又把他写成"烈士"。

李玉安还活着，他被部队首长称为"活烈士"，《人民日报》《解放军报》发表消息后，大家才知道李玉安是"活烈士"，无不敬仰。

巴彦人民的骄傲

在松花江中游北岸的富江乡五岳村（原五岳大队）有个西五家营子屯，虽然小屯不大，这里的母亲们养育了很多英雄儿女，这些儿女在抗日战争、解放战争及抗美援朝的战场上，用生命和热血换来了民族的解放。这里的人们在这几次战争中无私无畏地支援前线，用人出人，用物给物，从不计较得失。参军参战的英雄儿女们，用他们的实际行动传承中华民族坚强不屈的伟大精神。这里的人们用纯朴和善良书写成民族的爱国精神。新中国成立后，为保卫祖国"建设祖国"又有许多儿女们走进了中国人民解放军的队伍，贡献自己的青春年华。

现已退休的巴彦县人民医院职工吴国志（1968年参军，曾在原东北野战军四十九军现四十九集团军），在他编写的《家乡的小河》草稿中，记录一段包括从双临河（家乡常叫的名字）与他本家族中走出去的从军卫国的英雄们，现摘录部分：

转眼几十年过去了，每当想起童年少年时期的那些轶事，特别是那些为了中华民族的解放毅然地含泪离开自己的亲人，扛枪卫国杀敌立功的那些可歌可泣的英雄事迹，在心中打下深深的烙印，为参军卫国做好了思想准备。

这些人1946年6月至1955年参加了解放军行列，历经了1948年9月12日至11月2日历时52天的辽沈战役，四平保卫战，塔山、黑山阻击战，围困长春，攻克锦州，沈阳总攻等多次战斗。全歼廖耀湘兵团，解放东北全境。随后跟第四野战军一至十二纵队兵分三路入关。同华北野战军一起参加了解放天津战役，围困国民党军傅作义所部，在此期间1948年11月13日东北野战军一至十二纵队改称为中国人民解放军第三十八军至四十九军。天津战役胜利后，1949年1月31日北平和平解放，四野的十二个军又按着中央军委和毛主席的战略部署南下全国各地，一直战斗到1950年

5月海南岛解放，这些人中有的牺牲了年轻的生命，有的受了重伤，有的成了终生残疾。

我的父亲吴振龙（曾用牺牲战友：吴鲁达的名字作为曾用名，目的是缅怀纪念战友）。他1946年参军，历时52天，参加了辽沈战役，四平保卫战中四进四退。他还参加了很多战役，受过伤，立过功，东北解放后，因身体原因，回巴彦家乡教书。

自家五叔吴振环，参加了塔山阻击战，广西剿匪，战斗中受了许多重伤与死神擦肩而过，他自己曾说已记不清牺牲多少次了。辽沈战役期间第四野战军部往我家发了几次立功喜报，政府还给我家房门上正中挂个"光荣之家"的牌匾，下边还有年月日。在土改时这些立功人家还多分了胜利果实什么的，我们家就多分了几间房子和斗地主的浮财，这是党和政府对我们军烈属的关爱。1966年我五叔还带着六十几人的长春空军医疗队出国作战，支援越南战争。

我的十叔吴振坤，参军在第四野战军，后因改编就记不清楚了。只知道他所在的部队被改编为第二野战军，刘伯承任司令员，邓小平任政治委员。一路南下，他也立下战功无数。全国解放后他随部队西安留守，我十叔现年快到100岁了，前些年还能回家乡看看父老乡亲，现在走不动了，不能回家乡了，但他还时刻想念生养他的故土，想念家乡的那条小河，因为那里有他童年的故事。

现在唯独遗憾的是，当年的立功喜报，军功奖章等年久失传，无法找到，但确确实实印在我脑海里，永生难忘。

可敬的父老，可爱的乡亲，美丽的双临河，英雄的儿女为你感到骄傲，家乡的热土又为有这样的好儿郎而感到自豪，历史记录了你们，后人永远不会忘记你们。"

后　记

　　《巴彦县革命老区发展史》即将出版发行。这是一部汇集本县革命老区历史事件、战斗故事、英雄人物和新中国成立以来重要工作以及伟大成就的重要史书。此前，巴彦县也曾出版过类似书籍，但此次书稿形成过程中各方面高度重视，在史料征集、挖掘、整理，内容取舍及谋篇布局，起草人员的选定，文字规范严谨，各方面的重视程度是前所未有的。中国老区建设促进会2017年发出《关于编纂全国1599个革命老区县发展史的安排意见》，省、市老区建设促进会也分别作出部署和具体安排，县委、县政府对此书的编纂工作高度重视，在人力、物力、资金等方面给予帮助支持，这是此书得以顺利完成的重要保障。

　　本书编写过程中，坚持以马克思列宁主义、毛泽东思想、邓小平理论、"三个代表"重要思想、科学发展观为引领，贯彻落实习近平新时代中国特色社会主义思想，运用历史唯物主义和辩证唯物主义的立场、观点、方法，坚持思想性、科学性、资料性相一致，坚持历史的真实性、事件的准确性与内容的可读性相统一，深入挖掘并全面系统地记载了巴彦县革命老区重要历史事件，反映了东北抗联和老区人民在中国共产党领导下展开的伟大斗争、付出的巨大牺牲、作出的巨大贡献，以及老区人民在社会主义革命和建设时期、改革开放时期，特别是党的十八大以来在政治、经济、社会领域取得的巨大成就。

参与书稿起草的作者，都是对本县革命历史有深入研究、具有史学知识、文笔水平较高的同志，特别是汇聚了一批具有强烈事业心和历史责任感的老同志。从全书的宏观构思、拟定提纲、落笔起草各个环节上都付出了巨大精力。为保证书稿内容完整、充实、真实，起草者花费大量心血查阅资料、实地考察、询访知情人，做了大量扎实工作。为把大量支离破碎的各种素材汇聚起来，形成完整思路，整合成符合客观实际、时间顺序、逻辑严谨的书稿，工作量是巨大的，所有参与起草人员，包括收集资料和共同参与研究人员，都付出大量劳动，也取得丰硕成果。可以说这部《巴彦县革命老区发展史》，是截至目前收集资料最全、逻辑构思最严谨、历史事件真实性最强、最有史料价值的书籍，当然也是付出巨大劳动的宝贵成果。

这部史书在谋篇布局上，坚持从本地实际出发，遵照中国老区建设促进会和省、市老区建设促进会统一安排，坚持反映历史的全面性和真实性，同时考虑书稿文字限制，根据内容需要繁简结合，宜繁则繁，宜简则简。全书内容安排上坚持以革命历史内容为主，同时也要充分反映新中国成立以来的重要工作；坚持以改革开放内容为主，同时也不遗漏各个时期的历史内容；坚持以党的十八大以来取得的巨大成果为主，充分反映脱贫攻坚和乡村振兴伟大成就。

为确保本书质量和历史厚重感，根据上级老区建设促进会安排，形成样书后进行了县、市、省自下而上"三级审读"。县里成立审读小组，由汤继福同志为组长（常务副县长），王龙同志为副组长（巴彦县老区建设促进会会长），吕宝才（巴彦县老区建设促进会原会长）等为成员，对本书进行了县级初审。在县级审读基础上，送哈尔滨市审读，市里成立了由邹新生同志（市老区建设促进会会长）为组长，王维绪同志（市老区建设促进会副会长）为副组长，张同义同志（市老区建设促进会副秘书长）、王洪同志（市史志研究室主任）、张严学同志（市党史研究会常务副会长）为成员的审读小组，对本书进行了再次审读。最后报省审读，省里成立了由黑龙江省老区建设促进会、中共黑龙江省委史志研究室、党史和抗联史专家组成的专家组进行审读把关。经过"三级审读"最后印刷出版。在此对所有参加编写、调研、提供素材、修改把关和审读把关的各位领导、专家和各位同志一并表示谢意。

巴彦县老区建设促进会

2020年12月30日